왜?
초등 경제질문
100

초등교과 연계
필수 경제개념
완전 정복!

왜? 초등 경제질문 100

매일경제아카데미 지음

문해력 사고력 표현력

매경주니어 books

머리말

편의점에서 물건을 고를 때 "이건 왜 비쌀까?" 하고 궁금해한 적 있나요? 용돈으로 간식을 살지, 장난감을 살지 고민해 본 적도 있죠? 이런 순간마다 우리는 이미 경제를 만나고 있습니다. 경제는 어려운 이야기가 아니라, 우리의 하루 속 선택과 아주 가까운 이야기랍니다.

경제 공부가 필수인 시대입니다. 하지만 "언제, 어떻게 시작해야 할까?"라는 질문 앞에서는 멈칫하게 됩니다. 너무 이르면 막연하고, 늦으면 뒤처질까 불안합니다. 이 책은 바로 그 고민에서 출발했습니다. 경제를 아이와 어른 모두 세상을 이해하는 기본 언어로 익히게 하자는 생각입니다.

경제를 일찍 만나는 경험은 세상을 이해하는 눈을 키우는 가장 좋은 출발점이 됩니다. 매일경제아카데미가 발행하는 청소년 경제·경영 신문 〈틴매일경제〉가 경제 이야기를 전해 온 이유도 바로 여기에 있습니다.

이 책은 경제를 알려고 하는 아이와 어른들이 "경제 문제를 왜 풀어봐야 할까?"라는 질문에서 시작합니다. 경제 문제를 푼다는 것은 정답을 맞히는 훈련이 아니라, 문제 속 정보를 읽고 생각하며 스스로 판단하는 연습이죠. 어릴 때부터 경제 문제를 통해 질문하고 답을 찾아보는 경험을 쌓는다면, 세상을 이해하는 힘과 논리적으로 생각하는 능력도 자연스럽게 자라납니다.

'경제란 무엇일까?'라는 질문에서 시작해 생산과 소비, 기업과 가계, 경제 성장과 금융, 저축과 투자까지 초등학생이 꼭 알아야 할 핵심 내용을 문제와 해설로 구성했습니다. 하루 한 문제씩 풀 수 있도록 만들어 부담 없이 경제와 친해질 수 있도록 한 것도 특징입니다.

공부 방법은 어렵지 않습니다. 먼저 문제를 천천히 읽고, 기사 속에서 힌트를 찾아보세요. 바로 정답을 고르기보다 "왜 그럴까?"를 한 번 더 생각해 보는 것이 중요합니다. 부모님이나 친구와 함께 이야기해 본다면 경제는 더 재미있고 살아 있는 지식이 됩니다. 이 책이 경제를 처음 만나는 어린이들에게 든든한 길잡이가 되어, 세상을 이해하는 힘을 키워주길 소망합니다.

노영우 매일경제아카데미 센터장

이 책의 구성과 특징

이 책은 초등학생이 꼭 알아야 할 경제 개념을 '왜?'라는 질문을 통해 이해하도록 구성했습니다. 사회 교과의 내용과 함께 일상생활에서 만날 수 있는 상황을 경제 관점의 질문으로 제시하고, 그 질문을 따라 생각하는 과정 속에서 경제의 기본 원리와 사회 현상을 자연스럽게 익히도록 구성했습니다.

제목

아이들의 일상과 교과에서 출발한 질문을 제시해, 경제를 어렵게 느끼지 않고 자연스럽게 생각해 보도록 이끌어 줍니다.

Day54

돈 많이 찍어내면 우리 모두 부자가 될까요?

여러분, 용돈이나 세뱃돈을 받을 때 만 원 한 장만 받아도 기분이 참 좋죠? 지폐 한 장이라도 받으면 지갑이나 주머니 속에 넣어서 소중히 간직할 거예요.

그런데 1923년 독일에서는 아이들이 지폐로 연을 만들고, 돈다발로 탑을 쌓으며 놀았어요. 돈은 많았지만, 장난감을 살 돈이 부족할 정도로 돈의 가치가 떨어졌었거든요. 왜 이런 현상이 벌어진 걸까요?

제1차 세계대전 이후 독일은 전쟁 배상금을 지불하기 위해 돈을 무분별하게 찍어냈어요. 그 결과 독일인들은 커다란 가방에 화폐를 가득 담아 가도 빵 한 덩이를 사기 어려운 상황이 된 거랍니다. 이렇듯 물가가 지속적으로 오르는 현상을 '**인플레이션**'이라고 해요. 1921~1923년에 독일에서 빵을 사려면 돈을 수레에 담아 가야 할 정도였으니까, 빵의 가격이 정말 엄청나게 비쌌던 거죠. 이 현상은 돈의 가치가 급격하게 떨어지면서 나타난 거예요. 돈을 너무 많이 찍어내서 흔해지면, 돈의 힘, 즉 돈으로 물건을 구 … 이 크게 줄어들어요. 그래서 돈을 무작정 많이 찍는 것은 큰 문제가 될 수 …

인플레이션과 함께 '**하이퍼인플레이션**'이라는 경제 … 물가가 아주 급격하게 오르는 현상으로 아주 옛날에도 … 있는 일이에요.

이처럼 돈을 많이 찍는다고 해서 경제가 좋아지는 … 이 찍어내다가 경제가 어려워질 수 있으니, 정부는 돈의 양을 늘리는 것에 대해 정말 신중해야 해요. 사회에서 돈의 양보다 중요한 건 돈에 대한 신뢰랍니다.

내용 구성

매일경제아카데미의 집필진이 아이들 수준에 맞춰 주제를 설정하고, 읽어보는 과정 속에서 스스로 이해할 수 있도록 구성하였습니다.

문제 속 경제 용어 / 경제 개념 톡톡

인플레이션: 물가가 지속적으로 올라가는 현상이에요.
하이퍼인플레이션: 물가가 아주 급격하게 오르는 현상이에요. 같은 말로 '초인플레이션'이라는 단어가 있어요.
디플레이션: 물가가 지속적으로 내려가는 현상이에요.
스태그플레이션: 물가가 오르면서 경기 침체도 함께 오는 상황을 말해요.

경제 용어

질문과 함께 등장하는 핵심 어휘를 짚어 주어, 사회·경제 글을 이해하는 개념을 차근차근 익히도록 도와줍니다.

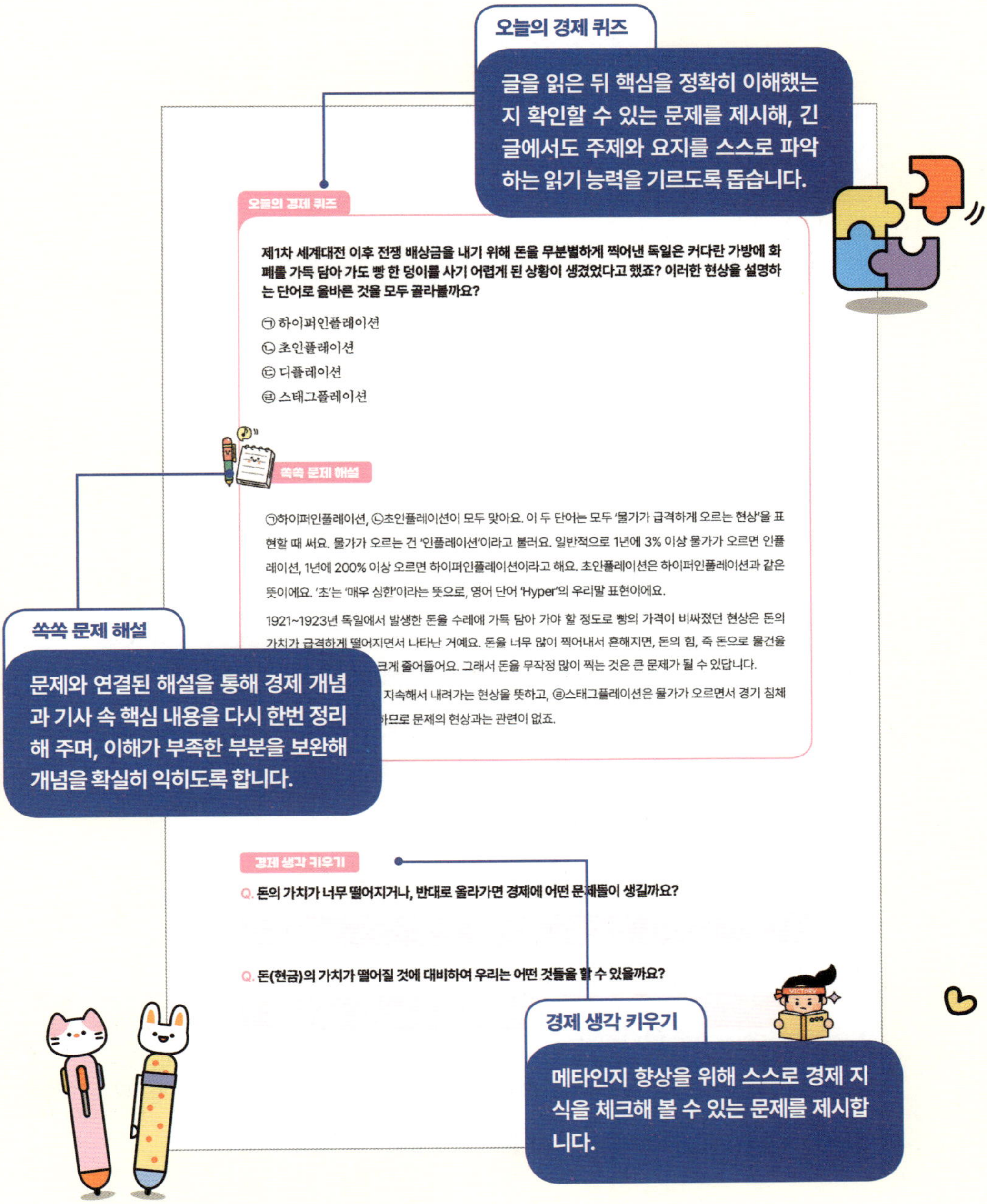

《왜? 초등경제 질문 100》은 정답을 빨리 아는 아이보다 스스로 질문하고 이해하는 아이로 자라도록 돕는 책입니다. 질문을 따라 생각하는 과정 속에서 경제를 통해 사회를 바라보는 관점을 기르고, 국어·사회 교과에서 요구하는 문해력과 사고력을 함께 키울 수 있도록 설계되었습니다. 질문을 반복하며 생각을 쌓는 경험은 이후 어떤 교과와 사회 현상을 만나더라도 스스로 이해하고 판단하는 힘으로 이어질 것입니다.

차례

Part 1. 경제란 무엇을 말하는 걸까? (경제의 기초 개념)

Part2. 돈을 어떻게 잘 모으고 쓸 수 있을까? (금융·저축·소비)

Part3. 왜 어떤 사람은 자산을 불리고, 어떤 사람은 못할까?

(투자·자산관리)

Part4. 사람들은 왜 일하고, 어떻게 돈을 벌까?

(노동·직업·기업가정신)

Part5. 어디서 돈이 오가고, 경쟁이 생길까?

(시장과 경쟁)

Part6. 정부는 언제 나서고, 왜 세금을 걷을까? (정부·세금·경제정책)

Part7. 세상은 어떻게 하나의 시장이 되었을까? (무역·세계화)

PART 1

경제란 무엇을 말하는 걸까?

(경제의 기초 개념)

우리나라 경제 성적표 'GDP'는 어떻게 계산하죠?

여러분, **국내 총생산**(GDP)에 대해서 들어본 적 있나요? GDP는 우리가 살고 있는 나라의 경제가 얼마나 튼튼한지를 숫자로 알려주는데요. 아침마다 맛있는 냄새가 솔솔 풍기는 동네 빵집을 한번 떠올려 볼까요?

이 빵집의 주인은 매일 아침 식빵, 케이크, 쿠키 등 다양한 빵들을 직접 구워 만들어요. 여기서 만든 다양한 빵들은 모두 이 빵집에서 '생산'된 것들이죠. 빵집을 하나의 나라라고 가정한다면, 1년 동안 만들어서 판 모든 빵의 총액이 빵집의 GDP일 거예요. 이처럼 GDP는 우리나라가 1년 동안 얼마나 많은 걸 만들고 팔았는지 알 수 있는 경제 지표이자 '**경제 성적표**'입니다.

국내 총생산을 정확히 이해하기 위해서는 GDP의 **계산법**을 아는 게 중요해요. GDP를 계산하기 위해서 우리는 5가지 약속을 했어요. 첫째, 보통 '1년'이라는 정해진 기간에 만들어진 것만 계산해요. 이렇게 일정한 기간을 정해야 작년과 비교할 수 있고, 경제 성장 속도도 파악할 수 있어요. 둘째, 우리나라 땅 위에서 만들어진 물건이나 서비스만 계산해요. 우리나라 사람이 다른 나라에서 생산한 것은 GDP에 포함되지 않죠. 셋째, '그해에 새롭게 생산된 가치'만 계산해요. 여러분이 중고 제품을 친구에게 팔았다면, 그건 이미 예전 GDP에 포함된 것이므로 다시 계산하지 않아요. 넷째, 빵을 만들려면 밀가루, 달걀 같은 재료들이 필요하죠? 이런 재료들을 '**중간재**'라고 불러요. GDP는 이러한 중간재의 가치가 중복되어 계산되지 않도록 '최종 생산물'의 가치만 계산해요. 다섯째, 시장에서 실제로 사고 팔리는 물건과 서비스의 가치만 측정해요. 여러분이 집에서 만든 쿠키나 화단에서 기른 꽃은 시장에서 돈을 주고 거래하는 것이 아니니 GDP에 포함되지 않아요.

문제 속 경제 용어 / 경제 개념 톡톡

경제 지표: 한 국가의 경제가 어떤 상태에 있는지 알기 위해 경제 현상을 수치로 나타낸 것을 의미해요. 경제 지표에는 물가 지수, 실업률 등 다양한 항목이 있는데, GDP는 그중에서도 가장 중요한 경제 지표입니다.

중간재: 생산 과정에서 최종 생산물을 생산하기 위해 사용되는 재화로 원재료 등의 생산재를 말해요.

오늘의 경제 퀴즈

다음 중 국내 총생산(GDP)에 대한 설명으로 옳지 않은 것을 골라보세요.

① 1년간 국내에서 생산된 물건과 서비스의 시장가치 총합을 의미한다.

② 그해에 새롭게 생산된 가치만 계산하기 때문에 중고 거래는 계산에 포함하지 않는다.

③ 중간재의 가치가 중복되어 계산되지 않도록 최종 생산물의 가치만 계산한다.

④ 우리나라 사람이 미국에서 생산한 물건도 GDP 계산에 포함한다.

쏙쏙 문제 해설

국내 총생산(GDP)은 일정 기간(보통 1년) 동안 한 나라 안에서 생산된 최종 생산물의 시장가치 총합을 의미해요. GDP는 그해에 새로 생산된 가치만을 포함하며, 이미 생산된 적이 있는 중고품 거래는 계산에 포함하지 않죠. 또 GDP는 생산 과정에서 사용된 중간재의 가치가 중복 계산되는 것을 막기 위해 최종 생산물의 가치만을 측정하며, 시장에서 실제로 사고 팔리는 물건과 서비스의 가치만 계산하죠.

GDP는 우리나라 땅 위에서 만들어진 물건이나 서비스만 포함하고 해외에서 생산된 가치는 포함하지 않아요. 한국 사람이 생산했다고 하더라도 한국 땅이 아닌 미국에서 생산한 가치는 GDP에 포함할 수 없어요. 따라서 ①, ②, ③번은 옳은 설명이고 ④번이 옳지 않은 설명이었네요.

경제 생각 키우기

Q. GDP가 높다는 것은 어떤 의미일까요? 우리나라의 GDP가 높아지면 우리 생활에는 어떤 좋은 점들이 생길까요?

Q. GDP 순위는 국제통화기금(IMF)이나 세계은행 등 여러 경제 연구 기관에서 발표해요. 그렇다면 왜 나라마다 GDP 순위가 다를까요?

Q. GDP 말고도 우리나라 경제가 얼마나 건강한지 알 수 있는 다른 '경제 지표'들은 또 어떤 것들이 있을까요?

칭찬 스티커와 전기차 보조금은 어떤 점이 같을까요?

여러분, 게임 좋아하나요? 게임을 하다 보면 '퀘스트'라는 게 있죠? 퀘스트를 하나씩 따라가다 보면 게임의 이야기가 진행되죠. 가끔 특별한 보상이 주어지기도 하는데 이는 게임 진행을 위해 게임 제작사가 게임 플레이어들을 유인하는 것이라고 볼 수 있습니다.

우리가 어떤 행동을 하도록 동기를 부여하거나 이끄는 것을 바로 '유인'이라고 해요. 게임의 사례와 같이 유인은 우리가 살아가는 사회와 경제에서도 나타나요. 지금부터 우리 주변에서 찾아볼 수 있는 '**경제적 유인**'에 대해 함께 알아볼까요?

선택의 상황에 놓였을 때 사람들이 가장 중요하게 생각하는 것은 바로 자기 자신의 **이익**입니다. 따라서 자신의 이익에 영향을 미치는 요인이나 환경이 변하면 그에 따라 선택도 달라지죠. 그렇기에 더 나은 사회를 만들기 위해 경제에서도 유인 정책이나 제도를 사용하여 사람들의 행동을 유도한답니다. 쓰레기 무단 투기나 음주 운전 등을 단속하여 과태료를 매기는 것은 '부정적 유인'으로 사회에 피해를 주는 행위를 억제하려는 정책이에요. 또 전기차 보조금, 다양한 장학금 제도 등은 사회를 좋은 쪽으로 이끄는 '긍정적 유인'이죠.

우리 주변에서 찾아볼 수 있는 대표적인 경제적 유인 사례는 바로 '**시장 가격**'을 들 수 있습니다. 시장 가격의 변화는 생산자와 소비자의 행동을 유인하죠. 제품의 가격이 오르는 건 소비자에게는 비싸서 덜 사게 되는 부정적 유인으로 작용하고, 반대로 생산자에게는 더 많은 이윤을 얻을 수 있다는 긍정적 유인으로 작용하여 생산량을 늘리게 된답니다.

문제 속 경제 용어 / 경제 개념 톡톡

무단 투기: 정해진 장소가 아닌 곳에 쓰레기나 물건을 함부로 버리는 행위를 말해요.
과태료: 규칙을 어겼을 때 내야 하는 벌금이에요.
보조금: 정부가 어떤 일을 하도록 도움을 주기 위해 주는 돈이에요.
장학금: 학생들이 공부나 특정 활동을 열심히 하도록 격려하며 주는 돈이에요.

오늘의 경제 퀴즈

다음 기사를 읽고 기사에서 설명하는 제도에 대해 옳지 않은 내용을 골라보세요.

> 7월 1일부터 헬스장과 수영장 시설이용료도 소득공제를 받을 수 있게 된다. 문화체육관광부와 한국문화정보원은 이같은 내용을 30일 발표했다. 이는 문화비 소득공제 대상이 문화예술 분야를 넘어 헬스장과 수영장으로도 처음 확대된 것으로, 지금까지는 도서, 공연, 박물관, 미술관, 신문, 영화 등 문화예술 분야에만 문화비 소득공제 제도가 시행됐으나 이날 발표에 따라 체육 분야까지 공제 대상이 넓어졌다. 총급여 7,000만 원 이하인 근로소득자는 해당 시설이용료의 30%를 최대 300만 원 한도 내에서 소득공제로 돌려받을 수 있다. 문체부와 한국문화정보원은 소득공제 제도의 참여를 희망하는 사업자를 올해 1월부터 모집해 왔다. 이에 따라 6월 말 기준 전국 헬스장과 수영장 1,000여 곳이 소득공제 대상 사업자로 등록한 상태다. -매일경제, 2025.6.30.

㉠ 이 제도는 정부가 국민의 건강 증진을 유도하기 위한 경제적 유인 정책의 일환이다.
㉡ 이 제도는 사람들이 헬스장이나 수영장을 더 많이 이용하도록 유도하는 부정적 유인이다.
㉢ 소득공제 혜택은 근로소득자의 경제적 부담을 덜어줄 수 있다.
㉣ 이 제도는 헬스장과 수영장 사업자들이 소득공제 대상 사업자로 등록하도록 유인할 수 있다.

쏙쏙 문제 해설

제시된 기사의 내용은 헬스장과 수영장 시설 이용료에 대한 소득공제를 확대하는 정책으로 우리 주변에서 흔히 찾아볼 수 있는 경제적 유인의 최신 사례입니다. 따라서 ㉠은 옳은 설명이네요. 이 제도는 소비자에겐 헬스장 및 수영장 이용에 대한 경제적 부담을 줄여주고, 사업자에겐 경쟁력 강화 및 매출 증대라는 효과를 줘요. 따라서 이 정책은 부정적 유인이 아닌 긍정적 유인이므로 ㉡은 틀렸어요. 소득공제는 근로소득자가 납부해야 할 세금을 줄여주는 효과가 있으므로 ㉢도 옳은 설명이고요. 사업자가 소득공제 대상자로 등록하면 고객들이 소득공제 혜택을 받을 수 있어 고객 유치에 유리해져요. 따라서 이 제도는 사업자들이 소득공제 대상 사업자로 등록하도록 유인할 수 있으므로 ㉣도 옳은 설명이에요.

경제 생각 키우기

Q. 우리 주변엔 또 어떤 경제적 유인이 있을까요? 함께 이야기해 봅시다.

Q. 경제적 유인이 사람들의 행동과 경제에 어떤 영향을 미칠까요?

교실 대청소, 왜 친구와 역할을 나눌까요?

'**분업**'이란 말을 들어보셨나요? 쉽게 말해 일을 분야별로 나누어서 하는 것을 말하죠. 오랜만에 대청소를 하게 된 여러분의 교실 상황을 한번 떠올려 볼까요?

누구는 바닥을 빗자루로 쓸고, 누구는 책걸상을 맞추고, 누구는 창문과 창틀을 닦고, 누구는 칠판을 청소하고.... 한 명이 여러 일을 조금씩 하기보다는 자신의 **역할**을 딱 정해서 하게 될 거예요. 우린 이걸 분업이라고 하죠. 이처럼 분업이 이뤄지기 위해서는 일이 독립적인 단위로 **분리**될 수 있어야 해요.

그렇다면 대청소의 사례와 같이 사람들은 왜 분업을 할까요? 그 이유는 바로 일의 '**생산성**'이 높아지기 때문이에요. 분업을 통해 한 가지 일에 익숙해지게 되면 작업자는 그 업무에 숙달되고 작업 요령도 생겨요. 이렇게 한 가지 일에 극한으로 숙달되면 생산성과 품질을 최대한 끌어올릴 수 있게 되는 거죠.

또 커다란 작업을 세세하게 나누어 하나씩 맡게 되면 그 업무는 단순 작업이 되어 누구나 쉽게 할 수 있게 돼요. 그렇게 되면 기업은 노동 비용을 절감할 수 있죠. 결국 분업은 '**최소 비용**'으로 '**최대 생산성**'을 발휘할 수 있는, 경제와 경제 활동에 있어서 매우 중요한 개념이랍니다.

하지만 분업에도 몇 가지 문제점이 있는데요. 반복적이고 제한적인 작업으로 인한 근로자의 피로도 증가, 전문성 약화, 조직 내 소통 부재 등 근로자에게 생기는 문제들이 있어요. 또 연속되는 생산 공정에서 어떤 한 부분에 문제가 생기면 전체 생산이 중단될 수도 있다는 단점도 있답니다. 이에 따라 오늘날의 분업 생산 체계는 노동자의 인권과 근무 환경을 최우선으로 고려하는 쪽으로 개선되고 있어요.

문제 속 경제 용어 / 경제 개념 톡톡

생산성: 물건을 만들거나 일을 할 때, 더 빠르고 많이 해낼 수 있는 정도를 말해요.
숙달: 어떤 일을 아주 잘, 익숙하게 할 수 있는 상태를 뜻해요.
품질: 물건의 성질과 바탕이라는 뜻으로, 물건의 상태나 성능이 얼마나 좋은지를 나타내요.

오늘의 경제 퀴즈

아래는 '분업'과 관련된 설명이에요. 왼쪽 ①②③의 설명이 오른쪽 ㉠㉡㉢까지 이어지도록 알맞은 내용을 찾아 선으로 연결해 볼까요?

① 분업은 생산 과정이나 복잡한 일을 여러 단위로 나누고,	•	•	㉠ 저숙련 노동력의 활용이 가능해집니다.
② 분업은 복잡한 작업을 단순화하여 작업에 필요한 숙련도가 낮아지면서	•	•	㉡ 노동자 인권과 근무 환경을 우선으로 고려하는 쪽으로 개선되고 있습니다.
③ 오늘날의 분업 생산 체계는 다양한 문제점과 단점을 보완하고,	•	•	㉢ 각 부분을 맡은 사람이 수행하여 전체적인 생산성을 높이는 방식입니다.

쏙쏙 문제 해설

첫 번째 문장은 분업의 가장 기본적인 정의를 설명합니다. 일을 나누고, 각자 맡은 부분을 전문적으로 수행하여 전체적인 효율성을 높인다는 내용이 ㉢과 정확히 연결되죠. 두 번째 문장은 분업이 가져오는 비용 절감 효과 중 하나를 설명하고 있어요. 작업이 단순해지면 특별한 기술이나 많은 훈련이 없어도 일을 할 수 있게 되므로, 숙련도가 낮은 노동력도 활용할 수 있게 된다는 내용이 ㉠과 일치하죠. 마지막 세 번째 문장은 현대 사회에서 분업이 나아가야 할 지향점을 보여줍니다. 과거 분업의 단점을 보완하기 위해 오늘날에는 노동자의 인권과 근무 환경 개선이 중요하게 여겨지고 있다는 내용이 ㉡과 가장 적절하게 연결되네요.

경제 생각 키우기

Q. 만약, 교실 대청소를 할 때 분업을 하지 않고 각자 모든 청소 구역을 조금씩 다 했다면, 어떤 점이 불편할까요?

Q. 분업에는 또 어떤 장단점이 있을까요?

Q. 미래에는 로봇이나 인공지능이 많은 일을 대신하게 될 거예요. 로봇이 일을 하게 되면 분업에는 어떤 새로운 변화가 생기게 될까요?

경제체제를 보면 왜 경제 원리가 보일까요?

'경제'라는 게 도대체 어떻게 굴러가는지 궁금했던 사람 있나요? 그 해답은 바로 '**경제체제**'에 숨어 있습니다. 경제체제란 한 사회나 국가가 '무엇을 생산할 것인가?', '어떻게 생산할 것인가?', '누구를 위해 생산할 것인가?'라는 아주 기본적인 **경제 문제**를 해결하는 방식과 제도를 말해요.

인간의 욕심은 끝이 없지만, 그걸 만족시켜 줄 자원(돈, 시간, 노동력, 자연 등)은 항상 부족하죠. 우리는 희소한 자원을 어떻게 효율적으로 사용해 최대의 만족을 얻을지 끊임없이 선택합니다. 경제체제는 바로 이러한 **선택**과 **배분**의 문제를 해결하는 방법을 제시해요. 사회가 해결해야 하는 경제 문제도 그 사회의 자원을 어디에 어떻게 배분할지를 결정하는 문제이죠.

경제체제는 크게 시장 경제체제, 계획 경제체제, 그리고 전통 경제체제 3가지로 구분해요. 어떤 경제체제를 선택하느냐에 따라 우리 사회의 모습과 사람들의 생활 방식이 크게 달라진답니다. 오늘날 한국을 포함한 전 세계에서 가장 많은 국가가 채택하고 있는 경제체제는 바로 시장의 기능을 활용하여 자원을 배분하는 '**시장 경제체제**'예요. 시장 경제체제의 포인트는 바로 '자유'와 '경쟁'입니다. 자유롭게 경쟁하는 환경 속에서 사람들은 자신의 이익을 극대화하기 위해 최선을 다하죠. 이와 반대로 북한과 같이 정부의 명령이나 계획을 통해 자원을 배분하는 '**계획 경제체제**'나, 한 나라의 전통문화와 관습, 종교 등이 주가 되는 '**전통 경제체제**'도 있답니다. 이렇게 다양한 경제체제의 특징과 작동 방식을 아는 것은 우리가 살아가는 사회의 경제 활동을 이해하는 첫걸음이 될 수 있어요.

문제 속 경제 용어 / 경제 개념 톡톡

배분: 제한된 자원이나 재화, 기회 등을 여러 사람에게 나누어 주는 것을 말해요.
관습: 오랫동안 한 사회나 집단에서 지켜 내려오면서 자연스럽게 형성된 행동 방식이나 풍습을 뜻해요.
종교: 초월적 존재에 대한 믿음, 신념, 의례 등을 중심으로 형성된 문화 현상을 의미해요.

오늘의 경제 퀴즈

지금까지 배운 경제체제와 관련된 내용을 토대로 내용 중 옳은 것은 'O', 틀린 것은 '×'에 동그라미 쳐보세요.

① 경제체제는 한 사회나 국가가 '무엇을 생산할 것인가?', '어떻게 생산할 것인가?', '누구를 위해 생산할 것인가?'라는 경제 문제를 해결하는 방식과 제도를 말한다. (O / ×)

② 경제체제는 희소한 자원을 어떻게 효율적으로 사용하여 최대의 만족을 얻을지 선택하고 배분하는 문제를 해결하는 방법을 제시한다. (O / ×)

③ 오늘날 한국을 포함한 전 세계에서 가장 많은 국가가 채택하고 있는 경제체제는 계획 경제체제이다. (O / ×)

④ 시장 경제체제에서 사람들은 자신의 이익을 극대화하기 위해 최선을 다한다. (O / ×)

쏙쏙 문제 해설

경제체제란 한 사회나 국가가 "한정된 자원으로 무엇을, 어떻게, 그리고 누구에게 생산할 것인가?" 라는 경제 문제를 해결하는 방식과 제도를 말해요. 또 경제체제는 희소한 자원을 어떻게 효율적으로 사용하여 최대의 만족을 얻을지 선택하고 배분하는 문제를 해결하는 방법을 제시한다고 배웠죠? 경제체제는 크게 시장 경제체제, 계획 경제체제, 그리고 전통 경제체제 3가지로 구분합니다. 그중 세계에서 가장 많은 국가가 채택하고 있는 시장 경제체제를 보면, 사람들은 자유롭게 경쟁하는 환경 속에서 자신의 이익을 극대화하기 위해 최선을 다해요. 따라서 옳은 설명을 하는 ①번, ②번, 그리고 ④번은 O이고, 옳지 못한 설명을 하는 ③번은 ×입니다.

경제 생각 키우기

Q. 경제체제가 왜 중요하다고 생각하나요? 경제체제가 우리 삶에 어떤 영향을 줄까요?

Q. 우리나라는 '시장 경제체제'를 사용하고 있어요. 이 경제체제의 가장 중요한 특징 두 가지는 무엇인가요?

Q. 세 개의 경제체제 이외에 또 다른 경제체제가 있을까요? 그건 어떤 경제체제일까요?

나에게 필요 없는 물건은 버리는 게 좋을까요?

지난 시간에 경제체제에 대해 배우면서 한 사회나 국가가 한정된 자원을 가지고 무엇을, 어떻게, 그리고 누구에게 생산할 것인지를 고민한다는 걸 알게 되었죠? 그리고 생산된 희소한 자원을 필요한 곳에 '배분'한다고도 배웠습니다.

시장을 활용한 **자원 배분** 방식은 사람들이 시장에서 물건을 사고파는 과정을 통해 모든 자원이 그걸 더 잘 활용할 수 있는 사람들에게로 배분될 수 있기에 **효율적**이죠. 이를 가장 쉽게 이해할 수 있는 사례가 바로 '중고 시장'입니다.

예를 들어, 여러분의 부모님이 차를 바꾸시기로 했어요. 예전에 타던 차는 폐차하지 않고 중고차 시장에 내놓았어요. 이 차는 여러분의 가족에게 더 이상 필요 없지만 다른 사람에겐 유용할 수 있는 희소한 자원이죠. 부모님은 중고차를 구매하려는 사람 중에 가장 합리적인 가격을 제시하는 사람에게 그 차를 판매하게 될 거예요. 결국 시장을 통해서 우리에겐 더 이상 효용 없는 자원인 중고차가 그것을 더 잘 활용할 수 있는 사람에게로 배분된 것이죠.

시장을 활용한 배분 이외에도, 자원을 배분하는 방식은 다양한데요. 먼저 오는 사람에게 선착순으로 배분하는 방식, 모든 사람이 똑같이 나눠 갖는 방식, 종교적 규율에 따른 배분 방식 등이 있습니다. 이러한 자원 배분 방식에 따라 **경제체제**가 나뉘는 것이죠.

그중에서도 정부의 명령과 계획에 의해서 자원을 배분하는 방식은 효율성이 좋지 않아요. 북한과 같은 계획 경제체제에서는 정부가 모든 걸 계획하려다 보니, 시장처럼 사람들이 무엇을 원하는지, 어떤 물건을 더 효율적으로 만들 수 있는지를 정확히 파악하기 어려워 효율성이 떨어지게 된답니다.

문제 속 경제 용어 / 경제 개념 톡톡

폐차: 낡거나 고장 난 차를 찌그러뜨리거나 부셔서 처리(폐기)하는 것을 말해요.

선착순: 먼저 온 사람 순서대로 서비스를 제공하거나 일을 처리하는 방식을 의미해요.

규율: 질서를 유지하기 위하여 정해 놓은 행동 기준이나 규범을 뜻해요.

효율성: 투입된 노력, 시간, 자원 등에 비해 얻는 결과나 성과가 얼마나 큰지를 나타내는 개념이에요.

오늘의 경제 퀴즈

다음은 세 경제체제의 특징을 자원 배분 방식에 따라 정리한 표입니다. 빈칸에 들어갈 적절한 단어를 찾아 채워 넣어 볼까요?

경제체제	시장 경제체제	계획 경제체제	전통 경제체제
자원 배분의 기준	(㉠)	정부의 계획, 명령	(㉡), 관습
자원 배분을 결정하는 주체	가계 및 기업	(㉢)	사회·종교적 권위자
경제적 유인과 효율성	효율성 (㉣)	효율성 (㉤)	비경제적 유인

(높음) (시장 가격) (정부) (낮음) (종교적 규율)

㉠ ( ) ㉡ ( ) ㉢ ( )

㉣ ( ) ㉤ ( )

쏙쏙 문제 해설

이 문제는 세 가지 주요 경제 체제인 시장 경제체제, 계획 경제체제, 전통 경제체제의 특징을 자원 배분 방식을 중심으로 비교하는 문제인데요. 시장 경제체제에서는 자원 배분이 주로 수요와 공급의 원리에 따라 시장에서 형성되는 가격에 의해 결정되죠. 따라서 ㉠에 들어갈 단어는 '시장 가격'이에요. 전통 경제체제는 오랜 관습, 전통, 그리고 사회 및 종교적 규율에 따라 자원이 배분되는 체제로, ㉡에는 '종교적 규율'이 들어가야 맞겠죠? 계획 경제체제에서는 자원 배분에 대한 모든 결정이 중앙 정부의 계획과 명령에 따라 이루어집니다. 정부가 생산량, 생산 방식, 분배 방식 등을 통제하므로 ㉢은 '정부'가 맞겠네요. 시장 경제체제는 개인의 자유로운 경제 활동과 경쟁을 통해 효율적인 자원 배분을 유도하여 효율성이 높죠. 반면에 계획 경제체제는 중앙 정부의 통제로 인해 시장의 자율성이 부족해 효율성이 낮아요.

경제 생각 키우기

Q. 중고차 시장 외에 우리 주변에서 시장을 통해 자원이 배분되는 또 다른 예시에는 무엇이 있을까요?

Day6

모두에게 학용품을 똑같이 주는 게 좋을까요?

경제에서는 자원을 어떻게 나누고 쓸지가 정말 중요해요. 그렇다면 한 사회에서 자원 배분이 얼마나 잘 되고 있는지를 어떻게 알 수 있을까요? 자원 배분의 결과를 **평가**할 수 있는 기준은 바로 '효율성'과 '형평성'이에요.

효율성은 한정된 자원을 가지고 가장 많은 것을 만들거나, 가장 좋은 결과를 얻는 것을 말해요. 효율성이 높은지 낮은지를 평가하기 위해선 우리가 가진 자원을 얼마나 낭비 없이 사용했는지를 보면 돼요. 예를 하나 들어볼게요. 학교에서 모든 반에 학용품을 살 수 있는 돈을 똑같이 나눠줬다고 생각해 보세요. A반은 필요 없는 물건을 많이 사서 연필이나 지우개가 금방 떨어졌어요. 그런데 B반은 필요한 것만 딱 사서 학용품을 오래오래 잘 썼어요. B반이 '효율적으로' 예산을 사용한 거라고 할 수 있죠.

다음으로 보아야 할 중요한 기준은 바로 '형평성'입니다. **형평성**이란 자원을 나눌 때 모든 사람이 공평하게 대우받고, 필요한 사람에게 더 많은 기회가 주어지는 것을 말해요. 여기서 '공평하게'라는 말은 '똑같이'와는 조금 달라요. 어떤 학생에게는 더 많은 학용품이 필요할 수도 있잖아요? 효율성과 형평성은 때때로 서로 부딪히기도 해요. 예를 들어, 모든 사람에게 똑같은 돈을 나눠주면(형평성↑) 어떤 사람은 열심히 일하지 않아 결국 아무것도 만들지 않을 수도 있어요(효율성↓). 반대로 열심히 일한 사람에게만 모든 돈을 준다면(효율성↑), 어려운 사람들은 더 힘들어질 수도 있겠죠(형평성↓). 그래서 우리 사회는 효율성도 높이면서 동시에 형평성도 지키는 것이 정말 중요하답니다.

문제 속 경제 용어 / 경제 개념 톡톡

평가: 어떤 것이 얼마나 좋은지, 잘 되었는지 살펴보는 것을 말해요. 공부를 열심히 했는지 검사하기 위해 시험을 보는 것도 평가의 한 종류죠.

낭비: 필요 없는 곳에 자원을 함부로 쓰거나, 쓸데없이 버리는 것을 말해요.

예산: 한정된 기간 동안 쓸 수 있도록 정해 놓은 계획된 돈을 의미해요.

공평: 모든 사람에게 똑같이 나누기보다는, 각자의 상황과 필요에 맞게 대하고 기회를 주는 것을 뜻해요.

오늘의 경제 퀴즈

본문 내용을 참고하여 다음 사례 중 '형평성' 및 '효율성'과 관련된 내용 중 옳지 않은 것을 모두 고르면 무엇일까요?

㉠ 공장에서 물건을 만들 때, 고장 난 기계를 계속 사용해서 불량품이 많이 나왔다면 효율성이 낮은 경우라고 할 수 있다.
㉡ 의료비가 부족한 사람들에게 정부가 의료비를 지원해 주는 것은 형평성을 높이는 사례이다.
㉢ 장애인을 위해 지하철에 엘리베이터를 설치하는 것은 효율성을 높이는 사례이다.
㉣ 모든 사람이 똑같은 스마트폰을 사용하도록 정부에서 일괄 지급하는 것은 효율성을 높이는 방법이다.

쏙쏙 문제 해설

고장 난 기계로 불량품이 많이 나온다는 것은 자원을 낭비하고 제대로 된 결과물을 얻지 못하는 것이므로, 효율성이 낮은 경우라고 할 수 있어요. ㉠은 옳은 설명이에요. 의료비가 부족한 사람에게 의료비를 지원하는 것은 '필요에 따른 배분'으로 형평성을 높이는 대표적인 사례이므로 ㉡도 맞습니다. 장애인 엘리베이터 설치는 필요한 사람에게 더 많은 기회를 제공하여 형평성을 높이는 사례이지 효율성을 높이는 사례가 아닙니다. 따라서 ㉢은 옳지 않네요. 모든 사람이 똑같은 스마트폰을 사용하도록 정부에서 일괄 지급하는 행동은 형평성을 높이려는 시도일 수 있어요. 하지만 모든 사람에게 똑같은 물건을 강제하는 것은 개인의 필요나 선호를 무시하여 오히려 자원 낭비를 초래하고 효율성을 떨어뜨릴 수 있답니다. ㉣도 틀렸네요.

경제 생각 키우기

Q. 우리 사회에서 '효율성'과 '형평성' 을 높이기 위해 어떤 노력들을 하고 있을까요?

Q. 만약 어떤 정책이 '효율성'은 아주 높지만 '형평성'은 아주 낮다면, 이 정책은 우리 사회에 어떤 문제를 일으킬 수 있을까요?

Q. 물건을 만들 때 환경을 생각하는 것도 '효율성'이나 '형평성'과 관련이 있을까요?

돈 쓰는 게 왜 경제에 중요할까요?

'가족'이라는 말은 많이 쓰지만 '가계'라는 단어는 조금 생소하죠? 오늘은 한 나라의 경제 활동을 형성하는 가장 기본적인 경제 단위인 '가계'에 대해 알아보도록 해요.

가계란 같은 돈을 사용하며 경제생활을 하는 개인이나 집단을 말해요. 여기서 '같은 돈'이란 개인이나 한 집단이 같은 예산을 공유하거나 소득과 지출을 함께 관리하는 걸 뜻해요. 쉽게 예를 들면, 부모님이 벌어오는 돈으로 생활하는 4인 가족은 하나의 가계가 돼요. 하지만 같은 집에서 살더라도 자신이 벌어온 소득을 따로 관리하는 사람이 있다면 그 사람은 별개의 가계가 되는 거예요. 친구 사이더라도 소득을 공유하면 가계가 될 수 있죠.

그렇다면 가계는 경제에서 어떤 역할을 할까요? 바로 재화와 서비스를 **소비**합니다. 가계가 소비하는 이유는 다양하지만 그중 가장 주요한 이유는 바로 소비를 통해 효용을 얻기 위해서예요. 쉽게 말해 맛있는 음식이나 여가 활동에 돈을 쓰며 즐거움을 느끼고, 병원에서 진료받으며 건강이라는 만족도를 높이죠. 하지만 우리가 쓸 수 있는 돈은 정해져 있으니 너무 많이 써버리면 안 되겠죠? 따라서 우리는 현재 우리가 사용할 수 있는 예산 내에서 가장 높은 만족도를 얻기 위해 **합리적인 소비**를 해서 효용을 극대화하려고 노력해요.

또 가계의 소비는 기업이 어떤 상품을 얼마나 생산해야 할지 알려줘요. 기업은 더 많은 이익을 내기 위해 소비자가 어떤 상품을 얼마나 선호하는지 파악하려 항상 노력해요. 가계의 소비는 기업에 "우린 이 제품을 좋아하니까 이만큼 더 만들어줘"라고 말하는 **신호등** 역할을 합니다.

문제 속 경제 용어 / 경제 개념 톡톡

소득: 사람들이 일정한 기간 일을 해서 번 경제적 이익(돈)을 말해요.
독립: 다른 사람의 도움을 받거나 의존하지 않고 혼자 힘으로 일을 해 나가는 상태를 뜻해요.
효용: 선택을 하는 사람이 그 행동의 결과로 느끼는 주관적인 만족감이나 행복감을 의미해요.
기업: 돈을 벌기 위해 물건과 서비스를 만들거나 판매하는 회사를 말해요.

오늘의 경제 퀴즈

다음 가계에 관한 설명 중 옳지 않은 설명을 모두 골라보세요.

㉠ 가족은 모두 하나의 가계에 속해야만 한다.

㉡ 효용은 즐거움이나 만족감만을 의미하므로, 병원비처럼 고통스러운 지출은 효용이 없는 소비이다.

㉢ 기업은 가계의 소비를 보고 어떤 물건을 만들지 결정하며 소비는 기업이 계속해서 물건을 만들도록 도와주는 중요한 활동이다.

㉣ 가계가 돈을 많이 쓰면 경제가 어려워지고 기업은 손해를 본다.

쏙쏙 문제 해설

같은 가족이라도 소득을 따로 관리하고 있다면 별도의 가계가 될 수 있어요. 가족은 모두 하나의 가계에 포함되어야 한다는 ㉠은 틀린 설명이에요. 병원비는 건강이라는 효용을 얻기 위한 소비이므로 ㉡도 옳지 않아요. 가계의 소비는 기업에게 시장의 수요를 알려주는 중요한 신호가 되며 가계의 소비가 있어야 기업은 이윤을 얻고 생산을 계속할 수 있겠죠? 따라서 ㉢은 옳은 설명이네요. 가계가 돈을 많이 쓰면 기업의 매출과 이윤을 증가시켜 경제 성장에 기여할 수 있기에 ㉣도 잘못된 설명이죠. 반대로 가계의 소비가 줄어들면 '수요 감소→기업 생산 위축→고용 감소→소득 감소→다시 소비 감소'로 경제가 어려워질 수 있답니다.

경제 생각 키우기

Q. 우리 집의 한 달 소득과 지출을 함께 이야기해 보고, 우리 집을 하나의 '가계'로 표현해 본다면 어떤 특징이 있을까요?

Q. 게임 아이템을 사는 소비와 학원비로 돈을 쓰는 소비는 어떤 효용의 차이가 있을까요?

Q. 만약 과시 소비를 통해 효용을 얻는다고 말하는 사람이 있다면, 그 소비에 대해 어떤 생각이 드나요?

Day8

우리가 쓰는 물건은 누가 만들어낼까요?

기업이라고 하면 머릿속에 어떤 이미지가 떠오르나요? 자동차나 반도체를 만드는 공장이 생각날 수도 있고, 음식을 만드는 식당이나 여러 종류의 물건이 있는 마트가 생각날 수도 있고, 사람들이 컴퓨터 앞에 앉아 일하는 사무실이 떠오를 수도 있어요. 이처럼 돈을 벌기 위해 재화와 서비스를 생산하고 판매하는 모든 회사를 기업이라고 해요. 세탁소, 피아노 학원, 아이스크림 가게도 그 크기는 작지만, 돈을 벌기 위해 생산과 공급을 한다는 점에서 모두 기업이라고 할 수 있어요.

기업은 우리 사회가 필요로 하는 재화와 서비스를 **생산**하고 **공급**해요. 가계의 경제적 역할이 소비였다면, 기업의 경제적 역할은 생산입니다.

기업이 재화와 서비스를 생산하려면 꼭 필요한 것들이 있는데, 이걸 **생산 요소**라고 해요. 생산 요소에는 생산할 사람 등 **노동력**, 생산 장비, 공장 건물 같은 **자본**, 생산 장소나 원료가 되는 **토지** 3가지로 구분하죠. 기업은 생산 요소들을 활용하여 생산물의 시장가치를 높여요.

기업은 시장에서 더 많은 **이윤**을 남기기 위해 다른 기업들과 서로 **경쟁**하죠. 따라서 기업은 소비자의 수요를 항상 파악해, 더 좋은 품질의 제품과 서비스를 더 낮은 가격으로 공급하려 해요. 기업의 이러한 노력은 한정된 자원을 효율적으로 활용하게 하는 원동력이 됩니다.

만약 우리 삶에 이러한 기업들이 없다면 어떻게 될까요? 우리는 필요한 물건을 직접 만들어 써야 하며, 심지어 필요한 재료들을 직접 기르거나 키워야겠죠. 또 기업이 없다면 우리는 원하는 일자리를 얻거나 좋아하는 일을 할 수 없을 거예요.

문제 속 경제 용어 / 경제 개념 톡톡

자본: 생산에 필요한 돈이나 기계, 건물 등을 말해요.

토지: 공장이나 가게를 지을 수 있는 땅 등 일정한 범위의 지면을 뜻해요.

이윤: 경제적 활동에서 발생하는 긍정적인 결과로 기업이 물건을 팔아서 번 돈(수입)에서, 물건을 만드는 데 들어간 돈(비용)을 뺀 나머지를 말해요.

경쟁: 동일한 목표를 달성하기 위해 서로 겨루는 것을 의미해요.

오늘의 경제 퀴즈

기업의 경제적 역할과 관련된 내용을 읽고, 빈칸에 들어갈 알맞은 말을 채워 보세요.

> 기업은 돈을 벌기 위해 재화와 서비스를 생산하고 판매하는 조직입니다. 세탁소나 피아노 학원도 기업에 속하죠. 기업이 생산을 위해 사용하는 요소를 (①)라고 하며, 노동력, 자본, 토지로 나눌 수 있어요. 기업들은 (②)을 얻기 위해 서로 경쟁하며, 더 좋은 물건을 (③)으로 공급하려 노력해요. 이러한 기업 덕분에 우리의 삶은 더 편리해집니다.

① (　　　　　　)　　② (　　　　　　)　　③ (　　　　　　)

쏙쏙 문제 해설

기업이 재화와 서비스를 생산하기 위해 사용하는 것은 생산 요소이며, 이는 노동력, 자본, 토지로 구성되죠. 더 나아가서 공부해 보자면, 기업은 노동력에 대해서는 임금, 자본에 대해서는 이자, 그리고 토지에 대해서는 지대라는 비용을 내요. 따라서 ①번 빈칸에 들어갈 알맞은 말은 '생산 요소'예요. 기업의 가장 큰 목적은 돈을 버는 것이고, 이는 곧 이윤을 남기는 것이에요. ②번 빈칸에는 '이윤'이 들어가는 게 맞겠네요. 기업들은 더 많은 이윤을 얻기 위해 다른 기업들과 경쟁하죠. 경쟁 속에서 기업은 소비자들의 선택을 받기 위해 노력하며, 그 결과 더 좋은 품질의 제품을 낮은 가격으로 제공하려고 합니다. 마지막 ③번 빈칸에는 '낮은 가격'이 가장 적절합니다.

경제 생각 키우기

Q. 기업이 제품의 가격을 정할 때 가장 중요하게 고려하는 것은 무엇일까요?

Q. 내가 좋아하는 아이돌 그룹의 앨범은 어떤 기업에서 만들고, 그 기업은 이윤을 어떻게 얻을까요?

Q. 기업이 더 많은 이윤을 남기기 위해 인건비(노동력에 대한 대가)를 줄인다면 어떤 문제가 발생할 수 있을까요?

경제가 성장한 것을 어떻게 알 수 있을까요?

"어, 여기 편의점이 들어왔네? 와, 유명한 카페도 생겼어!" 새로운 가게들이 생겨나고, 길도 깨끗하게 정비되고, 공원이나 도서관 같은 편의 시설이 더 많이 생기는 것을 보면 우리 동네가 점점 더 좋아지고 있다고 느끼죠. 이렇게 한 지역이 점점 더 발전하는 것을 우리는 '성장'했다고 말해요. 놀랍게도 우리 동네가 성장하는 것처럼 경제도 성장한답니다. **경제 성장**은 우리가 돈을 벌고 쓰는 활동들이 전체적으로 더 활발해지고 나라가 부유해지는 것을 말해요. 이를 통해 국민의 **삶의 질**이 **향상**되죠.

그러면 도대체 경제 성장이 왜 필요하고 중요한 걸까요? 그 이유는 크게 세 가지입니다. 첫째, 경제가 성장하면 더 좋은 물건과 서비스가 늘어나고, 우리 생활이 풍요로워져요. 둘째, 경제가 성장하면 회사가 커지고, 새 가게들이 생겨 좋은 일자리가 많이 늘어나요. 셋째, 경제가 튼튼해지면 나라의 힘이 세지고 다른 나라들과 더 당당하게 교류할 수 있어요.

그렇다면, 경제가 성장했다는 걸 어떻게 알 수 있을까요? 모두 앞에서 배운 내용인데 한번 떠올려 볼까요? 네, 맞습니다. **국내총생산**(GDP)과 **실업률**을 보면 경제가 성장했는지 알 수 있다고 했죠? 일반적으로 GDP가 높아지면 나라가 더 부유해지고 경제가 성장했다는 뜻이고, 실업률이 낮아지는 것도 일자리가 늘고 경제가 성장했다는 뜻이에요.

경제가 성장할 때는 주의해야 할 점이 있는데요. 바로 **물가**입니다. 경제가 빠르게 성장하면 덩달아 물가도 빠르게 오르는데요. 적당한 물가 상승은 괜찮지만, 물가가 너무 빠르게 오르면 경제 성장에 부담이 될 수 있어요. 따라서 정부는 항상 물가 안정에 노력을 기울인답니다.

문제 속 경제 용어 / 경제 개념 톡톡

편의 시설: 도서관, 병원, 공원처럼 우리 생활을 편리하게 해주는 건물이나 장소를 말해요.

부유(하다): 돈이나 재산이 많아 잘 사는 것을 말해요. 한 나라가 부유하다는 건 그 나라의 국민들이 전체적으로 돈을 잘 벌고 잘 산다는 뜻이에요.

물가 지수: 여러 가지 물건들의 가격이 전체적으로 얼마나 오르거나 내렸는지 숫자로 보여주는 거예요.

오늘의 경제 퀴즈

다음 중 경제 성장과 관련된 설명으로 옳은 말을 한 동물들을 모두 찾아보세요.

① 고양이: 경제가 성장하면 물건과 서비스의 양은 늘지만, 질은 떨어져 우리 생활이 더 어려워져.
② 강아지: 우리나라 경제가 성장해도 다른 나라들과 교류할 때 별다른 이점이 없어.
③ 햄스터: 경제 성장은 회사가 커지고 새로운 가게가 생겨 좋은 일자리가 많이 늘어나.
④ 앵무새: 정부는 경제 성장에 방해가 되지 않도록 물가 안정을 위해 노력해.

쏙쏙 문제 해설

경제가 성장하면 생산 기술이 발전하고 경쟁이 심화하면서 물건과 서비스의 양뿐만 아니라 질도 함께 좋아져요. 고양이는 틀린 말을 하고 있네요. 경제가 성장하여 나라의 힘이 강해지면 다른 나라들과의 교류에서 더 유리한 위치를 차지할 수 있어요. 이는 곧 우리나라의 국제적인 위상과 영향력이 커진다는 의미로, 강아지도 옳지 않아요. 경제가 성장하면 기업들이 돈을 많이 벌고 새로운 사업에 투자하게 됩니다. 자연스럽게 회사의 규모가 커지고, 새로운 가게들이 많이 생겨나며 다양한 분야에서 일자리가 늘어나게 되죠. 햄스터는 정답입니다. 경제가 너무 빠르게 성장해서 물가가 너무 급하게 오르면 사람들이 물건을 사기 어려워지고, 기업들도 사업 계획을 세우기 힘들어지는 등 경제 활동에 어려움이 생길 수 있습니다. 따라서 정부는 물가가 너무 오르지도, 내리지도 않도록 적절한 수준으로 유지하여 경제 성장이 안정적으로 이어지도록 노력해요. 앵무새도 옳은 말을 했네요.

경제 생각 키우기

Q. 경제 성장이 항상 좋은 점만 있을까요? 경제가 성장하면서 생길 수 있는 나쁜 점이나 해결해야 할 숙제는 무엇이 있을지 생각해 봅시다.

Q. 만약 우리나라 경제가 계속 성장하지 못하고 멈춰 있다면, 우리들의 생활은 지금과 어떻게 달라질까요?

Q. GDP와 실업률, 물가 지수 외에 경제가 성장했는지 알 수 있는 다른 방법이나 지표가 있다면 무엇이 있을까요?

Day10

경제가 성장하려면 뭐가 꼭 필요할까요?

경제가 성장하면 우리 사회가 풍요로워지고 삶의 질이 올라간다고 배웠죠? 그렇다면 경제가 성장하기 위해서는 도대체 뭐가 필요할까요? 지금부터 경제 성장에 꼭 필요한 경제 성장의 **요인**에 대해 알아볼게요.

경제 성장의 첫 번째 요인은 자원과 자본입니다. **자원**이란 철광석, 석유, 물 등 자연에서 얻을 수 있는 생산에 필요한 재료를 말해요. 이러한 자원은 한 나라의 경제에 아주 큰 영향을 미치죠. 예를 들어, 세계 최대 석유 매장량과 생산량을 자랑하는 사우디아라비아는 거의 모든 경제가 석유에 의존하고 있어요. 하지만, 자원이 풍부하다고 해서 모든 나라가 경제 성장을 하는 것은 아니에요. 여기서 필요한 게 자본이죠. **자본**이란 인간이 생산 활동을 통해 만들어 낸 것으로, '돈'과 같이 다시 생산 활동에 사용되는 재화를 의미해요. 예를 들어, 천연자원인 철광석은 '자원'이지만, 철광석을 가공해 만든 기계는 '자본'이죠.

경제 성장의 두 번째 요인은 **노동력**입니다. 비슷한 자원과 비슷한 자본력을 가진 국가들 사이에서 더 높은 경제 성장을 이루는 경우는 **인적 자원**이라 불리는 노동력이 더 뛰어나기 때문이죠. 노동자의 수와 개개인의 생산성의 차이가 경제 성장률을 결정하기도 한답니다. 경제 성장의 마지막 요인은 바로 교육이에요. 사람들은 다양한 **경험**과 **교육**을 통해 생산성이 높아질 수 있기에 교육 수준에 따라 그 나라의 경제 성장이 달라질 수 있으며 현대 사회에서는 더욱 중요해지고 있어요. 이처럼 경제 성장의 요인들은 좋은 교육이 노동력의 질을 높이고, 이는 다시 자본의 효율적 활용으로 이어지는 형태의 상호작용을 한답니다.

문제 속 경제 용어 / 경제 개념 톡톡

요인: 어떤 결과를 만들 때 꼭 필요한 것 또는 영향을 주는 것을 말해요.

매장량: 땅속이나 바다 밑에 묻혀 있는 자원의 양을 말해요. 석유, 철광석, 가스 등이 땅속에 얼마나 많이 들어 있는지를 나타낼 때 '석유 매장량', '철광석 매장량'이라고 하죠.

교육 수준: 사람들이 얼마나 많이 배우고 지식을 쌓았는지를 나타내는 정도를 의미해요.

오늘의 경제 퀴즈

지금까지 경제 성장의 요인에 대해 배웠어요. 다음 설명 중 옳은 것은 'O', 틀린 것은 '×'에 동그라미 쳐볼까요?

① 돈만 많으면 어떤 나라도 저절로 경제 성장을 이룰 수 있다. (O / ×)

② 자원이 풍부해도 그것을 생산에 활용할 자본이 없다면 경제 성장이 어렵다. (O / ×)

③ 교육 수준이 높은 나라는 사람들의 생산성이 높아져 경제 성장에 유리하다. (O / ×)

④ 경제 성장을 위해서는 무조건 노동자의 수가 많아야만 한다. (O / ×)

쏙쏙 문제 해설

과연 돈만 많으면 누구나 경제 성장을 할 수 있을까요? 아니죠. 돈(화폐)은 자본의 한 형태일 수 있지만, 그 돈이 생산 활동에 투자되어 자원, 노동력 등 다른 요인들과 상호작용을 해야만 경제가 성장할 수 있어요. ①번은 틀렸습니다. 자원과 자본은 상호 보완적인 관계이며, 자본의 투입이 있어야 자원을 효율적으로 활용할 수 있으므로 ②번은 옳은 설명이에요. 교육은 인적 자본의 질을 향상시키고, 이는 곧 생산성 향상과 경제 성장으로 이어지므로 교육 수준이 높은 나라는 경제 성장에 유리하겠죠? ③번 설명도 맞아요. 경제 성장을 위해서는 노동자의 수뿐만 아니라 노동력의 '질'(생산성)이 매우 중요합니다. 적은 수의 노동자라도 높은 생산성을 가졌다면 더 높은 경제 성장을 이룰 수 있어요. ④번은 옳지 않아요.

경제 생각 키우기

Q. 우리나라에는 석유나 천연자원 등 자원이 많지 않은데도 어떻게 높은 경제 성장을 이뤄낼 수 있었을까요?

Q. 우리 주변에서 '자본'의 역할을 하는 것들은 어떤 것이 있을지 찾아봅시다.

Q. 경제 성장의 요인들이 서로 어떤 방식으로 상호 작용할지 구체적으로 생각해 봅시다.

PART 2

돈을 어떻게 잘 모으고 쓸 수 있을까?

(금융·저축·소비)

Day11

돈이 필요할 때 누가 빌려줄까요?

여러분, '금융'이라는 말 들어보셨나요? '**금융**'이란 쉽게 말해 돈이 오고 가는 흐름을 말해요. 누군가에게 돈을 빌려주거나, 반대로 돈을 빌리는 일, 이러한 행위를 통틀어서 '금융'이라고 해요.

예를 하나 들어볼게요. 친구가 아이스크림을 사 먹고 싶은데 당장 돈이 없어서 여러분에게 1,000원을 빌렸다고 상상해 봐요. 여러분의 돈이 친구에게 넘어가고, 친구는 그 돈으로 아이스크림을 샀겠죠? 며칠 뒤, 친구는 그 돈을 다시 여러분에게 돌려줄 거예요. 이처럼 돈이 흘러가는 과정이 바로 우리가 말하는 금융이에요.

그런데 돈을 빌리고 빌려줄 때 꼭 생각해야 할 것이 있어요. 바로 '이자'인데요. '**이자**'는 돈을 빌려준 사람에게 받는 대가이자 돈을 빌린 사람이 내야 하는 비용이에요. 만약 여러분이 친구에게 1,000원을 빌려줬다고 해볼게요. 그동안 여러분은 그 돈으로 사고 싶은 걸 못 샀을 수도 있어요. 그래서 친구는 그 대가로 1,100원을 갚아요. 이때 원래 빌린 돈보다 100원을 더 지급하는데, 이 100원이 바로 이자랍니다.

이러한 금융 활동은 보통 '**금융회사**'를 통해 이루어져요. 금융회사는 돈을 빌려주고 싶은 사람과 돈이 필요한 사람을 연결해 주는 중개자 역할을 해요. 우리가 흔히 아는 은행, 보험회사, 증권사가 모두 금융회사에 해당해요.

금융이 있기 때문에 돈이 필요한 곳에 흘러갈 수 있어요. 덕분에 사람들은 집을 살 수도 있고, 공부를 하거나 가게를 열 수도 있어요. 이렇게 우리의 생활을 더 편리하게 만들어 주고, 경제가 원활하게 돌아갈 수 있도록 도와주는 금융, 정말 매력적이지 않나요?

문제 속 경제 용어 / 경제 개념 톡톡

이자율: 이자가 원금에 비해 얼마나 되는지를 나타내는 비율이에요. 예를 들어 1,000원을 빌렸는데 이자가 100원이라면, 이자율은 10%가 되는 거예요.

증권사: 주식이나 채권처럼 돈이 되는 종이(증권)를 사고팔 수 있도록 도와주는 금융회사예요.

대가: 어떠한 행동이나 일에 대한 보상을 뜻해요.

오늘의 경제 퀴즈

금융과 관련된 설명으로 옳은 것을 모두 찾아보세요.

① 금융회사는 돈을 빌려주고 싶은 사람과 빌리고 싶은 사람을 연결한다.

② 이자는 돈을 빌려줄 때 받는 대가이기도 하지만, 돈을 빌릴 때 내야 하는 비용을 의미하기도 한다.

③ 자동차를 구매하기 위해 돈을 빌렸다가 며칠 뒤 갚는 행위는 금융에 해당하지 않는다.

④ 금융은 돈을 빌려주고 싶은 사람과 돈이 필요한 사람 사이에서 항상 직접적인 만남을 통해서만 이루어진다.

쏙쏙 문제 해설

금융회사는 돈을 빌려주고 싶은 사람과 돈을 빌리려는 사람 사이를 연결해 주는 중간 역할을 해요. 또한, 돈을 빌려줄 때는 그 대가로 이자를 받고, 반대로 돈을 빌릴 때는 이자를 비용으로 내야 하죠. 이처럼 이자는 금융 거래에서 중요한 요소입니다. 이러한 과정을 통해서 금융 시장이 활발하게 돌아갈 수 있어요. 그러므로 ①번, ②번은 올바른 설명이에요. 한편, 돈을 빌렸다가 갚는 행위는 대표적인 금융 활동이므로 ③번은 오답이에요. 금융은 꼭 두 사람이 직접 만나지 않아도, 은행이나 보험회사, 증권사 같은 금융회사를 통해 간접적으로도 충분히 이루어질 수 있어요. 따라서 ④번도 오답입니다.

경제 생각 키우기

Q. 만약 이 세상에 금융이 없다면 어떤 불편한 점이 있을까요?

Q. 우리가 금융회사 없이 직접적으로 돈을 빌려주고 빌린다면 어떤 장점과 단점이 있을까요?

Q. 이자가 너무 높으면 특히 어떤 사람들에게 어려움이 있을까요?

저축만 잘하면 과연 부자가 될 수 있을까요?

우리 모두 "**저축**을 잘해야 부자가 될 수 있다"고 배우죠. 이 말은 백번 옳은 말이에요. 하지만 만약 저축'만' 잘하면 과연 부자가 될 수 있을까요? 시간이 흘러 물가가 오르면, 저축해 두었던 돈의 가치가 떨어질 수 있어요. 결론적으로 저축을 열심히 했지만, 손해를 본 꼴인데요. 이런 손해를 막는 법 중 하나가 바로 '투자'예요.

투자에는 두 가지 의미가 있어요. 하나는 '재테크'를 의미하고, 다른 하나는 '자본재를 증가시키는 것'을 의미하죠. **재테크**는 집을 사거나 펀드를 구매하는 것처럼 우리가 가진 돈을 불리기 위해 똑똑하게 돈을 사용하는 걸 말해요. 예를 들어 비싼 명품 가방을 사는 대신 투자 가치가 높은 주식을 샀어요. 명품 가방은 몇 년 뒤면 닳아서 가치가 떨어지지만, 투자 가치가 높은 주식은 오히려 올라 돈을 벌게 되죠.

또 다른 투자의 의미는 **자본재**를 증가시키는 건데요. 쉽게 말해 내가 가진 것들의 가치를 높이는 것을 말하죠. 마치 빵집 사장님이 빵을 더 많이, 더 맛있게 만들려고 새 오븐을 사거나 더 좋은 제빵 기술을 배우는 것처럼 말이에요.

그런데 만약 빵집 사장님이 새 오븐을 사려고 하는데 돈이 부족하다면 어떻게 할까요? 분명 오븐만 바꾸면 빵의 맛이 확실히 좋아지고 손님도 늘 텐데요. 그럼, 빵집 사장님은 투자에 실패하는 걸까요? 이때 필요한 아주 중요한 경제 개념이 바로 '**부채**'입니다. 이런 경우에는 은행에서 돈을 빌려 투자를 먼저 하고, 투자를 통해 번 돈으로 빚을 갚는 거죠. '돈을 빌리는 건 이자도 나가고 안 좋은 거 아니야?'라고 생각할 수도 있지만, 둘 중 어느 것이 이득인지를 잘 따져봐야 한다고요.

문제 속 경제 용어 / 경제 개념 톡톡

저축: 돼지 저금통이나 은행에 돈을 모아두는 행동을 말해요.

재테크: 내가 가진 돈을 은행에 그냥 넣어두는 게 아니라, 똑똑하게 굴려서 더 많은 돈을 버는 방법을 말해요. 재테크의 방법으로는 예금과 적금, 주식·펀드 투자, 부동산 투자 등이 있죠.

자본재: 돈을 버는 데 도움을 주는 도구나 기술 같은 것들을 말해요.

오늘의 경제 퀴즈

투자와 부채에 관한 설명 중 옳은 설명을 모두 골라보세요.

㉠ 투자는 물가 상승으로 인한 돈의 가치 하락을 막을 수 있는 방법 중 하나이다.
㉡ 재테크는 우리가 가진 돈을 불리기 위해 똑똑하게 돈을 사용하는 것을 의미한다.
㉢ 자본재를 증가시킨다는 것은 내가 가진 것들의 가치를 높이는 것을 의미한다.
㉣ 부채는 이자를 내야 하지만, 때로는 투자를 위해 유용하게 사용될 수 있다.

쏙쏙 문제 해설

시간이 지나면서 물가가 오르면 같은 돈으로 살 수 있는 물건의 양이 줄어들기 때문에 돈의 가치가 낮아질 수 있어요. 투자를 통해 돈을 불려 물가가 오른 것 또는 그 이상으로 자산을 늘릴 수 있기 때문에 ㉠은 옳은 설명이에요. 재테크는 우리가 가진 돈을 효율적으로 운용하여 불리는 모든 활동을 말하며, 자본재를 증가시킨다는 것은 생산에 사용되는 도구나 기술 등을 개선하여 생산성을 높이는 걸 의미해요. 둘 다 투자를 의미하는 중요한 내용이죠. 따라서 ㉡과 ㉢도 옳습니다. 우리는 은행에 빌린 돈에 대한 이자를 지불해야 하지만, 투자 수익이 이자보다 크다면 경제적으로 이득을 볼 수 있어요. 즉 투자로 번 돈이 빌린 돈과 이자를 갚고도 남는다면, 부채를 활용한 성공적인 투자라고 할 수 있죠. 따라서 ㉣도 옳은 설명입니다.

경제 생각 키우기

Q. 만약 여러분이 작은 사업을 시작한다면, 어떤 종류의 '자본재'에 투자하고 싶나요?

Q. 투자의 위험성이나 주의해야 할 점에는 무엇이 있을까요?

Q. 주변에서 '재테크'를 성공적으로 한 어른들의 사례를 찾아보고, 그들이 어떤 투자를 했는지 이야기해볼까요?

신용카드는 교통카드랑 뭐가 다른가요?

혹시 여러분들도 카드가 있나요? 요즘엔 교통카드, 체크카드 등 어린 친구들도 자유롭게 사용할 수 있는 카드들이 많죠. 교통카드나 체크카드 같은 카드는 '현금'과 똑같아요. 내가 가진 돈을 그대로 카드에 충전해서 사용하는 방식이죠. 그런데 우리 부모님이 쓰는 카드는 뭐라고 부르던가요? **신용카드**라고 하죠? 도대체 신용카드는 우리들이 쓰는 카드와는 뭐가 다른 걸까요?

신용카드는 말 그대로 믿고 맡기는 카드예요. 예를 들어 우리가 슈퍼에서 과자를 사 먹을 때, 내 돈을 슈퍼 주인에게 주고 과자를 가져가잖아요. 하지만 신용카드를 사용하면 조금 달라져요. 카드를 긁으면 과자의 값은 **카드 회사**가 대신 내주고, 우리는 이걸 한 달 뒤에 슈퍼 주인이 아닌 카드 회사에 내는 거죠. 만약, 쓰고 싶은 대로 카드를 쓰고 나중에 카드 회사에 낼 돈이 없다면, 그 사람은 '신용불량자'가 되는 거예요. 믿음이 없는 사람이라는 얘기죠. 이렇듯 신용은 경제생활을 하면서 돈을 빌린 후 약속한 날짜에 갚을 수 있는 능력을 의미한답니다.

은행에 돈을 빌리기 위해선 이 '신용'이 매우 중요하죠. 신용이 나쁜 사람은 신용이 좋은 사람에 비해 돈을 빌리기 어려워요. 그래서 우리는 항상 **신용관리**를 해야 한답니다. 그럼, 신용관리는 어떻게 하는 걸까요? 신용관리는 '부채'와 밀접한 관련이 있어요. 신용카드를 쓰는 건 어떻게 보면 카드 회사에 빚을 지는 거죠. 이 부채를 잘 갚으면 카드 회사에서 "이 사람은 돈을 밀리지 않고 잘 갚네? 믿을 만한 사람이구나"라고 생각하며 **신용등급**을 올려줘요. 이 신용등급을 잘 관리해야 나중에 은행에서 좋은 조건으로 큰돈도 빌릴 수 있답니다.

문제 속 경제 용어 / 경제 개념 톡톡

신용: 다른 사람에게 내가 경제적으로 얼마나 믿을 수 있는 사람인지를 보여주는 능력이에요.

신용불량자: 약속한 날짜에 돈을 갚지 못해 은행이나 카드 회사에서 '경제적으로 신용을 인정받지 못한 사람'이라고 설정해 놓은 사람을 말해요.

신용등급: 신용 가치를 평가한 등급으로 여러분이 얼마나 믿을 수 있는 사람인지 점수를 매겨 놓은 것이에요.

오늘의 경제 퀴즈

다음 신용에 대한 설명으로 옳지 않은 것을 찾아보세요.

① 신용은 경제생활을 하면서 돈을 빌린 후 약속한 날짜에 갚을 수 있는 능력을 의미한다.
② 신용카드는 카드 회사가 먼저 돈을 내주고 나중에 우리가 카드 회사에 갚는 방식이다.
③ 신용이 나쁜 사람은 신용이 좋은 사람에 비해서 돈을 빌리기 쉽다.
④ 신용등급을 잘 관리해야 나중에 은행에서 좋은 조건으로 큰돈을 빌릴 수 있다.

쏙쏙 문제 해설

신용은 정해진 날짜에 빚을 갚는 능력과 의지에 대한 평가로, 금융 거래 시 매우 중요한 역할을 해요. 은행에서 돈을 빌리기 위해선 신용이 매우 중요하죠. 따라서 ①번은 옳아요. 신용카드를 사용하면 카드사가 가맹점에 먼저 돈을 내고, 소비자는 정해진 결제일에 카드사에 돈을 내죠. ②번 설명도 옳은 설명이에요. 신용이 나쁜 사람은 신용이 좋은 사람에 비해 돈을 빌리기 어려워요. 금융회사는 신용이 나쁜 사람에게는 대출을 거부하거나 높은 금리를 요구할 수 있어요. ③번은 반대로 이야기하고 있으니 틀렸네요. 신용등급이 높다는 것은 그만큼 신용할 수 있는 정도가 높다는 것을 의미해요. 따라서 신용등급이 높으면 은행에서 돈을 빌릴 때 이자를 적게 내거나 더 많은 돈을 빌릴 수 있어요. ④번도 옳은 설명이에요.

경제 생각 키우기

Q. 체크카드와 신용카드가 우리 생활에 어떤 편리함을 주는지 이야기해볼까요?

Q. 만약 '신용불량자'가 되면 일상 및 경제생활에서 어떤 어려움을 겪을 수 있을까요?

Q. 신용관리를 위해 여러분이 지금부터 할 수 있는 노력에는 어떤 것들이 있을까요?

Day14

매달 용돈을 조금씩 모을 땐 어떻게 저금할까요?

여러분, 설날에 세뱃돈 받아본 적 있죠? 갑자기 큰돈을 받으면 어떻게 써야 할지 고민해 본 적이 있을 거예요. 바로 쓰는 것도 좋지만, 나중을 위해 모아 두는 것도 똑똑한 방법이에요. 그럴 때 도움이 되는 것이 바로 은행의 저축 상품입니다. 대표적으로 예금과 적금이 있어요.

예금은 일정 금액을 한 번에 맡기는 걸 말해요. 일반적으로 보통예금과 정기예금이 있지만 우리가 주목해야 할 것은 정기예금이에요. **정기예금**은 큰돈을 한꺼번에 은행에 맡기고 정해진 기간동안 그대로 두는 대신 이자를 받는 상품이에요. 세뱃돈처럼 한 번에 목돈이 생겼다면 정기예금이 좋은 선택이에요. 다만, 약속한 기간이 끝나기 전에 돈을 빼면 이자를 거의 받지 못할 수도 있어요. 그래서 당분간 쓰지 않을 돈을 맡길 때 적합한 상품이에요.

적금은 매달 조금씩 정해진 돈을 넣고, 일정 기간이 지나면 모인 돈과 이자를 한꺼번에 받는 상품이에요. 달마다 꾸준히 돈을 모을 수 있어 계획적으로 저축하는 데 좋아요. 특히 여행이나 사고 싶은 물건처럼 목표가 있는 경우, 적금은 그 목표를 실천하는 좋은 방법이에요. 하지만, 적금 역시 중간에 해지하면 이자를 제대로 받지 못할 수도 있으니 주의가 필요합니다.

여러분들도 한번 부모님과 상의해 보고, 가까운 은행에 가서 자기 자신에게 맞는 저축 상품을 찾아보는 건 어떨까요? 창구에서 상담을 받으면 상품 특징을 쉽게 이해할 수 있고, 궁금한 점도 바로 물어볼 수 있어요. 마치 쇼핑하듯 여러 저축 상품을 비교하며 고르는 재미도 느낄 수 있답니다.

문제 속 경제 용어 / 경제 개념 톡톡

원리금: 원금과 이자를 합친 말이에요. 원금 50만 원과 이자 5만 원을 합치면 원리금 55만 원이 되죠.

계좌: 은행에서 돈을 넣고 빼거나 관리할 수 있게 만든 일종의 '금고'예요. 이 금고에는 돈이 언제 들어오고 나갔는지가 기록되어 있답니다.

납입: 공식적으로 돈이나 물건을 정해진 곳에 내는 것을 의미해요.

예치: 돈이나 물건을 일정한 곳에 맡겨두는 행위를 말해요.

오늘의 경제 퀴즈

(가)~(다)에 해당하는 저축 상품을 바르게 연결한 것을 찾아보세요.

(가)	목돈을 일정기간 동안 예치하고 만기에 원금과 이자를 수령하는 상품
(나)	매월 일정 금액을 정기적으로 납입하고 만기일에 원리금을 지급받는 상품
(다)	아무런 제한 없이 자유롭게 거래할 수 있는 상품

	(가)	(나)	(다)
①	정기예금	보통예금	정기적금
②	보통예금	정기적금	정기예금
③	정기예금	정기적금	보통예금
④	정기적금	정기예금	보통예금

쏙쏙 문제 해설

정기예금이란 큰돈을 은행에 일정 기간 맡겨두고, 약속한 기간동안 그대로 두면 이자까지 받는 상품이에요. 그래서 (가)는 정기예금이에요. 매달 조금씩 돈을 넣고, 약속한 기간이 끝나면 모인 돈과 이자를 함께 받는 상품은 정기적금이죠. 따라서 (나)는 정기적금입니다. 마지막으로. 보통예금은 입금과 출금을 자유롭게 할 수 있고, 주로 돈을 보관하거나 이체할 때 사용해요. 그러므로 (다)는 보통예금이죠.

경제 생각 키우기

Q. 은행에 가면 예금과 적금에도 수많은 상품이 있어요. 이럴 때는 어떤 점을 비교해 가입해야 할까요?

Q. 은행에서 예금과 적금을 들 수 있어요. 그런데 혹시 은행이 망해버린다면 어떻게 될까요?

Day15

내가 투자한 회사가 커지면 돈을 벌게 될까요?

'투자'라고 하면 딱 떠오르는 단어가 있나요? 오늘은 투자의 대표 금융 상품인 주식과 채권에 대해 배워볼 거예요. 주식은 회사의 일부분을 가질 수 있는 권리를 말해요. 아무리 큰 회사라 하더라도 새로운 사업을 시작하거나 빚을 갚으려면 엄청 많은 돈이 필요하죠. 회사들도 은행에 돈을 빌릴 수 있지만, 여기엔 한계가 있어요. 따라서 회사들은 자신들의 회사를 아주 잘게 조각내 종이를 만들고 이걸 사람들에게 파는데, 이 종이가 바로 주식입니다.

그런데 이 종이는 아무 회사나 만들 수 있는 게 아니에요. **'상장'**이라는 걸 해야 하는데, 이 회사의 주식이 거래될 수 있도록 인정해 주는 방법이죠. 상장을 하게 되면 우리가 자주 듣는 **'주식회사'**라고 불리게 됩니다. 내가 투자한 주식회사가 더 커지면 내가 가진 종이(주식)의 가격이 덩달아 오르며 돈을 버는 거예요. 예를 들어 작은 회사의 주식을 한 장에 1만 원에 샀는데 몇 년 뒤 엄청난 성공으로 큰 회사가 되어버려서 이 주식이 한 장에 3만 원으로 올랐어요. 그럼 3배가 오른 꼴이니, 내가 만약 이 회사에 1천만 원을 투자했다면, 총 3천만 원이 된 거고, 앉아서 2천만 원을 벌게 된 거네요. 하지만 이 반대의 경우도 많으니, 원금 보장이 안 되고 위험성이 높은 주식에 투자할 때는 항상 신중해야 해요.

그렇다면 **채권**은 뭘까요? 나라나 회사에 돈을 빌려주고 나중에 이자를 받을 수 있는 약속 증서예요. 결국 우리가 마치 은행이 된 것처럼 나라나 회사에 빌려준 돈에 대한 '이자'를 받는 거죠. 채권은 주식에 비해 안정성이 높고 원금이 보장되지만, 수익률이 낮다는 단점이 있답니다.

문제 속 경제 용어 / 경제 개념 톡톡

상장: 코스닥시장 등의 주식 시장에 주식이 거래될 수 있도록 인정해 주는 것을 말해요.

주식회사: 주식을 발행하여 여러 사람으로부터 투자금을 받아 운영하는 회사를 의미해요.

원금: 이자와는 관계없이 처음에 빌리거나 빌려준 본래의 돈을 말해요. 투자를 할 때 '원금이 보장되지 않는다'는 말은 맡긴 돈을 잃을 수도 있다는 뜻이에요. '원금이 보장된다'는 말은, 적어도 처음 맡긴 돈만큼은 돌려받을 수 있다는 뜻이에요.

오늘의 경제 퀴즈

지금까지 주식과 채권에 대해 배웠어요. 다음 설명 중 옳은 것은 'O', 틀린 것은 '×'에 동그라미 쳐 볼까요?

① 주식은 어떤 회사의 일부분을 가질 수 있는 권리를 갖는 금융 상품을 말한다. (O / ×)

② 주식을 발행하려면 '상장'을 해서 주식회사가 되어야 한다. (O / ×)

③ 채권은 나라나 회사에 돈을 빌려주고 나중에 이자를 받을 수 있는 약속 증서이다. (O / ×)

④ 주식은 채권에 비해 수익률이 낮지만 안정성이 높고 채권은 주식에 비해 수익률이 높지만 안정성이 낮다. (O / ×)

쏙쏙 문제 해설

주식은 회사가 자금을 확보하기 위해 회사를 작은 조각으로 나누고 이를 판매하는 금융 상품으로 사람들이 투자를 목적으로 이 주식을 사요. 따라서 주식을 사게 되면 회사의 한 부분을 가질 수 있는 권리를 갖게 되죠. 회사가 주식을 발행하려면 먼저 주식회사가 되어야 하는데요. '상장'이라는 것을 하면 코스닥시장 등의 주식 시장에서 회사의 주식을 거래할 수 있게 된답니다. ①번과 ②번은 옳은 설명으로 O에 동그라미 쳐야 해요. 채권은 마치 투자자가 은행이 된 듯 나라나 기업을 상대로 빌려준 동에 대한 이자를 받는 약속 증서로, ③번도 옳은 설명이에요. 주식은 채권에 비해 수익률이 높을 수 있지만, 원금이 보장되지 않는 등 안전성이 낮아요. 반대로 채권은 주식에 비해 수익률이 낮지만, 그만큼 안전성은 높죠. ④번은 반대로 잘못 설명하고 있으므로 ×, 틀린 설명이에요.

경제 생각 키우기

Q. 회사들은 왜 상장해서 주식회사가 되려고 할까요? 주식회사가 되고 싶지 않아 하는 회사도 있을까요?

Q. 만약 경제 불황으로 큰 기업들이 힘들어지면 국내 주식 시장에는 어떤 변화가 생길까요?

Q. 주식은 왜 수익률이 높고 안정성이 낮을까요? 또 채권은 왜 수익률이 낮고 안정성이 높을까요?

왜 사고가 나기 전에 보험금을 낼까요?

우리가 살아가다 보면 갑작스러운 일이 생기기도 해요. 갑자기 아프거나, 교통사고가 나거나, 자연재해가 닥치는 등 위험한 상황이 찾아올 수 있어요. 실제로 장마철에는 비가 많이 와, 일부 지역이 물에 잠기면서 집이 무너지고 농사를 망치기도 해요. 만약 이 모든 피해를 주인이 혼자 감당하려고 한다면 정말 많은 돈과 시간이 들겠죠. 바로 이런 상황에서 우리를 도와주는 것이 '**보험**'이에요. 보험은 갑작스럽고 어려운 위험이 닥쳤을 때 그 피해를 혼자 감당하지 않도록 여러 사람이 함께 위험을 나누고 도와주는 것을 의미해요.

그렇다면 보험은 어떻게 작동하는 걸까요? 예를 들어, 혹시 모를 자동차 사고에 대비해서 보험에 가입한다고 가정해 볼게요. 보험에 가입할 때 일정한 금액의 '**보험료**'를 내야 해요. 보험료는 "지금 내가 일정 돈을 지불할 테니, 나중에 나에게 어려운 일이 생기면 도와줘." 하는 마음으로 미리 내는 돈을 의미해요. 이렇게 자동차 사고 보험에 가입한 사람들이 낸 보험료는 한곳에 모이게 되어, 하나의 큰 '위험 창고'가 만들어져요. 이 창고 안에는 사고가 났을 때 도와줄 수 있는 큰돈이 준비 되어 있는 거예요. 그래서 나중에 누군가 자동차 사고를 당하면, 이 창고에서 돈을 꺼내 '보험금'이라는 이름으로 위험을 해결할 수 있도록 도와줘요. 실제로 사고가 나서 자동차를 고치거나 병원에 가야 할 일이 생기면 이 창고에서 받은 보험금으로 자동차를 수리하거나 병원비를 낼 수 있게 되는 거예요.

이렇듯 보험은 많은 사람들이 조금씩 돈을 모아 함께 위험에 대비하고 누군가 어려움에 빠졌을 때 서로 도와주는 똑똑한 방법이에요.

문제 속 경제 용어 / 경제 개념 톡톡

보장: 어떤 일이 안전하게 이루어지도록 지켜주거나 문제가 생기지 않도록 보호해주는 것을 말해요.

보험료: 보험에 가입한 사람이 큰 피해에 대비해 일정 기간 미리 내는 돈이에요. 건강 상태나 나이, 경험 등에 따라 내는 금액이 달라질 수 있어요.

보험금: 보험에 가입한 사람이 피해를 입었을 때 이를 해결할 수 있도록 보험회사에서 지급해 주는 돈이에요.

오늘의 경제 퀴즈

다음 문장들의 순서가 엉망이에요.
배운 내용을 떠올리며 올바른 순서대로 다시 정리해서 나열해 보세요.

㉠ 우리 집에서 불이 났어요.	㉣ 보험에 가입해요.
㉡ 보험료를 내요.	㉤ 보험금이 지급돼요.
㉢ 위험 창고가 만들어져요.	

(　　　　) → (　　　　) → (　　　　) → (　　　　) → (　　　　)

쏙쏙 문제 해설

위 문제는 '보험의 구조'에 대한 내용이에요. 보험은 사고나 병같이 어려운 일이 생겼을 때 미리 모아둔 돈인 '보험료'로 서로 도와주는 제도예요. 보험에 가입한 사람들은 보험료를 내고 이 돈이 한곳에 모이면 '위험 창고'가 돼요. 위험 창고의 돈은 보험에 가입한 사람들 중 누군가에게 문제가 생겼을 때 꺼내 쓸 수 있어요.

먼저 보험에 가입하면(㉣), 사람들이 보험료를 내요(㉡). 그 보험료가 조금씩 모여 하나의 큰 위험 창고가 만들어져(㉢), 실제로 불이 나는 등의 사고가 생기면(㉠) 그때 보험금이 지급되는 구조예요(㉤).

경제 생각 키우기

Q. 보험회사가 사람들에게 받은 보험료보다 더 많은 보험금을 주면 어떻게 될까요? 그 회사는 계속 운영될 수 있을까요?

Q. 사람들이 사고를 자주 낼수록 보험료는 어떻게 될까요? 왜 그럴까요?

Q. 요즘은 지하철이 늦으면 보장해 주는 보험이나, 반려동물을 위한 보험처럼 특별한 보험이 많아요. 만약 여러분이 세상에 없던 새로운 보험을 만든다면, 어떤 상황을 위한 보험을 만들고 싶나요?

Day17

왜 나이가 들면 나라가 돈을 줄까요?

지난 시간에 보험에 대해 잘 배웠죠? 보통 보험은 보험회사가 운영하는 게 일반적이잖아요? 그런데, 나라에서 만든 보험이 있다는 거 알고 있으셨나요? 이 특별한 보험은 우리나라 사람이라면 만 18세부터 자동으로 보험에 가입되어, 돈을 벌기 시작하면 대부분의 사람은 '의무적'으로 나라에 보험금을 내야 하죠. 이게 바로 **국민연금**이라고 하는 정책이에요.

힘있고 건강한 젊은 시기에는 노인들보다 돈을 벌 능력이 있다고 봐요. 회사에서는 **'정년'**이라는 일할 수 있는 나이 제한이 있고, 나이가 들면 기술과 교육의 빠른 발전으로 젊은 세대에 적응하기 쉽지 않아요. 또 여기저기 아파 병원에 다니다 보면 돈이 더 많이 들어가기도 한답니다. 이처럼 버는 돈은 없는데, 쓰기만 한다면 점점 가난해질 수밖에 없겠죠?

국민연금은 이런 문제를 해결하기 위해 만들어진 보험 제도예요. 젊은 시기에 돈을 벌어 꾸준히 나라에 보험료를 납부했다가 나중에 나이가 들면 나라로부터 그 돈을 다양한 형태로 다시 돌려받는 거죠. 하지만, 국민연금은 나이 든 사람에게 혜택이 가는 복지 정책인 만큼 젊은 세대의 희생과 노력이 필요해요. 현재 한국은 젊은 인구가 적고 노인 인구가 매우 많음 **'초고령사회'**에 들어와 있는데요. 만약 돈을 버는 사람보다 돈을 받을 사람이 더 많아진다면 국민연금이 다 소진되어 없어질 수도 있다는 문제도 있어요. 그렇게 되면 젊은 시절에 국민연금을 열심히 냈는데 나이가 들었을 때 받지 못할 수도 있죠. 우리나라는 젊은 층의 부담을 줄이기 위해 여러 사례들을 토대로 **연금 개혁**을 하기 위한 노력을 하고 있답니다.

문제 속 경제 용어 / 경제 개념 톡톡

정년: 회사에서 물러나야 하는 나이를 말해요. 일하는 사람이 회사나 나라에서 정한 나이가 되면 퇴직하는(회사를 그만두는) 제도로, 고용법에 따르면 우리나라의 정년은 만 60세에요.

납부: 꼭 내야 하는 돈을(특히 세금) 내는 행위를 의미해요.

초고령사회: 전체 인구 중 65세 이상 사람들의 비율이 20%를 넘는 사회를 말해요. 한국은 2025년에 처음으로 65세 이상 인구가 20%를 넘으며 초고령사회에 진입했답니다.

오늘의 경제 퀴즈

지금까지 국민연금에 대해 배웠어요. 다음 설명 중 옳은 것은 'O', 틀린 것은 'x'에 동그라미 쳐볼까요?

① 국민연금은 일해서 번 돈 일부를 나라에 납부하고 나이가 들어 돌려받는 정책이다. (O / ×)
② 국민연금은 만 18세 이상이 가입할 수 있으며 원하지 않으면 가입하지 않아도 된다. (O / ×)
③ 한국은 65세 이상 인구가 전체 인구의 20% 이상인 초고령사회이다. (O / ×)
④ 국민연금은 고갈될 일이 없어 젊은 세대는 부담감 없이 일할 수 있다. (O / ×)

쏙쏙 문제 해설

국민연금은 젊을 때 소득 활동을 하며 나라에 일정 비율대로 꾸준히 보험료를 납부했다가 나중에 나이가 들어 경제 활동을 하기 어려워졌을 때 나라에서 그 돈을 다양한 형태로 다시 돌려주는 보험이자 사회보장제도예요. 국민연금은 만 18세 이상 소득이 있는 대한민국 국민이라면 특별한 경우가 아닌 한 의무적으로 가입해야 합니다. 개인이 원한다고 해서 가입하지 않을 수는 없죠. 따라서 ①번은 옳은 설명, ②번은 틀린 설명입니다. 초고령사회는 65세 이상 인구가 전체 인구의 20%를 넘는 사회를 뜻해요. 행정안전부에 따르면 2025년 한국은 주민등록상 65세 이상 노인 인구 비율이 20.3%로 나타나 초고령사회에 진입한 것으로 나타났어요. ③번은 맞아요. 낮은 출산율과 고령화 문제는 국민연금이 미래에 고갈될 수 있다는 가능성을 만들었고, 이 때문에 젊은 세대의 부담이 늘어날 것이라고 걱정하죠. ④번은 틀린 설명이에요.

경제 생각 키우기

Q. 국민연금 제도는 왜, 그리고 어떻게 만들어졌을까요? 만약 국민연금이 없다면 국내 경제와 사회에 어떤 문제가 발생할지 생각해 봅시다.

Q. 우리 주변에서 국민연금과 비슷한 '사회보장제도'에는 무엇이 있는지 찾아봅시다.

Day18

은행은 왜 돈을 맡아주고도 이자를 줄까요?

여러분, 은행원들이 돈을 빠르고 능숙하게 세는 모습을 본 적 있나요? 그 모습을 보면 저도 모르게 따라 해보고 싶을 때가 있어요. 하지만 은행원의 일은 단순히 돈을 세는 것만 있는 건 아니에요. 오늘은 **은행**의 핵심 업무에 대해 함께 살펴볼게요.

은행의 일은 크게 **수신** 업무와 여신 업무로 나눌 수 있어요. 수신 업무는 돈이 있는 사람들로부터 돈을 맡아주고 그 대가로 조금씩 이자를 주는 것을 말해요. 이렇게 모인 돈은 은행 입장에서는 다른 사람에게 빌려주거나 여러 가지 방법으로 사용할 수 있는 자금이 되죠. 반대로 돈을 빌려주는 업무는 **여신**이라고 해요. 돈이 필요한 사람이 은행에 오면 은행은 그 사람이 돈을 잘 갚을 수 있는지 확인하고 빌려줄 금액과 이자율을 결정해요. 그리고 빌려준 돈을 어떻게 갚을지 고객과 함께 정하는데 이 모든 과정을 여신 업무라고 해요.

그렇다면 은행은 어떻게 돈을 벌까요? 바로 이자 차이에서 나와요. 은행은 고객이 맡긴 돈에는 상대적으로 낮은 이자를 주고 빌려줄 때는 더 높은 이자를 받아요. 예를 들어, A 고객이 100만 원을 은행에 맡기면, 은행은 이 돈의 10%를 이자로 A 고객에게 지급해요. 하지만 B 고객이 은행에 100만 원을 빌리면 은행은 이 돈의 20%를 이자로 B 고객에 받으려 해요. 이 과정에서 이자 차이인 10만 원이 은행의 수익이 되는 거죠.

오늘은 은행이 하는 일을 알아봤어요. 은행은 늘 우리 곁에서 돈을 안전하게 지키고 필요한 곳에 빌려주며 경제가 움직이도록 돕고 있답니다. 이제 은행을 이용할 때 그 속에서 어떤 일이 일어나는지 한층 더 잘 이해할 수 있겠죠?

문제 속 경제 용어 / 경제 개념 톡톡

업무: 직장이나 일터에서 각자가 맡은 일을 말해요.

대출: 돈을 빌려주는 것을 뜻해요. 집을 구매하거나, 사업의 자금이 필요할 때 은행에서 대출받는 경우가 많아요.

운용: 어떠한 일이나 돈을 계획에 따라 관리하고 운영하는 것을 말해요. 주로 '자산을 운용한다'처럼 재산을 관리할 때 쓰여요.

오늘의 경제 퀴즈

다음 그림은 은행의 업무를 보여주고 있어요. 옳은 것을 모두 골라보세요.

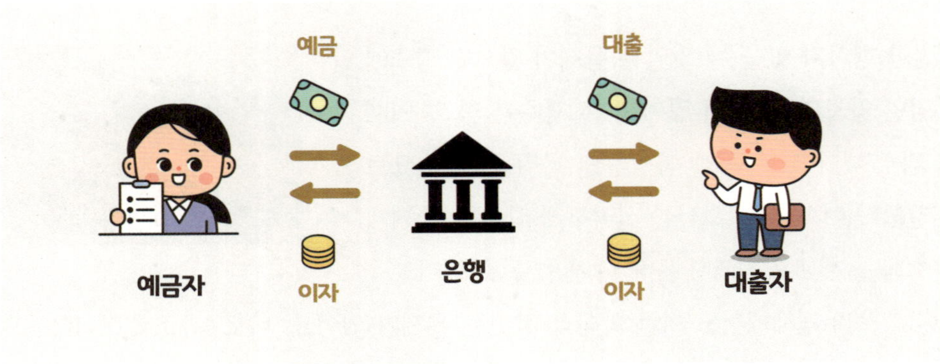

① 은행의 핵심 업무는 수신 업무와 여신 업무로 나뉜다.
② 수신 업무는 고객의 여유 자금을 맡아 이자를 주는 업무다.
③ 은행은 고객이 맡긴 돈을 다른 고객에게 대출해 주거나 운용할 수 없다.
④ 은행은 예금자에게는 높은 이자를 주고 대출자에게는 낮은 이자를 받는다.

쏙쏙 문제 해설

은행의 주요 업무는 돈을 받는 수신 업무와 돈을 빌려주는 여신 업무로 나뉘어요. 수신 업무는 고객의 여유 자금을 은행에 맡기면 은행이 이자를 주는 것을 말해요. 여신 업무는 은행이 돈이 필요한 사람에게 대출해 주고 이자를 받는 일이에요. 은행은 예금엔 상대적으로 낮은 이자를 주고 대출엔 높은 이자를 받아서, 그 이자율 차이로 수익을 낸답니다.

경제 생각 키우기

Q. 만약 모든 사람이 은행에서 돈을 한꺼번에 찾아간다면, 은행에는 어떤 일이 일어날까요?

Q. 은행이 갑자기 대출을 모두 중단하면 우리 생활이나 경제에는 어떤 영향이 있을까요?

Day19

불필요한 물건을 많이 사면 어떻게 되나요?

특별한 행사가 있을 때 맛있는 음식이 많으면 평소에 내가 먹던 양보다 훨씬 더 많이 먹는 경우가 있죠. 이때 우린 '과식'했다고 말해요. 과식하면 우리 몸이 필요로 하는 양보다 더 많은 칼로리를 섭취하게 되어 살이 찌게 되고, 소화를 제대로 시키지 못해 속이 아플 수 있어요.

그런데 우리 경제에서도 이런 과식과 비슷한 문제가 있어요. 바로 '과소비'랍니다. 과소비는 '과하게 소비했다'라는 의미로, 우리가 필요한 것보다 더 많은 자원을 사용하거나 돈을 낭비하는 것을 말해요. 밥이나 옷, 학용품과 같이 우리가 살아가는 데 기본적으로 꼭 필요한 것에 돈을 사용하는 건 과소비가 아닙니다. 하지만 과자, 게임기, 비싼 학용품과 같이 꼭 필요하진 않지만, 그냥 가지고 싶은 것에 돈을 많이 사용한다면 그건 과소비예요.

과소비는 몇 가지 사회 문제를 불러와요. 과도한 소비는 사회 전체의 자원을 비효율적으로 사용하게 만들어, 결국 자원 배분의 불균형을 심화시킬 수 있어요.. 이 때문에 시장이 혼란스러워지고 '빈부격차'가 더욱 커지죠. 게다가 과소비로 인한 소비는 자원을 낭비하여 환경을 파괴할 가능성이 커져요. 또 개인과 나라의 빚을 증가시키고 '파산'으로까지 이어질 수 있다는 것도 심각한 문제예요.

우리가 과소비하는 이유는 바로 개인적인 '욕구'를 충족시키기 위해서죠. 어떤 물건을 꼭 가지고 싶다든지, 어떤 활동을 꼭 하고 싶다든지 하는 간절한 마음 말이에요. 그런 마음은 정말 조절하기 힘들죠. 따라서 어려서부터 경제 교육을 통해 합리적인 소비 습관을 들이는 것은 욕구를 조절하고 과소비를 막는 좋은 방법이 될 수 있답니다.

문제 속 경제 용어 / 경제 개념 톡톡

과소비: 우리에게 꼭 필요한 양보다 훨씬 더 많은 물건을 사거나 돈을 쓰는 것을 말해요.

낭비: 돈이나 물건, 시간 등을 함부로 쓰는 것을 말해요. 예를 들어, 물을 틀어놓고 양치하거나, 나에게 도움이 되지 못하는 행동들로 시간을 허비하는 것이 낭비에 해당하죠.

빈곤층: 생활에 꼭 필요한 의식주(옷, 음식, 집)를 해결하기 어려운 사람들을 뜻해요.

오늘의 경제 퀴즈

다음에서 과소비를 한 동물들을 모두 찾아보세요.

㉠ 캥거루: 나는 어제 새로 개봉한 영화를 보러 갔어. 용돈이 많지 않아 평소에 갖고 싶었던 운동화는 다음 달로 미뤘지.

㉡ 카피바라: 나는 이미 옷이 아주 많은데, 친구가 새로 나온 옷을 자랑하는 걸 보고 나도 똑같은 옷을 샀어.

㉢ 쿼카: 나는 친구들과 놀이공원에 가서 재미있게 놀았어. 예산이 부족해서 비싼 기념품은 사지 않았지만 즐거웠지.

㉣ 코알라: 나는 필요하지도 않은 물건들을 인터넷에서 이것저것 많이 샀어. 가격이 부담됐지만 할부로 사서 당장은 괜찮다고 생각했지.

쏙쏙 문제 해설

캥거루는 영화표를 샀지만, 용돈을 관리하기 위해 갖고 싶었던 물건을 잠시 미뤘어요. 꼭 필요한 것과 가지고 싶은 것을 구분하여 현명하게 소비한 좋은 예시예요. 카피바라는 이미 옷이 많음에도 불구하고 남을 따라 불필요한 옷을 샀어요. 필요한 것보다 더 많이 소비했으므로 과소비에 해당하죠. 쿼카는 친구들과 즐겁게 놀았지만, 정해진 예산에 맞춰 비싼 기념품은 사지 않았어요. 자신의 상황에 맞게 돈을 사용했으므로 합리적인 소비라고 할 수 있어요. 코알라는 필요하지도 않은 물건들을 이것저것 많이 샀어요. 당장 돈이 없더라도 할부로 물건을 사는 건 나중에 갚아야 할 빚이 되기 때문에, 이 역시 과소비예요. 따라서 과소비를 한 동물은 카피바라와 코알라입니다.

경제 생각 키우기

Q. '과식'과 '과소비'의 공통점과 차이점은 무엇일까요?

Q. '최저가'나 '한정판', '원 플러스 원' 같은 말들이 사람들의 소비 심리에 미치는 영향은 무엇일까요? 이처럼 과소비를 유도하는 사례를 찾아봅시다.

Day20

돈이 없는데도 물건을 살 수 있는 방법이 있을까요?

꼭 사야 하는 물건이 있는데, 돈이 부족하다면 정말 곤란하겠죠. 돈을 한꺼번에 내는 게 아니라 다음 달까지도 나누어 낼 수 있다면 얼마나 좋을까요? 예를 들어 6,000원짜리 물건을 사야 하는데, 2,000원씩 석 달에 걸쳐 돈을 낸다면 상대적으로 부담이 줄어들겠죠. 그런데 실제로 이렇게 나누어서 돈을 내는 방법이 있답니다. 바로 '**할부**'인데요.

현금으로 달마다 돈을 나눠 내는 건 현실적으로 어려워요. 매달 돈을 내러 그 가게에 가야 하고, 가게 주인도 돈을 받지 못할까 불안하기 때문이죠. 그래서 보통 할부는 '**신용카드** 결제'를 통해 이루어져요. 카드 회사가 우리 대신 먼저 돈을 내주고, 우리에게 나누어서 청구하는 아주 편리한 혜택인 거예요.

마트에서 카드로 계산할 때 직원이 부모님께 "일시불이세요?"라는 말을 들을 수 있을 거예요. 여기서 "할부예요"라고 대답하면, "몇 개월로 해 드릴까요?"라는 대답이 돌아올 겁니다. '3개월'이면 3개월 동안, '5개월'이면 5개월 동안 카드로 긁은 돈을 나눠서 내는 거죠.

하지만 할부에도 조심해야 할 점이 있는데요. 나눠서 내기 때문에 내가 실제로 쓴 금액보다 덜 쓴 것 같은 기분이 들어 '과소비'로 이어질 수 있기 때문이에요. 할부를 이용할 때는 이자가 붙을 수 있어요. 무이자 할부가 아닌 경우, 원래 가격에 이자가 더해져서 더 많은 돈을 내게 될 수도 있답니다. 할부의 가장 큰 특징은 미래의 소득을 미리 당겨서 소비하는 거예요. 지금 당장 갖고 싶은 물건이 있더라도, 할부로 사면 다음 달, 다다음 달에 갚아야 할 돈, 즉 '빚'이 생기죠. 그래서 지금 사고 싶은 것을 살 때도 미래를 생각하는 게 중요하답니다.

문제 속 경제 용어 / 경제 개념 톡톡

청구: 돈이나 물건, 권리 등 어떤 것을 달라고 요구하는 것을 말해요.

일시불: 물건이나 서비스를 구매할 때 한 번에 전부 내는 것을 의미해요.

무이자 할부: 구매 금액을 여러 번에 걸쳐 내는 '할부' 결제 시 이자가 발생하지 않는 서비스를 뜻해요.

오늘의 경제 퀴즈

다음 설명 중 할부에 대한 설명으로 옳은 것은 'O', 틀린 것은 '×'에 동그라미 쳐볼까요?

① 할부는 물건이나 서비스의 값을 한 번에 결제하는 것을 말한다. (O / ×)

② 신용카드가 없는 사람도 누구나 쉽게 할부를 이용할 수 있다. (O / ×)

③ '청구'는 물건을 살 때 그 즉시 돈을 내는 것을 말한다. (O / ×)

④ 할부는 언제나 이자가 붙기 때문에 사용에 주의하여야 한다. (O / ×)

쏙쏙 문제 해설

물건값을 여러 번에 나누어 내는 걸 '할부'라고 한다고 배웠죠? ①번과 같이 한 번에 결제하는 것은 '일시불'이라고 하므로, 옳지 않은 설명이에요. 일반적인 할부는 카드 회사의 서비스로 신용카드 결제를 통해 이루어지며, 지폐나 체크카드와 같은 현금은 할부가 어렵습니다. ②번도 틀렸어요. '청구'는 돈이나 물건 등을 달라고 요구하는 것을 말해요. 즉, 카드 회사가 우리가 쓴 돈을 갚으라고 요청하는 것을 의미하죠. 물건을 살 때 즉시 돈을 내는 것은 '지불'이나 '지급'이라고 한답니다. ③번 설명도 틀렸어요. 할부는 '무이자 할부'라는 서비스도 있기 때문에 할부를 이용할 때 언제나 이자가 붙는 것은 아니에요. 내가 실제로 쓴 금액보다 덜 쓴 것 같은 기분이 들어 사용에 주의해야 하는 건 맞지만, 언제나 이자가 붙어 주의해야 하는 건 아니죠. ④번도 틀렸어요. 따라서 이번 문제들은 전부 틀린 설명이네요.

경제 생각 키우기

Q. '할부 결제'와 비슷한 종류의 다른 사례가 있는지 우리 주변에서 찾아봅시다.

Q. 만약 신용카드의 결제 방식에서 일시불은 사라지고 할부로만 제한된다면 어떤 일들이 일어나고, 또 우리 사회는 어떤 모습으로 바뀔까요?

Q. 수수료나 이자를 통해 돈을 버는 카드 회사가 '무이자 할부' 서비스를 시행하는 이유는 무엇일까요?

Day21

은행이 망하면 내 돈은 사라져 버릴까요?

여러분, '조상제한서'라는 말을 들어본 적 있나요? 이 용어는 20세기 한국 금융계를 대표했던 5대 시중은행을 줄여 부르는 말이에요. 조흥은행, 한국상업은행처럼 지금은 이름조차 낯선 은행들도 포함되어 있었지만, 세월이 흐르면서 모두 역사 속으로 사라졌어요. 이렇게 한 세기 대한민국을 대표했던 5대 은행들 중 일부는 경영난으로 문을 닫거나 다른 은행과 합병되었답니다.

그렇다면 은행이 망하면 우리의 돈은 어떻게 될까요? "돈이 몽땅 사라지는 건 아닐까?"하는 걱정이 들 수도 있어요. 하지만 다행히 **예금자 보호 제도**라는 안전장치가 마련되어 있답니다. 이 제도는 한 사람당 최대 **1억 원**까지 예금을 보장해 주기 때문에 은행과 같은 금융회사가 파산하더라도 그 범위 안에서는 돈을 돌려받을 수 있어요.

하지만 모든 금융 상품이 보호되는 것은 아니에요. 예금이나 적금처럼 안정적인 상품은 보호를 받지만 펀드, 주식, 채권처럼 투자 성격이 강한 상품은 해당하지 않아요. 또한, 금융회사마다 보호 방식이 동일한 것도 아니에요. 새마을금고나 농협은 자체적인 예금자 보호 제도를 운영하고 있고 우체국은 국가가 나서서 직접 관리한답니다.

이처럼 예금자 보호 제도가 있기 때문에 사람들은 은행이 망하더라도 일정 부분은 돈을 돌려받을 수 있다는 사실에 안심하게 돼요. 그 덕분에 은행에 대한 신뢰가 유지되고 이는 우리나라의 금융 시스템이 쉽게 무너지지 않도록 떠받치는 힘이 된답니다. 즉, 예금자 보호 제도는 우리 경제를 받쳐주는 **안전망**이라고 할 수 있어요.

문제 속 경제 용어 / 경제 개념 톡톡

조상제한서: 조흥은행, 한국상업은행, 제일은행, 한일은행, 서울은행을 줄인 말이에요.

우체국예금: 우체국에서 취급하는 예금 업무를 말해요. 은행이 부족한 시골이나 작은 동네에서도 금융 서비스를 제공하기 위해 시작되었어요.

투자성 상품: 투자 결과에 따라 이익이나 손실이 날 수 있는 금융 상품이에요.

오늘의 경제 퀴즈

다음 중 예금자 보호 제도의 적용을 받는 상품은 무엇일까요?

㉠ 펀드
㉡ 주식
㉢ 예금
㉣ 채권

쏙쏙 문제 해설

예금자 보호 제도의 적용을 받는 금융 상품은 투자성이 없는 상품이에요. 즉, 돈을 어디에 굴려서 수익을 내느냐에 따라 받는 돈이 달라지지 않고 약속된 원금과 이자를 받을 수 있는 금융 상품을 말해요. 대표적으로 예금과 적금 등이 있어요. 이들은 기간이 지나면 원금과 미리 정해진 이자를 그대로 돌려받을 수 있죠. 반면 채권은 회사나 기관이 발행하는 일종의 빚 문서인데 발행한 회사가 망하거나 돈을 갚지 못하면 원금과 이자를 돌려받지 못할 수도 있어요. 그래서 채권은 상황에 따라 위험이 존재하고, 예금자 보호 제도의 적용을 받지 않는 경우가 많답니다.

경제 생각 키우기

Q. 예금자 보호 제도가 은행에 미치는 부정적인 점은 무엇이 있을까요?

Q. 2025년 9월부터 예금자 보호 한도가 5,000만 원에서 1억 원으로 상승했어요. 이처럼 보호 한도가 증가하면 어떤 일이 나타날까요?

Q. 왜 예금을 1억 원까지만 보호할까요? 전액 보장하지 않는 이유는 무엇일까요?

PART 3

왜 어떤 사람은 자산을 불리고, 어떤 사람은 못할까?

(투자·자산관리)

Day22

내가 아끼는 굿즈랑 통장 속 용돈도 자산일까요?

금액은 저마다 다르겠지만, 대부분 부모님으로부터 용돈을 받고 있죠? 그럼, 여러분들은 그 용돈을 어떻게 사용하시나요? 친구들과 함께 매점에서 맛있는 간식을 사 먹거나 문제집을 구매하기도 할 거예요. 또 평소 사고 싶었던 고가의 전자기기를 사기 위해 한 달 두 달 차곡차곡 용돈을 모을 수도 있겠죠. 경제학에선 개인이나 기업, 또는 나라가 가진 재화나 물건을 '**자산**'이라고 하는데요. 지금부터 자산에 대해 더 자세히 공부해 볼까요?

경제학에서 말하는 '자산'은 자신이 보유하고 있는 것 중에 경제적인 가치가 있는 모든 것을 말해요. 예를 들어 본인이 갖고 있는 각종 물건은 물론, 은행 계좌에 넣어둔 현금, 가지고 있는 주식, 월세를 받을 수 있는 자가 아파트 등이 모두 자산에 해당합니다.

자산은 그 성격에 따라 다르게 구분하는데요. 예금·적금·주식·채권·펀드 등 금융 상품으로 구성된 금융 자산, 부동산·자동차·미술품 등의 실물 자산, 그리고 특허권·저작권·상표권·영업권 등 형체는 없지만, 미래에 경제적인 가치를 창출할 수 있는 무형 자산으로 나뉘죠.

자산이 무엇인지 알았으니, 이제 어떻게 관리해야 할지도 함께 알아봐야겠죠? 자산을 잘 관리하고 늘려나가는 것을 '**자산 관리**'라고 해요. 자산 관리의 방법에는 **저축**과 **투자**가 있어요. "계란을 한 바구니에 담지 말라"는 명언, 한 번쯤은 들어보셨죠? 투자금을 한 곳에만 집중하면 큰 손해를 볼 수 있다는 의미인데요. 이처럼 자산을 관리할 때는 유동성, 수익성, 안전성을 모두 고려하여 다양한 자산에 투자하는 방식인 '분산 투자'를 많이 사용한답니다.

문제 속 경제 용어 / 경제 개념 톡톡

특허권: 개인이 발명한 새로운 기술이나 아이디어를 국가가 일정 기간 독점적으로 사용할 수 있도록 부여하는 권리를 말해요.

투자: 돈, 시간, 노력 등 현재 가진 자원을 지출하여 미래에 더 큰 이익을 얻기 위한 자금 운용 방법을 뜻해요.

분산 투자: 자금을 여러 자산에 나누어 투자하는 것으로 원금을 잃어버릴 위험을 줄이는 투자 방법이에요.

오늘의 경제 퀴즈

지금까지 자산의 의미와 자산 관리의 방법, 분산 투자에 대해 배웠어요. 다음 내용 중 옳은 것은 'O', 틀린 것은 '×'에 동그라미 쳐보세요.

① 자산은 현재 자신이 보유하고 있는 것 중에 경제적인 가치가 있는 재화를 말하며, 미래에 경제적인 가치를 창출할 수 있는 것은 자산에 포함되지 않는다. (O / ×)

② 주식은 금융 자산의 한 종류이다. (O / ×)

③ 특허권은 형체가 없으므로 자산으로 볼 수 없다. (O / ×)

④ 분산 투자는 위험을 줄이기 위해 자금을 여러 자산에 나누어 투자하는 방법이다. (O / ×)

쏙쏙 문제 해설

자산은 자신이 보유하고 있는 것 중에 경제적인 가치가 있는 재화로, 미래의 나에게 돈을 벌어다 줄 수 있는 모든 걸 포함하는 개념이에요. 미래에 경제적인 가치를 창출할 수 있는 것도 자산이기 때문에 ①번은 틀렸어요. 예금, 적금, 주식, 채권, 펀드 등 금융 상품으로 구성된 자산을 금융 자산이라고 하죠? ②번은 옳은 설명이기 때문에 O입니다. 특허권, 저작권, 상표권, 영업권 등 형체가 없지만, 미래에 경제적인 가치를 창출할 수 있는 자산을 무형 자산이라고 부른다고 배웠죠? 눈에 보이지 않는 자산도 자산이 될 수 있기에 ③번은 틀렸습니다. "계란을 한 바구니에 담지 말라"는 명언, 기억나시죠? 분산 투자는 자금을 여러 자산에 나누어 투자해 원금을 잃어버릴 위험을 줄이는 방법이므로 ④번은 옳은 설명입니다.

경제 생각 키우기

Q. '자산 관리'를 왜 해야 할까요? 우리가 가진 자산을 잘 관리하면 어떤 좋은 점들이 있을지 생각해 볼까요?

Q. 우리가 가진 돈을 은행에만 넣어두는 것과 주식에 투자하는 것 중 어떤 것이 '수익성'이 더 높고, 또 어떤 것이 '안전성'이 더 높을까요?

Q. 여러분들의 용돈으로 자산 관리를 해볼까요? 용돈을 어떻게 '분산 투자'할지 계획을 세워봅시다.

Day23

왜 돌멩이 하나가 73억 원에 팔렸을까요?

2025년 7월 16일, 미국의 대표 뉴스 CNN은 지구에서 발견된 가장 큰 화성 운석이 경매에서 무려 530만 달러(약 73억 원)에 낙찰되었다는 소식을 전했어요. 이 운석은 일반적인 화성 운석들과는 달리 매우 거대한 크기로 현재까지 지구에서 발견된 화성 암석 중 가장 크다고 해요.

이런 운석을 보고 우리는 '**희소**'하다고 하죠. 그렇다면 왜 이렇게 희소한 걸까요? 그건 바로 **수요**에 비해 **자원**의 양이 적거나 한정적이기 때문이에요. 전 세계에서 단 하나밖에 없는 세상에서 가장 큰 화성 운석은 그 수가 절대적으로 적기 때문에 희소한 것이고, 시크릿 피규어나 전설 등급 게임 아이템은 제한된 공급과 높은 수요 때문에 희소한 것이죠.

희소성은 시대와 지역에 따라서도 다르게 나타나요. 과거엔 얼음이 매우 희소한 자원이었지만, 냉장고가 발명된 이후에는 희소성이 거의 사라졌죠. 또 조선 시대에는 천한 직업으로 여겨졌던 연예인(광대)이 현재는 너도나도 되고 싶어 하는 '워너비' 직업으로 희소성이 매우 높아졌어요. 연예인의 공연을 보고 싶어 하는 사람 수가 옛날보다 대폭 늘어나면서 수요에 비해 연예인이 상대적으로 희소해진 경우예요. '얼음'과 '연예인'은 시대에 따라 달라진 희소성의 대표적인 사례입니다.

지역에 따라 다르게 나타나는 희소성의 사례로는 '깨끗한 물'이 있어요. 가뭄을 겪는 지역이나 물이 오염된 지역에선 식수가 매우 희소한 자원이지만, 강수량이 풍부하고 수자원 관리 시스템이 잘 갖추어진 선진국에선 전혀 희소하지 않죠. 이처럼 희소성은 고정된 것이 아니라, 사람들의 필요와 환경 변화에 따라 얼마든지 달라질 수 있는 중요한 경제 개념이랍니다.

문제 속 경제 용어 / 경제 개념 톡톡

경매: 판매하고자 하는 물건을 구매 희망자들에게 공개적으로 제시하여, 가장 높은 가격을 부른 사람에게 판매하는 방식입니다.

매진: 물건이 모두 팔려서 더 이상 남아있지 않은 상태를 의미해요.

워너비: 영어 단어 "wannabe"에서 유래된 단어로, 닮고 싶거나 동경하는 대상을 뜻해요. 즉 롤모델이나 이상적인 사람(또는 스타일)을 가리키는 말이죠.

오늘의 경제 퀴즈

다음 중 '희소성'과 관련된 설명으로 옳은 것을 모두 골라볼까요?

㉠ 세상에서 단 하나밖에 없는 가장 큰 화성 운석은 희소성이 낮다.
㉡ 희소성은 수요에 비해 자원의 양이 적거나 한정적일 때 발생한다.
㉢ 희소성은 사람들의 필요에 따라 달라질 수 있다.
㉣ 희소성은 오직 자원의 양에 의해서만 결정된다.
㉤ 희소성은 시대와 지역에 관계없이 항상 일정하게 유지된다.

쏙쏙 문제 해설

글에서 설명했던 세상에서 단 하나밖에 없는 가장 큰 화성 운석은 그 수가 절대적으로 적기 때문에 희소성이 매우 높아요. 반대로 말하고 있는 ㉠은 옳지 않은 설명이에요. 희소성은 수요에 비해 자원의 양이 적거나 한정적일 때 발생하며 사람들의 필요와 환경 변화에 따라 얼마든지 달라질 수 있는 중요한 경제 개념이죠? 따라서 ㉡과 ㉢은 옳은 설명입니다. 희소성은 자원의 양, 수요, 사람들의 필요, 환경 변화 등 다양한 요인에 의해 결정되는 것이지 오직 자원의 양에 의해서만 결정되는 것은 아닙니다. ㉣은 잘못된 설명이네요. 얼음과 연예인의 사례에서 시대에 따라 희소성이 변할 수 있음을, 그리고 깨끗한 물의 사례에서 지역에 따라 희소성이 다르게 나타날 수 있음을 배웠죠? 희소성은 항상 일정하게 유지되지 않기 때문에 ㉤은 틀린 설명이에요.

경제 생각 키우기

Q. 물건을 경매로 파는 이유는 무엇일까요? 경매를 통해 물건을 파는 것이 희소성과 어떤 관련이 있을까요?

Q. 얼음과 같이 과거에는 희소했지만, 현재는 희소하지 않게 된 자원에는 또 무엇이 있는지 찾아볼까요?

Q. 희소성을 줄이는 방법에는 무엇이 있을까요? 그리고 희소성의 변화가 경제에 어떤 영향을 미칠까요?

Day24

용돈이 올라도 진짜 오른 게 아니었다고요?

오늘은 많이 헷갈리지만, 알아두면 매우 유용한 경제 개념에 대해 배워볼 거예요. 바로 '명목'과 '실질'이라는 단어인데요. 이 두 단어의 차이를 알아야 경제를 공부할 때 헤매지 않고 한층 더 깊이 이해할 수 있답니다.

사실 생각보다 어려운 내용은 아니에요. **명목**이란 화폐 단위로 측정한 값이고, **실질**은 실질적인 생산량을 **비교**해서 측정한 값이에요. 이 명목과 실질 개념에 따라 GDP나 환율, 그리고 임금까지 모두 다 다르게 분석될 수 있어요.

그럼, 왜 두 개념으로 나누어 놓았을까요? 그건 바로 **물가** 때문이에요. 물가가 올라가고 내려감에 따라 실제로 얼마나 돈을 벌었는지, 또 얼마나 생산했는지 파악하는 데 차이가 생기죠. 그래서 '실질'을 따져봐야 진짜로 부자가 된 건지, 아니면 그냥 숫자만 늘어난 건지를 정확히 알 수 있답니다.

예를 들어 여러분의 한 달 용돈이 10만 원이라고 해볼게요. 그럼, 여러분의 이번 달 용돈의 **명목 가치**와 **실질 가치**는 모두 10만 원이에요. 그런데 다음 달에 물가가 10% 올랐어요. 간식비, 버스비 등이 모두 올라 부모님이 용돈을 11만 원으로 올려주셨어요. 그럼, 이달 용돈의 명목 가치와 실질 가치는 어떻게 될까요? 명목 가치는 11만 원으로 지난달에 비해 10% 올랐어요. 실질 가치는 얼마일까요? 용돈은 11만 원으로 10% 올랐지만, 물가도 10% 올랐기에 실제로는 예전이랑 똑같은 10만 원인 거예요. 따라서 명목 가치 11만 원, 실질 가치는 10만 원이에요. 확실히 두 값이 차이가 나죠? 따라서 용돈이 물가 상승률만큼 오르지 않는다면, 같은 금액이더라도 실질적으로 여러분의 용돈이 줄어드는 거랍니다.

문제 속 경제 용어 / 경제 개념 톡톡

명목: 우리가 눈으로 보고 세는 돈의 액수예요. 은행 통장에 찍힌 숫자나 지갑에 있는 지폐 금액을 생각하면 되죠.

실질: 실제 내가 가진 돈의 힘이 얼마나 되는지를 말해요. 돈의 액수만 보는 게 아니라, 물가가 올랐는지 내렸는지도 함께 생각해야 해요.

임금: 근로의 대가로 받는 모든 금품을 의미하며, 월급, 상여금, 각종 수당 등이 해당해요.

오늘의 경제 퀴즈

다음은 드라마 <재벌집 막내아들>의 한 장면입니다. 여기에서 어린 진도준은 화폐 가치 하락을 걱정해 할아버지에게 상으로 '돈'이 아닌 '땅'을 요구했는데요. 이건 시간이 지나면서 어떤 가치가 줄어들 수 있다는 걸 보여주는 사례일까요?

진양철 회장: 정답을 맞혔으니까, 상금을 줘야겠지.

어린 진도준: 돈은 필요 없는데요...?

진양철 회장: (못마땅한 표정)

어린 진도준: 제가 그 돈을 쓸 만큼 어른이 되면 화폐 가치는 떨어지잖아요.

진양철 회장: (재미있다는 듯 미소 지으며) 그래?

어린 진도준: 땅으로 주세요. 정심재 잔디밭처럼 풀이 많고, 나무가 많은.

- 드라마 <재벌집 막내아들> 3회 중

㉠ 명목 가치 ㉡ 실질 가치 ㉢ 숫자 가치 ㉣ 토지 가치

쏙쏙 문제 해설

돈의 명목 가치란 1만 원짜리 지폐가 언제나 1만 원으로 보이는 것을 말해요. 하지만 경제가 성장하고 물가가 변동함에 따라 1만 원 지폐의 가치도 함께 변하게 되고 시간이 지나면서 1만 원으로 살 수 있는 물건의 종류와 양이 달라질 수 있어요. 물가가 오르면 같은 1만 원으로 예전보다 적은 물건밖에 살 수 없게 되죠. 이것이 바로 돈의 실질 가치가 떨어진다는 의미예요. 어린 진도준은 미래에 돈의 실질적인 가치가 약해질 것을 미리 알고, 물가 상승에도 가치가 유지되거나 오를 수 있는 '땅'을 선택한 것이랍니다. 그래서 돈의 명목 가치보다는 돈으로 살 수 있는 실질 가치를 중요하게 생각한 것이죠.

경제 생각 키우기

Q. 우리 주변에서 '명목'과 '실질'의 차이를 느낄 수 있는 또 다른 예시는 무엇이 있을까요?

Q. 만약 물가 상승률이 용돈 인상률보다 더 높다면, 우리의 실질 용돈은 어떻게 될까요?

내 돈을 가장 안전하게 보관하는 방법은?

"꼭 꼭 숨어라, 머리카락 보일라."

친구에게 들키지 않으려고 제일 숨기 좋은 곳을 찾아 본 적 있나요? 사실 돈도 위험한 일이 생기면 제일 안전한 곳으로 숨고 싶어 해요. 나라에 문제가 생기면 돈의 가치가 떨어져 잃을 수도 있기 때문이에요. 그래서 '안전자산'이라는 안전한 곳에 돈을 숨겨 지키는 거예요.

그렇다면 안전자산엔 어떤 것들이 있을까요? 가장 먼저, 오랫동안 전 세계 사람들이 가치 있다고 믿어온 자산인 금이 있어요. 우리나라가 IMF 사태라는 경제 위기를 겪었던 1997년에 사람들이 금을 모아 나라의 위기를 극복했어요. 경제가 좋지 않아도 금은 가치를 인정받고 있었다는 의미죠. 다음으로는 **국채**가 있어요. 국채는 나라가 빌리는 돈이에요. 우리가 나라에 돈을 빌려주면 나라는 일정 기간까지 꼭 갚겠다고 약속해요. 나라가 쉽게 망하지 않으니, 안전하게 돈을 돌려받을 수 있는 안전자산이에요. 마지막으로는 **예금**이 있어요. 은행에 돈을 넣으면 이자가 조금씩 생기고 필요할 때 언제든지 찾을 수 있어요. 은행이 망하더라도 1억 원까지는 꼭 돌려주겠다고 약속한 제도가 있어, 돈을 보호받을 수 있어요.

사람들이 안전자산을 구매하는 이유는 돈을 벌기는 어려워도 잃을 걱정이 거의 없기 때문이에요. 반대로, 위험자산이라고 불리는 돈은 크게 벌 수도 있지만 반대로 크게 잃을 수도 있어요. 여러분은 조금밖에 못 벌어도 안전한 자산이 좋은가요? 크게 벌 수 있지만 위험한 자산이 좋은가요? 우리 삶에 안전자산과 위험자산이 섞여 있어서 돈을 어떻게 나눠서 관리할지 똑똑하게 생각해야 해요. 그래야 도망 다니는 내 돈을 잘 지킬 수 있답니다.

문제 속 경제 용어 / 경제 개념 톡톡

IMF 외환 위기: 1997년에 우리나라에 외국 돈이 거의 없어져서 급하게 돈을 빌려야 했던 큰 경제 위기예요.

예금자보호제도: 은행이 망해도 내 돈을 최대 1억 원까지는 돌려주는 제도예요.

위험자산: 위험자산은 큰돈을 벌 수 있지만 가격이 자주 크게 변해 잘못하면 많은 돈을 잃을 수도 있는 자산이에요. 위험자산의 예로는 주식, 암호화폐가 있어요.

오늘의 경제 퀴즈

어느 날, 형조는 저금통에 넣어둔 돈이 갑자기 사라졌다는 걸 알게 되었어요. 그런데, 책상 위에 이런 쪽지가 남겨져 있었어요.

> to. 형조
> 나는 요즘 세상이 너무 위험해서 숨으러 간다.
> 전쟁이 나도, 나라 경제가 휘청거려도 내가 안전한 곳이 있을 거야. from. 돈

형조는 고민하다가 4가지 장소를 떠올리게 되었어요. 돈이 숨어 있을 만한 장소 2곳을 찾아봅시다.

① 많은 사람이 오래된 신뢰를 담아 서명해 둔 국가의 약속서
② 반짝이는 돌과 시계들이 진열된 고급 매장 보석 진열장
③ 회사 뉴스가 나올 때마다 반응하는 주식 그래프
④ 은행 금고 속 두꺼운 철문

쏙쏙 문제 해설

안전자산이란 안전한 자산을 의미해요. 나라의 경제가 불안정해도 안전자산은 위험자산에 비해 비교적 안전하죠. 안전자산의 종류로는 금, 국채, 은행의 예금이 있어요. ①번의 많은 사람이 오래된 신뢰를 담아 서명해 둔 국가의 약속서는 국채를 의미해요. 국채는 국가가 만드는 약속서이기 때문에 다른 자산들에 비해 안전하죠. 따라서 안전자산으로 분류돼요. ②번의 반짝이는 돌과 시계들이 진열된 고급 매장 보석 진열장은 위험자산이에요. 겉보기엔 금처럼 화려하고 안전해 보이지만 가격이 오르락내리락하거나 유행을 타는 위험자산으로 분류돼요. ③번의 회사 뉴스가 나올 때마다 반응하는 주식 그래프는 위험자산이에요. 주식 그래프는 기업 소식이나 대표 말 한마디로 크게 오르거나 떨어질 수 있는 위험한 자산이에요. 마지막으로 ④번의 은행 금고 속 두꺼운 철문은 예금을 의미해요. 은행에 돈을 맡기면 필요할 때 찾을 수 있고 나라에서 1억 원까지 보호해 주는 제도가 있기 때문에 안전자산으로 분류돼요.

경제 생각 키우기

Q. 나라의 상황이 안 좋아지면 왜 돈의 가치가 떨어질까요?

Q. 왜 위험한 자산과 안전한 자산을 섞어서 돈을 관리해야 할까요?

Day26

친구가 빌린 돈을 내가 대신 갚게 될 수도 있다고요?

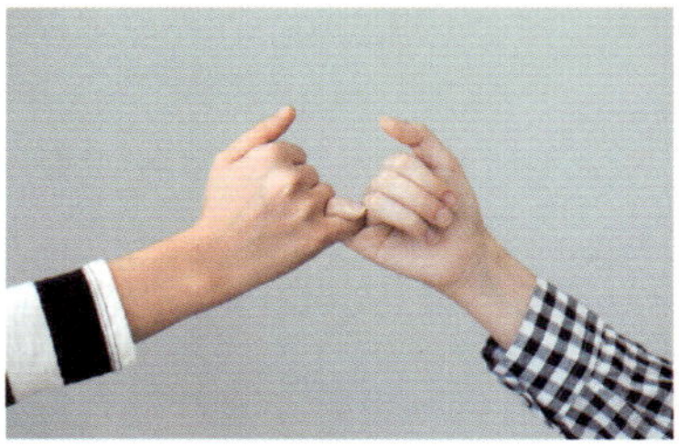

만약 여러분과 가장 친한 친구 A가 깜빡하고 숙제 안 해 선생님께 혼날 위기에 처했다면 어떻게 하실 건가요? A는 성실한 친구로 정말 깜빡해서 숙제를 못 한 것이지, 안 한 게 아니었죠. 그때 여러분은 "선생님, A는 내일 꼭 숙제를 해올 것이니 혼내지 말아주세요. 제가 보증해요."라고 말했죠. 선생님은 "그래? 좋아, 하지만 내일 A가 숙제를 해 오지 않는다면 너도 같이 혼날 거야."라며 오늘은 A를 혼내지 않았어요. 이처럼 어떤 것이나 사람에 대해 내가 책임지고 증명하는 '**경제적인 약속**'을 보증이라고 해요.

경제에서는 보통 '보증을 선다'라는 표현을 많이 사용하는데요. 하지만 이런 보증은 '**책임**'과 '**위험**'이 뒤따른다는 걸 꼭 기억해야 해요. 만약 A가 내일 숙제를 안 해온다면 어떨까요? 여러분과 A 모두 선생님께 혼나겠죠. A가 성실한 친구가 아니었는데 여러분과 친하다는 이유로 보증을 부탁하거나, 아니면 혼자 혼나기 싫어 거짓말한 거라면요? 내가 책임을 지고 A를 보증한 것이기 때문에 선생님께 변명해도 통하지 않을 겁니다.

'보증을 잘못 서면 집안이 망한다'라는 표현이 있을 만큼 보증의 위험성은 상당히 높아요. 예를 들어 사업을 시작하고자 은행에 대출받으려 하는데 신용등급이 낮아 대출이 충분히 나오지 않을 때, 신용등급이 좋은 사람이 보증을 서주면 대출을 다 받을 수 있어요. 하지만 사업이 망하고 파산한다면, 보증을 서준 사람이 그 빚을 대신해서 모두 갚아야 하죠. 따라서 보증을 서 줄 때는 정말 신중하게 생각하고 결정해야 하며, 위험성이 높다고 판단될 때는 아무리 친하고 가까운 사이더라도 조심해야 한답니다.

문제 속 경제 용어 / 경제 개념 톡톡

보증: A가 B에 빌린 돈을 갚지 못했을 경우, 보증을 서준 C가 A 대신 B에게 모든 돈을 갚는 것을 말해요.

사업: 어떤 계획이나 목적을 가지고 일이나 회사를 경영하는 것을 뜻해요.

파산: 재산을 모두 잃어버리고 망하는 상태를 의미하며, 빚이 너무 많아 도저히 갚을 수 없는 상태를 말하기도 해요.

오늘의 경제 퀴즈

보증에 대한 설명으로 옳지 않은 것을 찾아보세요.

① 보증은 누군가 돈을 갚지 못할 때 내가 대신 갚겠다고 약속하는 경제적인 책임이다.
② 신용등급이 좋은 사람이 보증을 서주면 대출을 더 많이 받을 수 있는 경우가 있다.
③ 사업이 망해 파산한다면 보증을 서준 사람이 빌린 돈을 대신해서 모두 갚아야 한다.
④ 매우 친하고 가까운 사이라면 보증을 서주는 것은 당연한 일이다.

쏙쏙 문제 해설

보증은 '경제적인 약속'이라고 부르는 증명을 말하며, 누군가 빌린 돈을 갚지 못했을 때 보증을 선 사람이 그 빚을 모두 갚겠다는 경제적인 책임을 의미해요. 은행에선 신용등급이 낮은 사람이 대출받으려고 하면 대출을 조금만 해주거나, 신용등급이 높은 사람에게 보증받을 것을 권유해요. 은행은 신용등급이 낮은 사람에게 대출을 해줬다가 돈을 돌려받지 못하는 상황이 생길 가능성이 높다고 판단하기 때문이죠. 돈을 갚을 능력이 되는 사람을 방패로 세워 만일의 사태에 대비해 피해를 최소화하려고 하는 거랍니다. 따라서 신용등급이 좋은 사람이 보증을 서주면 대출을 더 많이 받을 수 있어요. 만약 사업을 위해 돈을 빌린 사람이 파산한다면 보증을 서준 사람이 그 빚을 모두 갚아야 하죠. 그러므로 보증을 서 줄 때는 정말 신중하게 생각하고 결정해야 하며, 매우 친하고 가까운 사이라고 하더라도 보증은 함부로 서지 않도록 해야 합니다.

경제 생각 키우기

Q. 보증을 서 주는 것이 왜 '책임'과 '위험'이 따르는지 이야기해 봅시다.

Q. 보증은 '경제적인 약속'이라고 했는데요. 이 약속을 지키지 못했을 때 왜 사회적으로나 법적으로 문제가 될 수 있을까요?

Q. 만약 어떤 회사가 파산하게 되면 그 회사에 돈을 빌려준 은행이나 보증을 선 사람, 투자한 사람들에게는 어떤 경제적 손실이 생길지 생각해 봅시다.

Day27

왜 핸드폰은 동산이고, 집은 부동산일까요?

'동산' 하면 어떤 이미지가 머릿속에 떠오르시나요? 재미있는 것들이 가득한 놀이공원이 떠오를 수도 있고 맛있는 과자가 떠오를 수도 있을 거예요. 그럼, 혹시 '**부동산**'이라는 단어는 들어 보셨나요? 동네를 돌아다니다 보면 '○○부동산'이라고 적힌 가게를 볼 수 있을 거예요. 부동산은 대체 뭘 하는 가게일까요? 지금부터 같이 알아보도록 해요.

경제에서 말하는 '동산'은 놀이동산의 동산과는 다른 동산이에요. 한자로 풀어서 설명해 보자면, 동산은 '움직일 동'자에 '재산 산'자로 이루어진 단어예요. 진짜 말 그대로 **움직이는 재산**이라는 뜻이죠. 현금, 보석, 스마트폰, 자동차 등 움직이는 모든 물건을 말하며 주식이나 채권 같은 것들도 동산으로 본답니다.

그럼, '부동산'은 뭘까요? 앞에 '아닐 부'자를 붙여 '동산이 아니다'라는 뜻이에요. 즉, 동산과는 반대로 땅이나 집, 아파트 등 **움직이지 않는 재산**을 말하겠죠? 길에서 볼 수 있는 부동산 가게들은 땅이나 집을 사고파는 가게랍니다.

동산과 부동산은 경제적으로 서로 다른 쓰임과 가치가 있는데요. 먼저 동산은 움직일 수 있는 특성을 가지기 때문에 현금으로 바꾸기 쉬워요. 당장 중고 플랫폼에서 우리가 쓰던 것들을 현금화할 수 있죠. 또 우리가 일상에서 경제생활을 하며 직접적으로 활용하기도 유용해요. 부동산은 쉽게 움직일 순 없지만 주식에 비해 가격 변동이 크지 않은 안정적인 자산이라는 점에서 큰 장점이 있어요. 만약 더 경제적인 여유가 있다면 내가 산 땅이나 건물을 다른 사람에게 임대하여 임대 수익을 받을 수도 있죠. 이처럼 동산과 부동산은 경제에서 아주 중요한 의미와 가치를 가진답니다.

문제 속 경제 용어 / 경제 개념 톡톡

동산: 움직일 수 있는 모든 재산을 말해요. 즉, 부동산을 제외한 모든 것들을 뜻한답니다.

부동산: 땅이나 집처럼 움직이지 않는 재산을 말해요.

임대: 내 물건을 남에게 빌려주고 돈을 받는 것을 말해요. 특히 집과 같은 부동산의 경우 전세나 월세와 같은 임대차 계약이 이루어져요.

오늘의 경제 퀴즈

다음은 동산과 부동산의 특징을 정리한 표입니다. 빈칸에 들어갈 적절한 단어를 찾아 채워 넣어 볼까요?

구분	동산	부동산
의미	움직일 수 (㉠) 모든 재산	움직일 수 (㉡) 재산
예시	현금, 스마트폰, 자동차, 보석	땅, 집, 아파트, 상가 건물
특징	현금 유동성, (㉢) 활용	(㉣) 자산, 임대 수익
활용	생활에 필요한 물건을 사거나 투자에 활용	주거 공간, 사업장 등으로 이용하거나 (㉤)하여 수익 창출

(임대)　(안정적인)　(있는)　(경제생활)　(없는)

㉠ (　　　　　)　㉡ (　　　　　)　㉢ (　　　　　)

㉣ (　　　　　)　㉤ (　　　　　)

쏙쏙 문제 해설

동산은 움직이는 재산이고 부동산은 움직이지 않는 재산이라고 배웠죠? 따라서 ㉠에는 '있는', ㉡에는 '없는'이 들어가야 맞겠네요. 동산은 스마트폰, 자동차 등과 같이 우리가 일상에서 편리하게 사용하며 돈을 벌고 쓰는 경제생활에 직접적으로 활용돼요. ㉢에는 '경제생활'을 써넣어야 해요. 부동산은 주식처럼 가격이 크게 오르내리지 않아 가격 변화가 적다는 장점이 있습니다. 이처럼 갑작스러운 변동 없이 꾸준한 가치를 유지하는 특성을 안정적이라고 하는데요. 부동산은 안정적인 자산이므로 ㉣에는 '안정적인'이 들어가야 합니다. 부동산을 소유한 사람이 자신의 집이나 땅을 다른 사람에게 빌려주고 그 대가로 돈을 받는 것을 임대라고 하죠? ㉤에는 '임대'가 들어가는 것이 옳아요.

경제 생각 키우기

Q. 요즘에는 가상 화폐처럼 디지털 형태의 자산이 많이 생겨나고 있습니다. 이러한 디지털 자산은 '동산'일지, '부동산'일지 생각해 봅시다.

값이 이유없이 오르면 오히려 위험할까요?

알록달록하고 반짝반짝한 비눗방울. 여러분 모두 한 번쯤은 가지고 놀아본 적 있을 거예요. 동그랗게 떠다니는 비눗방울을 보면 마음이 몽글몽글해지다가도 방울이 터져버리면 금방 아쉬워지죠. 그런데 우리 경제도 비눗방울처럼 '뽁'하고 터져버릴 수 있답니다. 지금부터 우리 경제가 비눗방울과 같은 모습이 된 **'버블경제'**에 대해 알아보도록 해요.

버블경제는 자산의 값이 아주 크게 부풀어 올랐다가 또 갑자기 크게 떨어지는 경제 현상을 말해요. 마치 비눗방울처럼 말이죠. 예를 들어, 여러분이 얼마 전 1만 원에 샀던 장난감이 갑자기 30만 원이 된다면 여러분은 어떻게 하실 건가요? 시장에 내다 팔 수도 있고, 장난감의 가격이 더 오를 때까지 기다릴 수도 있어요. 돈을 벌었다고 생각해 소비 활동을 늘릴 수도 있죠.

그런데 비눗방울은 오랜 시간 그 모양을 유지할 수 없습니다. 바람이 불거나 부딪히면 곧바로 터져버리죠. 버블경제도 마찬가지예요. 갑자기 크게 오른 자산 가치는 또 빠르게 떨어질 수밖에 없어요. 이걸 **'버블붕괴'**라고 하는데요. 만약 여러분이 장난감을 담보삼아 대출받았는데, 만약 장난감의 가격이 다시 1만 원으로 떨어진다면 어떨까요? 여러분은 부자가 된 것 같은 착각을 했다가, 실제로 번 돈은 없는데 빚만 늘어나 손해를 보게 된 거예요.

실제 일본은 1980년대 후반 부동산 가격이 폭등했다가 갑자기 폭락하면서 '잃어버린 20년'이라 불리는 버블붕괴가 왔었는데요. 장기 불황의 영향은 현재까지도 이어지고 있답니다. 이처럼 버블은 경제 전반에 걸쳐 매우 위험한 것으로, 눈앞의 이익만을 따라가는 것보다 **진짜 가치** 있는 것을 찾는 게 중요하답니다.

문제 속 경제 용어 / 경제 개념 톡톡

버블붕괴: 원래 가격보다 훨씬 비싸졌던 자산의 가격이 한순간에 와르르 무너져 내리는 경제 현상이에요.

담보: 돈을 빌려주고 못 받을 때를 대비해 미리 맡아두는 물건을 의미해요.

폭등: 갑자기, 빠르게, 그리고 많이 오르는 것을 뜻해요.

폭락: 폭등의 반대말로, 갑자기, 빠르게, 그리고 많이 떨어지는 것을 뜻해요.

오늘의 경제 퀴즈

다음 버블경제에 대한 설명으로 옳지 않은 것을 찾아보세요.

① 버블경제는 자산 가격이 실제 가치보다 크게 부풀어 올랐다가 갑자기 떨어지는 경제 현상이다.

② 버블경제는 자산 가격이 올라 경제적으로 풍요로워지므로 긍정적인 경제 현상이다.

③ 버블붕괴의 영향은 단기간에 끝나지 않고 장기간 이어질 수 있다.

④ 버블경제로 인한 피해를 줄이기 위해선 눈앞의 이익보다는 진짜 가치를 찾아야 한다.

쏙쏙 문제 해설

버블경제는 '더 오를 것'이라는 사람들의 기대심리와 함께 과도한 투자와 투기가 이어져 나타나는 현상으로, 부동산이나 주식 같은 자산의 가격이 실제 가치보다 훨씬 높게 부풀려져요. ①번은 버블경제의 의미를 정확하게 이야기하고 있어요. 버블경제로 인해 자산의 가치가 상승하여 부유해진 것처럼 보일 수 있지만, 거품이 터지면 오히려 큰 손해를 입게 될 수 있어요. ②번은 옳지 않아요. 버블 붕괴는 개인의 손해를 넘어 나라 전체의 경제를 오랫동안 어렵게 만들 수 있기 때문에 장기적인 영향을 미치죠. 일본의 1980년대 말 버블붕괴가 그 대표적인 사례로 그 여파는 현재까지 이어질 정도로 장기 불황이 될 수도 있답니다. ③번은 옳은 설명이에요. ④번 설명과 같이 일시적인 눈앞의 이익만을 따라가다 큰 손해를 볼 수 있으니, 그 자산이 가진 진짜 가치를 잘 파악하는 것이 중요해요.

경제 생각 키우기

Q. '버블경제'처럼 가격이 과하게 오른다고 생각되는 물건이나 서비스에는 무엇이 있는지 주변에서 찾아볼까요?

Q. '버블경제'는 왜 개인의 손해를 넘어 국가 전체의 '장기 불황'으로 이어질 수 있을지 생각해 봅시다.

Q. 정부나 중앙은행은 '버블'을 막기 위해 어떤 노력을 할 수 있을까요?

눈에 보이지 않는데도 왜 돈이라고 할까요?

비트코인이라는 단어를 들어본 적 있나요? 비트코인은 눈에 보이지 않는 디지털 세계의 돈이에요. 종이 지폐나 동전처럼 실체가 없지만, 금처럼 아주 귀하게 여겨져 '디지털 금'이라고도 부르죠.

비트코인이 특별한 점은, 은행이나 정부의 도움 없이 사람들과 직접 주고받을 수 있다는 거예요. 이 모든 거래 기록은 **블록체인**이라는 특별한 기술 덕분에 안전하고 투명하게 관리될 수 있어요. 블록체인은 마치 볼 수 있게 쓴 동네 게시판과 같다고 생각하면 돼요. 모든 거래가 이 게시판에 기록되어 있어서 아무도 함부로 내용을 바꿀 수 없죠. 이처럼 블록체인은 여러 컴퓨터에 같은 장부가 분산되어 저장되기 때문에 믿고 거래할 수 있답니다. 따라서 비트코인은 블록체인 위의 **암호화폐**라고 불리기도 하죠.

비트코인은 마치 광부가 금을 캐듯 '채굴'이라는 과정을 통해 얻을 수 있어요. 하지만 진짜 광산이 아니라, 고성능 컴퓨터로 복잡한 문제를 풀어야만 얻을 수 있죠. 비트코인은 처음부터 총 2,100만 개만 만들어져서, 희소성이 높고 인플레이션 걱정이 적어요. 하지만 가치가 롤러코스터처럼 변하는 경향이 있어 안정성이 낮답니다.

최근에는 비트코인과 조금 다른 '**스테이블 코인**'도 주목받고 있어요. 스테이블 코인은 가격이 크게 변하는 비트코인과 달리, 미국 달러 같은 진짜 돈의 가치를 따라가도록 만들어져서 가격이 안정적이라는 장점이 있답니다. 마치 환율이 고정된 '디지털 미국 달러'라고 생각하면 돼요.

이처럼 비트코인은 총량이 정해져 있는 투자 자산이고, 스테이블 코인은 가치가 정해져 있는 거래 자산이라고 할 수 있답니다. 이제 비트코인과 스테이블 코인의 차이를 알겠죠?

문제 속 경제 용어 / 경제 개념 톡톡

비트코인: 은행이나 정부 같은 중간 관리자 없이 사람들과 직접 주고받을 수 있는 디지털 암호화폐를 말해요.

채굴: 비트코인을 얻는 과정이에요. 광부가 광산에서 금을 채굴하는 것처럼 비트코인도 '채굴한다'라고 표현하죠.

스테이블 코인: 가격이 안정적인 디지털 화폐로, 미국 달러처럼 실제 돈의 가치를 따라가도록 만들어졌어요.

오늘의 경제 퀴즈

다음 비트코인에 대한 설명으로 옳지 않은 것을 찾아보세요.

① 비트코인은 은행이나 정부 같은 중앙 관리자 없이 거래할 수 있는 디지털 화폐다.

② 비트코인은 총 발행량이 2,100만 개로 정해져 있어 희소성이 높다.

③ 비트코인과 스테이블 코인은 서로 다른 기술을 사용하므로 관련이 없다.

④ 스테이블 코인은 비트코인보다 가격이 안정적이어서 거래 자산으로 쓰기에 적합하다.

쏙쏙 문제 해설

비트코인은 탈중앙화된 디지털 화폐로 거래를 위해 은행이나 정부의 승인이 필요하지 않아요. 모든 거래는 블록체인이라는 분산된 공공 장부에 기록되어 안전하고 투명하게 거래할 수 있죠. 비트코인은 희소성 때문에 가치가 있습니다. 총 발행량이 2,100만 개로 제한되어 있어 시간이 지날수록 새로운 비트코인을 얻기 어려워요. 또 스테이블 코인은 안정성 때문에 가치가 있습니다. 미국 달러와 같은 특정 자산에 가치를 고정하여 가격 변동성을 최소화했죠. 이 때문에 비트코인보다 일상적인 결제나 거래에 더 적합하다고 볼 수 있어요. ①번, ②번, ④번 설명은 모두 옳은 설명이에요. 비트코인과 스테이블 코인은 모두 블록체인 기술을 기반으로 해요. 따라서 '서로 다른 기술을 사용하므로 관련이 없다'는 ③번 설명은 옳지 않아요.

경제 생각 키우기

Q. 비트코인을 '디지털 금'이라고 부르는 이유를 생각해보고, 실제 금과 어떤 공통점과 차이점이 있는지 이야기해봅시다.

Q. 비트코인 가격이 롤러코스터처럼 변하는 이유는 무엇일까요?

Q. 만약 여러분이 물건을 살 때 비트코인과 스테이블 코인 중 하나를 써야 한다면, 어떤 것을 선택할지 그 이유와 함께 이야기해 볼까요?

왜 우리 동네에서만 쓰는 돈을 만들었을까요?

우리는 한국은행에서 만든 돈을 사용해요. 이 돈은 한국 안이라면 어디서든 사용할 수 있죠. 그런데 딱 우리 동네에서만 쓸 수 있는 돈이 있다면 어떨까요? 이번 시간에는 특정 지역에서만 사용할 수 있는 특별한 돈, **지역화폐**에 대해 알아보도록 해요.

지역화폐는 지역 경제를 활성화하기 위해 새롭게 만들어진 돈이에요. 대형마트나 백화점 같은 곳에서는 사용할 수 없도록 제한해 놓아 사람들이 자연스럽게 '동네 가게'를 더 많이 이용하도록 만들었죠. 특정 지역과 정해진 가게에서만 쓸 수 있는 돈은 다른 곳으로 돈이 빠져나가지 않고 지역 안에서 돈이 돌도록 유도해요.

"대형마트를 이용 못 하면 불편해서 지역화폐를 안 쓸 텐데?"라고 생각할 수 있어요. 그래서 정부나 지방자치단체는 사람들이 지역화폐를 많이 사용하도록 다양한 혜택을 줘요. 예를 들어, 지역화폐 상품권을 살 때 **할인**해 주거나, 사용 금액의 일부를 **포인트**로 돌려주는 방식이죠. 또 생활지원금이나 재난지원금 등을 지역화폐 형태로 지급하기도 한답니다.

하지만 지역화폐도 현실적인 문제들과 부작용이 있을 수 있어요. 가장 큰 문제는 지역 경제 활성화에 큰 영향을 주지 못한 채로 예산만 낭비할 수 있다는 점이에요. 또 대형마트에 제품을 납품하는 자영업자와 농가 등도 있기 때문에 수혜가 공평하지 못하다는 지적도 있어요. 게다가 지역화폐의 허점을 악용한 불법 행위가 발생할 수도 있죠.

이처럼 지역화폐는 장단점을 모두 가진 돈이지만, 지역 경제를 활성화하고 소상공인에게 힘이 되어주기 위해 만들어진 제도인 것에는 변함이 없습니다.

문제 속 경제 용어 / 경제 개념 톡톡

지방자치단체: 나라보다 더 작은 정부의 개념으로 우리 동네, 우리 시, 우리 도의 살림을 책임지는 기관을 말해요.

상품권: 현금처럼 사용할 수 있는 '교환권'을 말해요.

자영업자: 혼자서 가게를 운영하는 사람을 말해요. 사장님이 직접 장사를 하고 손님도 맞는 경우가 많죠.

오늘의 경제 퀴즈

다음 설명 중 지역화폐에 대한 설명으로 옳은 것은 'O', 틀린 것은 '×'에 동그라미 쳐볼까요?

① 지역화폐는 지역에 상관 없이 한국 안이라면 어디서든 사용할 수 있는 돈이다. (O / ×)

② 지역화폐는 대형마트나 백화점에서는 사용할 수 없도록 제한된다. (O / ×)

③ 사람들이 지역화폐를 많이 사용하도록 유도하기 위해 정부나 지자체는 할인, 페이백, 포인트 등 혜택을 제공한다. (O / ×)

④ 지역화폐는 문제점이나 부작용이 전혀 없는 완벽한 화폐 제도이다. (O / ×)

쏙쏙 문제 해설

지역화폐는 이름 그대로 '특정 지역'에서만 사용할 수 있는 화폐예요. 한국 어디서든 사용할 수 있는 돈은 대한민국의 대표 통화이자 한국은행에서 만든 돈이지, 지역화폐가 아니에요. 따라서 ①번은 ×, 옳지 않은 설명입니다. 지역화폐는 동네 가게들이 대형유통기업에 밀려 피해를 보지 않도록 하는 역할을 해요. 따라서 대형마트나 백화점과 같은 대기업에서는 사용할 수 없도록 막아놓아 사람들이 동네 가게들을 더 많이 이용하도록 만들죠. 또 정부나 지자체는 사람들이 지역화폐를 더 활발하게 사용하도록 구매 할인, 사용 금액 일부 환급, 포인트 적립 등 다양한 혜택을 줘요. ②번과 ③번은 옳은 설명으로 O에 동그라미 쳐야 해요. 지역화폐는 지역 경제 활성화라는 좋은 목적을 가지고 있지만 예산 낭비, 불법 행위 발생 가능성, 혜택 불공정성 등 여러 문제점과 해결해야 할 과제들이 있어요. 문제점이나 부작용이 전혀 없다고 설명하는 ④번은 틀렸습니다.

경제 생각 키우기

Q. 내가 사는 동네의 지역화폐 이름은 무엇이고 어디서 어떻게 사용할 수 있는지 알아볼까요?

Q. 지역화폐 사용이 대형마트나 백화점의 매출에는 어떤 영향을 미칠지 생각해 봅시다.

Q. 내가 만약 우리 동네 소상공인이라면, 지역화폐 사용을 늘리기 위해 어떤 재미있는 행사를 기획하면 좋을지 이야기해 봅시다.

PART 4

사람들은 왜 일하고, 어떻게 돈을 벌까?

(노동·직업·기업가정신)

실업자는 일하기 싫은 사람일까요?

"요즘 청년들이 취업이 안된대." 여러분, 지나가는 사람들의 대화나 TV 뉴스에 귀를 기울이면 '**실업**'이나 '**실업률**'과 관련된 이야기가 들려올 거예요. 왜냐하면 실업 문제는 현재 가장 중요한 경제 이슈 중 하나이기 때문이죠. 그렇다면 지금부터 실업과 실업률에 대해서 자세히 알아보도록 할까요?

우리나라의 통계청은 매월 **경제 활동 인구**를 조사하여 실업률 등을 발표하는데요. 대한민국 전체 인구 중 일할 능력이 있는 15세 이상 인구를 '노동 가능 인구'라고 하며, 노동 가능 인구는 또 '경제 활동 인구'와 '비경제 활동 인구'로 나뉘어요. 경제 활동 인구는 일할 **능력**과 **의사**가 있는 사람들을 말하고, 비경제 활동 인구는 육아나 가사, 학업, 취업 포기 등의 이유로 일할 의사가 없는 사람들을 말해요.

'실업'은 경제 활동 인구 중 일을 할 수 있는 나이의 사람들이 일을 하고 싶어 하는데도 불구하고 일자리를 찾지 못하는 상태를 말해요. 여기서 중요한 포인트는 바로 '일을 하고 싶어 하는데도 불구하고'입니다. 일할 능력과 의사가 있음에도 일을 하지 못하는 상태를 말하죠.

'실업률'은 전체 경제 활동 인구 중 실업자 수가 차지하는 비중을 의미해요. 실업률이 높다는 것은 일하고 싶은 사람이 많아도 일자리가 부족하다는 뜻이고, 반대로 낮다는 것은 일자리가 많다는 것을 의미해요. 이렇듯 실업률은 한 국가의 경제가 어떤 상태에 있는지 알 수 있는 중요한 경제 지표로 국내 총생산(GDP)과 함께 매우 중요한 항목 중 하나로 꼽히죠. 높은 실업률은 소비 위축과 생산 감소로 이어져 경제 성장을 저해하고, 장기적으로는 사회적 불평등을 심화시킬 수도 있어요.

문제 속 경제 용어 / 경제 개념 톡톡

노동: 사람이 살아가기 위해 필요한 물건을 만들거나 서비스를 제공하는 활동을 말해요.

일자리: 사람들이 자신의 노동력을 제공하고 돈을 벌 수 있는 자리를 말해요. 회사원이 일하는 사무실, 가게 주인이 일하는 가게, 선생님이 일하는 학교 등 모두 일자리가 있는 곳이죠.

가사: '집안일'이라는 뜻으로 의식주 해결과 가족 구성원 돌봄을 위한 활동을 의미해요.

오늘의 경제 퀴즈

실업과 관련된 다음 내용을 읽고, 빈칸에 들어갈 알맞은 말을 채워 보세요.

우리나라에서 일을 할 수 있는 나이이지만, 일할 의사가 없는 사람들을 (①) 활동 인구라고 해요. 그리고 일을 할 능력과 (②)가 있는데도 불구하고 일자리를 찾지 못하는 상태를 '실업'이라고 부르죠. 전체 경제 활동 인구 중에서 일자리를 찾지 못하는 사람들의 비중을 나타내는 것을 (③)이라고 합니다.

① (　　　　　　)　　② (　　　　　　)　　③ (　　　　　　)

쏙쏙 문제 해설

이번 문제는 '실업'과 '실업률'이라는 중요한 경제 개념을 정확히 이해하고 있는지 확인하는 내용이었죠? 첫 번째 빈칸은 '일할 수 있는 나이이지만 일할 의사가 없는 사람'을 묻는 것으로, 글에서 설명된 '비경제' 활동 인구에 관한 내용이에요. 실업은 일할 능력과 의사가 있음에도 일을 하지 못하는 상태를 말하죠. 따라서 두 번째 빈칸은 어떤 일을 하고자 하는 마음이나 생각이라는 의미의 '의사'라는 단어가 들어가야겠네요. 마지막 빈칸은 '전체 경제 활동 인구 중 실업자 수가 차지하는 비중'을 의미하는 경제 용어로, 글에 명확히 제시된 '실업률'이 정답입니다. 따라서 비경제, 의사, 실업률 순서대로 적으면 되겠네요.

이 문제를 통해 여러분은 실업이 무엇인지, 그리고 실업률이 어떻게 계산되는지, 나아가 비경제 활동 인구와 같은 관련 개념들까지 정확하게 이해할 수 있었을 거예요.

경제 생각 키우기

Q. 만약 여러분의 부모님이나 가까운 사람이 갑자기 실업자가 된다면, 가족에게 어떤 어려움이 생길 수 있을까요?

Q. 실업률이 높아지면 사회적으로 어떤 문제들이 발생할 수 있을까요?

Q. 정부나 나라에서는 실업률을 낮추기 위해 어떤 노력을 할 수 있을까요?

Day32

AI가 발전하면 모든 일자리가 줄어들까요?

지난 시간에 실업과 실업률에 대해 배웠어요. **실업**은 일할 능력과 의사가 있음에도 일을 하지 못하는 상태이고, **실업률**은 전체 경제 활동 인구 중 실업자 수가 차지하는 비중을 의미해요. 그런데 실업에도 종류가 있다는 사실, 알고 계셨나요? 실업은 경기적 실업, 구조적 실업, 계절적 실업 그리고 마찰적 실업 이렇게 4개로 구분해요.

일반적으로 경기가 좋으면 고용이 증가하고 나쁘면 고용이 줄어드는데요. **경기적 실업**은 경기가 안 좋아 전반적으로 고용이 줄어 생기는 실업입니다.

구조적 실업은 산업 구조가 바뀌어서 생기는 실업이에요. AI의 발전으로 인해 많은 단순 작업과 관련된 직업이 없어지는 게 대표적이죠. 또한, 경제가 필요로 하는 기술과 노동자들이 가진 기술이 서로 맞지 않아 생기기도 해요. 특정 분야에 대한 수요가 높아져도, 그 일을 할 수 있는 사람이 적어 발생하죠.

어떤 일은 계절에 따라 바빠지기도 하고 한가해지기도 해요. 계절의 영향이 큰 농업, 관광업 등의 분야에서 시기에 따라 일자리가 없어지면서 발생하는데요. 이렇게 계절의 변화 때문에 생기는 실업을 **계절적 실업**이라고 해요.

마지막 **마찰적 실업**은 다른 실업과는 조금 달라요. 이 실업은 개인의 선택에 따라 잠깐 일을 하지 않는 경우를 말하죠. 다니던 회사를 그만두고 더 좋은 조건의 회사를 찾거나, 졸업한 학생이 바로 취직하지 않고 자신에게 맞는 직업을 찾기 위해 시간을 보내는 경우 등이 여기에 해당해요.

문제 속 경제 용어 / 경제 개념 톡톡

고용: 기업이나 개인이 돈을 주고 사람을 써서 일을 시키는 것을 말해요.

산업 구조: 한 나라의 경제에서 어떤 산업이 얼마나 중요한 비중을 차지하고 있는지 나타내는 것을 의미해요.

인적 자원: 어떤 일을 하는 데 필요한 사람들의 능력과 지식, 경험 등을 모두 합친 것을 말해요.

오늘의 경제 퀴즈

다음중 실업과 실업률에 관한 설명으로 옳은 말을 한 학생을 모두 찾아보세요.

① 서현: IT분야의 숙련된 개발자는 부족한 반면, 인문 사회 분야 전공자들은 취업이 어려운 경우 생기는 실업은 구조적 실업이에요.

② 나은: 계절적 실업은 주로 경기가 침체될 때 산업 전반에 걸쳐 발생하는 실업의 한 형태예요.

③ 지원: 실업은 개인, 사회 등 국가의 전체 경제에 부정적인 영향을 미칠 수 있어요.

④ 원종: 실업의 종류에는 경기적 실업, 구조적 실업, 계절적 실업, 강제적 실업이 있어요.

쏙쏙 문제 해설

구조적 실업은 산업 구조의 변화나 기술 발전, 또는 특정 분야의 숙련 인력 부족과 다른 분야의 인력 과잉 등으로 인해 발생하는 실업을 의미하죠? 해당 사례는 IT분야의 수요 증가와 인문 사회 분야의 상대적 수요 감소로 인한 불일치로 발생하므로, 구조적 실업에 해당해요. 따라서 서현 학생은 옳은 말을 했군요. 계절적 실업은 계절의 변화 때문에 생기는 실업을 의미하는데요. 경기가 침체될 때 산업 전반에 걸쳐 발생하는 실업은 경기적 실업이므로 나은 학생의 말은 옳지 않습니다. 실업은 일자리를 잃은 개인에게 경제적 어려움을 주고, 사회 전체의 생산성을 떨어뜨리며, 소득 불평등을 심화시켜 국가 경제에 부정적인 영향을 미칠 수 있으므로 지원 학생은 옳은 말을 했군요. 실업의 종류에는 경기적 실업, 구조적 실업, 계절적 실업 그리고 마찰적 실업이 있어요. '강제적 실업'이라는 용어는 일반적인 실업의 종류에 해당하지 않으므로 원종 학생은 옳지 않은 내용을 말했네요.

경제 생각 키우기

Q. 청년이나 고령층 실업 등 특정 연령대의 실업 문제에 관한 해결 방안에는 무엇이 있을까요?

Q. 현재 우리 사회에서 가장 큰 비중을 차지한다고 생각하는 실업의 종류는 무엇이며, 그 이유는 무엇일까요?

Q. 글에서 실업이 '유용한 인적 자원의 낭비'라고 했어요. '인적 자원'은 무엇이고, 왜 낭비되는 것일까요?

일이 없으면 세상은 어떻게 될까요?

오늘은 '**노동**'에 대해서 이야기하려고 해요. 노동은 **생산**을 목적으로 하는 인간의 육체적·정신적 활동을 말하는데요. 너무 어렵게 생각하지 말고, 우리 주변에서 찾아보도록 해요.

등교를 위해 탄 버스의 운전기사 아저씨는 대중교통인 버스를 운전하는 노동을 해요. 학교에 계신 선생님은 학생들에게 공부를 가르치는 노동을 하는 거고요. 친구들과 간식을 먹으러 들어간 편의점에선 직원이 물건을 진열하고 계산하는 노동을 해요. 이처럼 노동은 다양한 직업으로 항상 우리 주변에 있답니다.

노동은 경제적, 사회적, 그리고 개인적인 측면에서 여러 의미를 갖습니다. 먼저 **경제적 측면**에서 노동의 의미는 돈을 버는 것입니다. 우리가 매일 사용하는 스마트폰, 예쁜 학용품과 장난감 모두 노동을 통해 만들어진 거죠. 이렇게 사람들이 물건을 만들거나 서비스를 제공하면 돈을 벌 수 있어요.

만약 모두가 일을 하지 않는다면 어떻게 될까요? 아무도 쓰레기를 치우지 않아서 거리는 더러워지고, 아무도 음식을 만들지 않아서 배고플 거예요. 이처럼 **사회적** 측면에서 노동은 우리 사회가 함께 잘 살아갈 수 있도록 도와주는 아주 중요한 역할을 한답니다.

마지막으로 노동은 우리가 가지고 있는 재능과 능력을 사용해서 무언가를 만들어내고, 다른 사람들에게 도움을 주는 과정이에요. 사람들은 노동을 통해 **개인**의 자아를 실현하고 성취감을 느끼죠. 노동은 사회적 동물인 인간에게 아주 중요한 활동이랍니다.

문제 속 경제 용어 / 경제 개념 톡톡

대중교통: 많은 사람이 함께 타고 다니는 버스, 지하철, 택시 같은 교통수단을 말해요.

사회적 동물: 사람은 혼자 살지 않고, 다른 사람들과 어울려 살면서 서로 도움을 주고받는다는 의미예요.

자아: '나는 누구일까? 내가 무엇을 좋아하고 잘할까?' 등 자기 자신에 대한 생각이나 인식을 말해요.

성취감: 어떤 일을 열심히 해서 성공했거나, 목표를 이뤘을 때 느끼는 뿌듯하고 자랑스러운 마음을 뜻해요.

오늘의 경제 퀴즈

노동의 경제적, 사회적, 개인적 의미에 대한 설명이에요. ㉠㉡㉢에 들어갈 알맞은 노동의 의미를 써넣어 볼까요?

㉠ 노동을 통해 성취감을 느끼고 자아실현의 기회를 얻게 된다. (　　　　　　의미)

㉡ 노동은 우리가 살고 있는 사회를 더 좋게 만든다. (　　　　　　의미)

㉢ 노동은 소득을 얻기 위한 활동이다. (　　　　　　의미)

쏙쏙 문제 해설

노동이란 생산을 목적으로 하는 인간의 육체적·정신적 활동이며 경제적, 사회적, 개인적인 측면에서 여러 의미를 갖죠. 노동을 통해 성취감을 느끼고 자아실현의 기회를 얻게 되는 건 노동의 개인적 의미예요. 노동은 우리 사회가 함께 잘 살아갈 수 있도록 도와주는 사회적인 의미도 있죠. 또 가장 기본적으로 노동은 돈을 벌고 생계를 유지하기 위한 경제적인 의미도 있어요. 따라서 ㉠에는 개인적, ㉡에는 사회적, ㉢에는 경제적이 들어가야겠죠?

경제 생각 키우기

Q. 우리 주변에는 다양한 노동이 있죠. 그중에서 돈을 벌지 않지만, 사회에 꼭 필요한 노동에는 어떤 것들이 있을까요?

Q. 여러분들은 커서 어떤 직업을 갖고 싶나요? 그 직업이 사회에 어떤 도움을 줄 수 있을까요?

Q. 만약 모든 직업이 똑같은 돈을 벌게 된다면, 사람들은 어떤 직업을 선택하려고 할까요?

Day34

왜 나라에서 가장 적은 월급을 정해줄까요?

모든 사람은 법으로 정해진 일정한 나이가 되면 안전하게 일할 수 있어요. 그렇다면 어떻게 일을 시작할까요? 우리가 일을 하기 위해선 노동시장에서 '**고용**'되어야 해요. 이때, 월급, 일의 종류, 일하는 시간, 복지 같은 구체적인 조건들을 '**근로계약서**'라는 문서로 정해요.

이 근로계약서는 회사와 노동자 모두에게 아주 중요한 문서예요. 회사와 노동자는 근로기준법에 따라 자신의 권리를 보호받는 동시에, 계약에 따른 책임과 의무를 다해야 하죠. 양쪽이 지켜야 할 모든 조건과 내용이 근로계약서에 담겨있답니다.

만약 어떤 회사가 직원에게 너무 적은 월급을 준다면 어떻게 될까요? 노동자는 생활이 어려워지고 제대로 보호받지 못하겠죠? 이런 문제를 막고 노동자를 보호하기 위해 '**최저 임금**'이라는 제도가 있답니다. 최저 임금은 나라에서 정한 '가장 적은 월급'의 기준이에요. 아무리 적어도 이 금액보다는 더 많이 월급을 주도록 법으로 약속한 거죠.

그럼, 이 최저 임금은 누가 어떻게 정할까요? 매년 여름이 되면 회사, 노동자, 그리고 공익을 대표하는 사람들이 모여 다음 해의 최저 임금을 결정해요. 노동자 대표는 물가가 올라 생활이 힘들어져 월급을 더 올려달라고 주장하고, 회사 대표는 경기가 어려워 월급 인상이 힘들다고 이야기해요. 공익 대표들은 양쪽의 의견을 조율해 모두가 받아들일 수 있는 적정선을 찾으려고 노력하죠.

이처럼 최저 임금은 노동자가 마땅히 받아야 할 **권리**를 지켜주는 아주 중요한 보호 장치랍니다. 우리가 안전하고 공정하게 일할 수 있도록 돕는 소중한 약속인 셈이죠.

문제 속 경제 용어 / 경제 개념 톡톡

고용: 회사나 가게에서 필요한 사람을 뽑아서 일을 시키는 것을 말해요.

권리: 누군가에게 당연히 주어지거나 지킬 수 있도록 허락된 것을 뜻해요.

공익: 여러 사람이나 사회 전체를 위한 이익을 말해요.

오늘의 경제 퀴즈

노동자 권리의 내용에 관해 옳지 않은 설명을 찾아보세요.

① 근로계약서는 노동자에겐 중요하지만, 회사에는 중요하지 않다.

② 노동자는 근로기준법에 따라 자신의 권리를 보호받는 동시에, 계약에 따른 책임과 의무를 다해야 한다.

③ 최저 임금은 나라에서 정한 가장 적은 월급의 기준이다.

④ 최저 임금 제도는 노동자가 마땅히 받아야 할 권리를 지켜주는 중요한 보호 장치이다.

쏙쏙 문제 해설

노동자는 근로기준법에 따라 권리를 보호받고 의무를 다해야 해요. 최저 임금은 노동자가 생활에 어려움을 겪지 않도록 나라에서 정한 가장 적은 월급의 기준이에요. 최저 임금은 노동자를 보호하는 중요한 장치로 매년 여름, 회사, 노동자, 그리고 공익을 대표하는 사람들이 모여 다음 해의 기준을 결정하죠. 따라서 ②번, ③번, ④번은 모두 옳은 설명이에요.

근로계약서는 노동자와 회사 양측이 서로 지켜야 할 권리와 의무, 그리고 구체적인 근로 조건들을 명확히 약속하는 기준이 되기 때문에 노동자와 회사 양쪽 모두에게 중요합니다.

경제 생각 키우기

Q. 만약 근로계약서가 없다면, 회사와 노동자 사이에 어떤 문제가 생길 수 있을까요?

Q. 최저임금을 정할 때 노동자 대표와 회사 대표가 서로 다른 주장을 하는 이유는 무엇일까요? 각각의 입장에서 왜 그렇게 생각하는지 이야기해 봅시다.

Q. 만약 최저 임금이 너무 많이 오르거나 내려가면 한국 경제에는 어떤 영향이나 변화가 있을까요?

지금 잘 팔리는 물건이 앞으로도 계속 잘 팔릴까요?

지난 시간에 기업은 더 많은 이윤을 얻기 위해 다른 기업들과 경쟁하며 더 좋은 품질의 제품과 서비스를 더 낮은 가격으로 공급하려 한다고 배웠죠? 하지만 이러한 이윤 추구를 위한 기업의 변화와 혁신에는 많은 **위험** 요소가 따라요.

소비자의 수요를 기대하고 출시한 제품이 인기가 없을 수도 있고, 계획했던 제품을 제때 생산하지 못할 수도 있죠. 이와 같은 상황에 기업은 큰 손실을 볼 수도 있어요. 그런데 왜 이런 위험에도 불구하고 기업들은 계속해서 **변화**와 **혁신**에 도전하는 것일까요? 그건 바로 새로운 이윤을 창출할 기회를 얻고, 치열한 경쟁에서 살아남기 위해서예요.

기존 시장이 포화 상태에 다다르거나 경쟁이 너무 심해지면 더 이상 큰 이윤을 기대하기 어렵죠. 따라서 새로운 기술을 개발하거나, 기존 제품에 새로운 기능을 추가하거나, 아예 새로운 시장을 개척하는 등 '혁신'을 통해 미래 시장을 선점할 수 있는 기회를 만들려고 해요.

또 '최선의 방어는 공격이다'라는 말이 있듯이 '변화'를 통해 치열한 경쟁에서 살아남으려는 전략이에요. 현대 사회에서 소비자의 요구는 빠르게 변하고, 경쟁 기업들은 항상 더 나은 제품과 서비스를 내놓으려고 노력합니다. 만약 기업이 변화를 멈추고 현재에 안주한다면, 경쟁 기업에게 뒤처지게 되어 결국 시장에서 도태될 수 있겠죠.

현대 경영학의 창시자로 불리는 피터 드러커는 "변화를 추구하고, 변화에 대처하며, 변화를 기회로 이용하는 것이 **기업가 정신**이다"라고 말했어요. 이처럼 미래의 불확실성과 위험을 무릅쓰고 이윤을 창출하려는 기업의 도전 정신을 기업가 정신이라고 부르기로 했답니다.

문제 속 경제 용어 / 경제 개념 톡톡

혁신: 새로운 것을 만들어내거나, 기존에 있던 것을 완전히 바꾸는 것을 의미해요.

선점: 남들보다 한발 앞서서 새로운 기회를 잡고, 먼저 좋은 자리를 차지하는 것을 뜻해요.

도태: 시대나 환경의 변화에 적응하지 못해서 뒤처지거나 사라지는 것을 말해요.

불확실성: 앞날이 어떻게 될지 알 수 없는 것을 뜻해요.

오늘의 경제 퀴즈

기업이 변화와 혁신에 도전하는 원인에는 '이윤 창출'과 '생존 경쟁'이 있다고 배웠어요. 다음 기업가 정신의 원인과(좌) 결과로(우) 올바르게 짝지어진 사례를 찾아보세요.

① 이윤 창출 - 스마트폰이 대중화되기 전, 터치스크린과 앱스토어 개념을 도입한 기업이 새로운 시장을 만들고 큰 이윤을 얻었습니다.

② 이윤 창출 - 여러 항공사들이 저렴한 가격의 비행기표를 내놓자, 저가 항공사들은 서비스 방식을 바꾸거나 효율적인 운영으로 더 낮은 가격의 티켓을 판매하고 있습니다.

③ 생존 경쟁 - 온라인 서점으로 시작했던 기업이 전자책, 클라우드 서비스, 스트리밍 서비스 등으로 사업을 확장하여 새로운 이윤을 창출하고 있습니다.

④ 생존 경쟁 - 자동차 기업이 자율주행 기술, 인공지능(AI) 등 첨단 기술을 접목하여 기존의 자동차나 소프트웨어 시장에 혁신을 가져오고 독점적인 이윤을 창출하려 합니다.

쏙쏙 문제 해설

이 문제는 기업가 정신의 원인과 그에 따른 결과(사례)를 올바르게 연결했는지 묻는 문제이죠? ①번의 사례는 기존에 없던 '새로운 시장을 만들고 큰 이윤을 얻었다'는 점에서 '이윤 창출'이라는 원인에 대한 올바른 결과로 올바르게 짝지어졌다고 할 수 있어요. ②번은 '여러 항공사들이 저렴한 가격을 내놓자' 이에 맞서 가격을 내렸다는 점에서 '생존 경쟁'을 위한 전략과 관련된 사례예요. 이윤 창출이 아닌 치열한 경쟁 속에서 살아남기 위한 행동이므로, 원인과 결과가 올바르게 짝지어지지 않았습니다. ③번의 사례는 기존 사업을 넘어 '새로운 이윤을 창출'하기 위해 사업 영역을 넓힌 것이므로 '생존 경쟁'이라는 원인과 연결하는 건 올바르지 않죠. ④번의 사례 또한 '첨단 기술을 접목하여 독점적인 이윤을 창출하려 한다'는 점에서 '이윤 창출'이 주된 원인이므로 원인과 결과가 올바르게 짝지어지지 않았어요.

경제 생각 키우기

Q. 혹시 주변에 사라진 가게나 물건이 있나요? 변화에 적응하지 못해 도태된 사례를 찾아 이야기해 볼까요?

Q. '기업가 정신'이 꼭 기업에만 필요한 건 아니겠죠? 학생인 우리가 실생활에서 '변화'하거나 '혁신'할 수 있는 일에는 무엇이 있을까요?

Day36

착한 기업의 물건을 사는 건 어떤 의미가 있을까요?

혹시 '착한 기업'이라는 말을 들어본 적 있나요? 착한 기업은 물건을 잘 만들어서 돈을 많이 버는 것뿐만 아니라, 우리 사회와 환경을 위해 노력하는 기업을 말해요. 예를 들어 어려운 사람들을 돕거나, 깨끗한 환경을 만들려고 노력하는 등 다양한 활동이 있죠. 기업의 이런 활동을 우리는 '**기업의 사회적 책임**'이라고 부른답니다.

기업의 사회적 책임은 마치 피라미드처럼 4단계로 이루어져 있어요. 이러한 기업의 사회적 책임 피라미드는 미국의 경영학자 캐럴이 만들었어요. 아래에서 위로 올라갈수록 더 높은 수준의 책임이라고 할 수 있는데요. 가장 기본적인 경제적 책임, 법률적 책임, 윤리적 책임, 그리고 마지막으로 자선적 책임으로 구분해요.

가장 기본적인 **경제적 책임**이란 바로 이윤 추구입니다. 기업은 물건이나 서비스를 만들어서 이윤을 내야 해요. 그래야 직원들에게 월급을 주고, 새로운 물건을 개발하며, 회사를 계속 운영할 수 있어요. 다음으로 기업은 경제 활동을 하면서 나라에서 정한 법을 반드시 지켜야 해요. 공정하게 경쟁하고, 불법적인 경제 활동을 하지 않아야 하는 **법률적 책임**이 있죠.

윤리적 책임이란 단순히 법을 지키는 걸 넘어 도덕적이고 윤리적인 활동에서 비롯되는데요. 환경을 생각하고, 소비자를 속이지 않고, 노동자의 권리를 지켜주는 등 기업이 착한 마음을 가져야 한다는 책임입니다. 마지막으로 **자선적 책임**은 봉사입니다. 기업이 적극적으로 이윤을 사회에 환원하고 봉사해야 한다는 거죠.

기업이 이 4가지 책임을 모두 잘 지킬 때, 진정한 '착한 기업'이 될 수 있답니다.

문제 속 경제 용어 / 경제 개념 톡톡

사회적 책임: 우리 사회를 더 좋게 만드는 데 참여해야 하는 의무나 역할을 뜻해요.
윤리: 옳고 그름을 판단하는 기준으로 올바르고 착하게 행동해야 한다는 것을 의미해요.
환원: '돌려준다'는 뜻으로 기업이 번 돈의 일부를 어려운 사람이나 사회를 위해 다시 쓰는 것을 말해요.
봉사: 대가를 바라지 않고 다른 사람이나 사회를 위해 힘쓰는 행동을 의미해요.

오늘의 경제 퀴즈

다음의 설명은 기업의 사회적 책임 실제 사례들이에요. 각 사례의 설명이 적절하지 않은 것을 골라 보세요.

① 제품의 가격을 오랜 기간 올리지 않고 유지하는 것으로 유명한 한 기업은 소비자의 부담을 덜어주는 동시에, 안정적인 판매량을 유지하며 이윤을 창출하는 '경제적 책임'을 수행했다.

② 한 제약기업은 제품에 유해한 성분이 들어가 손해를 감수하고도 자발적으로 제품을 회수하고 폐기하여 소비자의 안전을 지킨 '법률적 책임'을 수행했다.

③ 한 유통 기업은 노인 일자리 문제를 해결하기 위해 '실버택배' 사업을 시작하여 단순히 노인 고용을 늘리는 것을 넘어, 고령화 사회라는 문제에 대한 기업의 '윤리적 책임'을 수행했다.

④ '옷을 사지 마세요'라는 광고 문구로 유명한 한 의류기업은 환경 보호를 기업 경영의 최우선 가치로 삼고 수익의 일부를 환경 단체에 기부하는 등 '자선적 책임'을 수행했다.

쏙쏙 문제 해설

경제적 책임은 기업의 가장 기본적 책임으로, 재화와 서비스를 생산하고 이윤을 창출하는 활동을 뜻해요. 소비자의 부담을 줄이면서 안정적인 판매량을 유지하는 것은 이윤 창출이라는 경제적 책임의 일부이므로 ①번은 옳은 설명이에요. ②번의 사례는 법적 의무를 넘어 자발적으로 제품을 회수했기 때문에 이는 윤리적 책임의 사례로 볼 수 있어요. 따라서 법률적 책임이 아닌 윤리적 책임 사례에 해당하죠. 노인 고용 문제를 해결하는 '실버택배' 사업을 시작한 것은 기업이 사회 문제 해결에 적극적으로 참여하는 윤리적 책임의 좋은 예시이므로 ③번은 옳은 설명이고요. 환경 보호를 위해 수익의 일부를 기부하는 것은 기업의 자발적인 사회 공헌 활동으로 ④번도 맞습니다.

경제 생각 키우기

Q. 우리 동네에 있는 가게나 회사가 사회적 책임을 다하지 않는다면, 어떤 문제들이 생길 수 있을까요?

Q. 기업의 사회적 책임이 강화될수록 소비자에게는 어떤 점이 좋을까요?

Q. 자선적 책임을 다하지 않는다고 해서 그 기업을 비난할 수 있을까요? 이에 대해 토론해 봅시다.

불량 제품을 샀다면, 그냥 넘어가야 할까요?

우리는 매일 다양한 상품과 서비스를 이용하는 소비 활동을 해요. 소비 활동을 하는 사람을 **소비자**라고 하죠? 소비자의 선택과 행동은 기업의 생산 활동에 영향을 미치고, 나아가 국가 경제 발전 방향을 결정하기도 하는 만큼 매우 중요합니다. 이에 따라 우리가 소비자로서 마땅히 누려야 할 **권리**와, 반드시 지켜야 할 **책임**이 동시에 존재 해요.

먼저 소비자는 '안전할 권리'를 가져요. 우리 생명과 재산에 피해를 주지 않도록 안전한 상품과 서비스를 제공받을 권리에요. 또 상품과 서비스에 대해 충분하고 정확한 정보를 제공받을 권리인 '알 권리'도 가져요. 구매 장소, 가격 등이 침해되지 않도록 하는 '선택할 권리'도 있어요. 기업과 나라의 소비 정책 과정에 소비자의 의견을 낼 수 있는 '의견을 반영할 권리'와, 상품 및 서비스 이용으로 발생한 피해에 대해 빠르고 공정하게 '피해보상을 받을 권리'도 갖죠. 합리적인 소비에 필요한 '소비자 교육을 받을 권리'와 소비자 권익을 지키기 위해 앞장설 수 있는 '단체를 조직하고 활동할 권리'도 있어요. 마지막으로 친환경 소비나 지속 가능한 소비 등 '쾌적한 환경에서 소비할 권리' 등 총 8가지의 권리가 있답니다.

또 소비자는 시장의 정보를 그대로 믿기보다는 비판적인 시각으로 판단해야 하는 '비판적 의식의 책임'과 시장의 불공정한 사례를 외면하지 않고 적극적으로 의사를 표현해야 하는 '참여 의식의 책임', 그리고 다른 소비자에게 피해를 주지 않으며, 자원 절약과 친환경적인 소비를 해야 하는 '연대 의식의 책임' 등 3대 책임이 있죠. 우리 모두 8대 권리와 3대 책임을 잘 지켜 건강한 시장 경제를 만들어 보자고요.

문제 속 경제 용어 / 경제 개념 톡톡

피해보상: 어떤 물건이나 서비스를 사용하다가 손해를 보거나 다쳤을 때, 그 손해를 다시 되돌려 받거나 돈으로 받을 수 있는 것을 말해요.

권익: 우리가 당연히 누려야 할 권리와 이익을 합쳐서 부르는 말이에요.

연대 의식: 자신만 생각하는 것이 아니라, 다른 사람들과 함께 어려움을 나누고 서로 돕고 지지하려는 마음을 뜻해요.

오늘의 경제 퀴즈

소비자의 8대 권리와 3대 책임과 관련된 다음 내용을 읽고, 빈칸에 들어갈 알맞은 말을 채워 보세요.

> 우리는 매일 소비 활동을 하는 소비자이며, 우리의 선택은 경제에 큰 영향을 미칩니다. 그래서 우리는 8가지 권리와 3가지 책임이 있습니다. 안전한 상품을 받고(안전할 권리), 충분한 정보를 알며(　　①　　), 자유롭게 선택하고(선택할 권리), 의견을 내고(의견을 반영할 권리), 피해를 보상받고(　　②　　을 받을 권리), 교육을 받고(소비자 교육 받을 권리), 단체를 만들어 활동하고(단체를 조직하고 활동할 권리), 쾌적한 환경에서 소비할(쾌적한 환경에서 소비할 권리) 권리가 있습니다. 동시에 비판적으로 판단하고(비판적 의식의 책임), 적극적으로 참여하며(참여 의식의 책임), 다른 소비자와 연대하는(　　③　　의 책임) 책임도 있답니다.

① (　　　　　　　)　　② (　　　　　　　)　　③ (　　　　　　　)

쏙쏙 문제 해설

<보기>는 오늘 배웠던 소비자가 가진 8가지 권리와 3가지 책임에 관해 설명하고 있어요. 상품과 서비스에 대해 충분하고 정확한 정보를 제공받을 권리를 '알 권리'라고 하죠. "충분한 정보를 알며"라고 설명되어 있으므로 ①번엔 '알 권리'가 들어가야겠네요. 상품 및 서비스 이용으로 발생한 피해에 대해 빠르고 공정하게 보상받을 권리는 '피해보상을 받을 권리'이므로 ②번은 '피해보상'이 들어가야 맞습니다. 다른 소비자에게 피해를 주지 않고, 자원 절약과 친환경적인 소비를 해야 하는 책임은 '연대 의식의 책임'이겠죠?

경제 생각 키우기

Q. 여러분은 물건을 살 때 8가지의 소비자 권리를 제대로 누리고 있나요?

Q. 요즘 유행하는 '새활용(업사이클링)' 제품을 구매하는 것은 어떤 소비자의 책임과 관련이 있을까요?

Q. 여러분이 생각하는 '건강한 시장 경제'란 어떤 모습인가요? 건강한 시장 경제를 만들기 위해 또 어떤 노력을 할 수 있을까요?

Day38

회사도 게임처럼 '파티 사냥'을 할까요?

여러분이 좋아하는 RPG 게임을 한번 떠올려 볼까요? 게임 캐릭터들은 모두 직업이 다르며 각자의 역할이 있어요. 튼튼한 방패로 팀을 지키는 '탱커', 강력한 공격으로 적을 공격하는 '딜러', 마법으로 팀을 지원하는 버퍼와 신성력으로 상처를 치유해 주는 '힐러'까지. 보스를 잡기 위해선 **'파티'**를 구성해야 해요. 그것도 모든 직업의 캐릭터가 균형 있게 참여해야 이길 수 있어요. '파티 사냥'은 보스를 잡기 위한 전략이자 게임의 생산성을 높이는 방법이에요.

이렇게 생산성을 높이기 위한 '파티'와 같은 시스템을 기업 경제에서는 **'아웃소싱'**이라고 부릅니다. 아무리 크고 좋은 회사라도 모든 분야의 일을 다 잘 해낼 수 없어요. 그래서 회사는 자신이 가장 잘할 수 있는 분야나 핵심역량만 남기고, 다른 분야는 더 잘할 수 있는 회사에 돈을 주고 맡기죠. 회사가 목표 달성과 성장을 위해 다른 회사들과 '파티'를 맺었다고 생각하면 돼요. 우리가 흔히 '하청'이나 '용역'이라고 부르는 것들도 아웃소싱의 한 방법이에요.

아웃소싱은 경제에 꽤 긍정적인 영향을 미쳐요. 회사는 핵심역량에 집중할 수 있어 경쟁력을 확보할 수 있고, 굳이 잘하지 못하는 분야에 매달려서 고군분투할 필요도 없어요. 결국 비용 절감과 경쟁력 강화는 회사의 성장으로 이어지죠. 또 적절한 소득 분배로 이어져 경제가 균형 있게 성장할 수도 있답니다.

하지만 여기에도 몇 가지 문제가 있는데요. 회사가 자신의 이익만을 추구하기 위해 아웃소싱 회사에 불공정한 요구를 하거나, 사회 전반적으로 **비정규직**이 늘어나 고용 시장이 불안정해지는 문제도 생길 수 있답니다.

문제 속 경제 용어 / 경제 개념 톡톡

핵심역량: 어떤 일을 성공적으로 하기 위해 꼭 필요한 능력들을 말해요. 예를 들어 선생님의 핵심역량은 학생들이 공부 내용을 잘 이해할 수 있도록 쉽게 설명해 줄 수 있는 능력이에요.

용역: 대가를 받고 다른 사람이나 회사를 대신하여 업무나 서비스를 제공하는 것을 뜻해요.

비정규직: 정해진 기간만 일하는 직원을 말해요. 반대로 정해진 기간 없이 정년까지 쭉 일할 수 있는 직원을 정규직이라고 하죠.

오늘의 경제 퀴즈

다음의 설명 중 아웃소싱에 대한 설명으로 옳은 것은 'O', 틀린 것은 '×'에 동그라미 쳐볼까요?

① 아웃소싱은 회사가 모든 일을 직접 해야만 하는 경영 방식이다. (O / ×)

② 아웃소싱은 회사의 비용 절감과 경쟁력 강화에 도움을 줄 수 있다. (O / ×)

③ 회사는 자신이 잘하지 못하는 분야의 일을 다른 회사에 아웃소싱할 수 있다. (O / ×)

④ 아웃소싱은 사회 전반적으로 비정규직을 늘려 고용 시장을 불안정하게 만들 수도 있다. (O / ×)

쏙쏙 문제 해설

한 분야의 특정한 업무를 회사 외부의 사람이나 다른 회사에 돈을 주고 맡기는 시스템을 아웃소싱이라고 해요. 마치 게임의 '파티 사냥'과 같이 말이죠. 따라서 아웃소싱하면 회사가 모든 일을 직접 할 필요가 없어지죠. 따라서 ①번은 틀린 설명이고 ③번은 옳은 설명입니다. 아웃소싱은 회사의 비용 절감과 경쟁력 강화에 도움을 준다는 장점이 있으며, 경제가 균형 있게 성장할 수 있는 원동력이 되기도 해요. ②번은 O, 정확한 설명이에요. 아웃소싱은 다양한 장점이 있지만, 단점도 있는데요. 아웃소싱 회사를 함께 성장하는 '파티원'으로 생각하지 않고 그저 일을 시키는 대상으로만 생각하게 되면 수평적 업무 구조를 깨뜨리는 상황까지 이어질 수 있는데요. 이렇게 되면 마치 '팀킬'과 같이 오히려 생산성을 떨어뜨리는 결과로 이어질 수도 있답니다. 또 아웃소싱을 통해 인력을 감축하고 비정규직을 늘리면 고용이 불안해지고 노동자의 근로 조건이 나빠질 수 있다는 문제도 있고요. ④번은 옳은 설명입니다.

경제 생각 키우기

Q. 기업이 얻을 수 있는 장점 외에, 아웃소싱을 받는 '하청/용역 회사'는 어떤 이점을 얻을 수 있을까요?

Q. 혹시 절대 아웃소싱해서는 안 되는 일이나, 아웃소싱으로 인해 오히려 생산성이 떨어지는 일도 있을까요?

Q. 아웃소싱 때문에 비정규직이 늘어난다면, 우리 사회에 어떤 문제들이 생길 수 있을까요?

Day39

돈만 잘 버는 회사, 진짜 좋은 회사일까요?

햄버거를 좋아한다면 '맥도날드'라는 이름을 한 번쯤은 들어봤을 거예요. 그런데, 이 맥도날드가 돈만을 목적으로 운영되는 기업이 아니라는 사실 알고 있나요?

요즘 회사들은 돈을 잘 벌기만 해서는 좋은 회사라고 인정받기 어려워요. 돈뿐만 아니라 환경을 보호하고 사람을 배려하며 정직하게 운영하는 것도 중요하기 때문이에요. 이렇게 회사가 **환경**(Environment), **사회**(Society), **윤리경영**(Governance)를 생각하며 운영하는 것을 **ESG 경영**이라고 불러요. ESG 경영은 회사가 오래 사랑받으며 살아남기 위해 꼭 필요한 방법이에요.

맥도날드로 예를 들어볼게요. 맥도날드는 이전에 사용한 종이를 다시 활용해 만든 재생 용지와 친환경 잉크로 포장지를 제작해요. 이렇게 하면 **환경**을 **보호**할 수 있기 때문이에요. 지난 7월에는 맥도날드는 익산 고구마로 햄버거를 만들었어요. **지역**에서 나는 **재료**를 사용하면 지역 사람들이 돈을 벌고 그 돈이 다시 지역에서 쓰여 지역 경제가 활발해져요.

마지막으로 회사가 **정직**하게 운영되고 있는지도 살펴야 해요. 맥도날드는 여성이나 다양한 배경을 가진 사람들과 회사의 중요한 결정을 함께해요. 이렇게 하면 혼자 결정하지 못하게 하고 잘못된 결정을 막을 수 있어요.

맥도날드뿐만 아니라 여러 기업이 ESG 경영을 실천하기 위해 노력하고 있어요. 소비자들도 싸거나 멋진 제품을 파는 회사보다 ESG 경영을 실천하는 회사에 더 많은 돈을 써요. 자연과 사회, 정직함을 함께 생각하는 회사, 즉 ESG 경영을 실천하는 회사가 앞으로 만들어 가야 할 회사의 모습이에요.

문제 속 경제 용어 / 경제 개념 톡톡

경영: 회사가 목표를 달성하기 위해 계획하고 관리하는 것을 말해요.

지역 경제: 특정 지역 안에서 물건을 만들고, 사고, 팔고, 쓰는 활동으로 돈이 그 지역 안에서 돌며 경제 활동이 이루어지는 걸 말해요.

윤리경영: 회사가 돈을 어떻게 쓰는지 검사하고 사람들에게 공개하는 것을 의미해요.

오늘의 경제 퀴즈

아래 틴틴회사의 공지 사항을 바탕으로 틴틴회사가 이렇게 행동하는 가장 중요한 이유를 고르세요.

> **알 림**
>
> 틴틴회사 직원 여러분 안녕하세요?
> 우리 회사는 지구를 아끼고 사람을 생각하는 회사가 되기 위해 힘쓰고 있습니다.
> 환경 보호와 지속 가능한 기업을 만들기 위해 직원 여러분들의 협조를 부탁드립니다.
>
> 1. 제품을 만들 때 환경에 해롭지 않은 재료를 사용해 주세요.
> 2. 회사가 정직하게 운영되고 있는지 매년 확인해 주세요.
> 3. 지역 주민들을 위한 교육 프로그램, 기부 등의 활동에 참여해 주세요.
>
> 우리 틴틴기업은 앞으로도 환경과 사람을 생각하며 운영할 것입니다.
> 앞으로도 직원 여러분들의 노력과 관심을 부탁드립니다.
>
> 틴틴회사 회장 김매경

① 제품을 더 빨리, 더 많이 팔기 위한 행동이다.
② 다른 회사보다 광고를 더 멋지게 하기 위한 행동이다.
③ 틴틴회사가 자연과 사회를 함께 생각하며 오래 살아남기 위한 행동이다.
④ 제품을 생산하는 데 필요한 돈, 즉 비용을 줄이기 위한 행동이다.

쏙쏙 문제 해설

위 알림문은 'ESG 경영'에 대해 알려주는 내용이에요. 회사는 물건을 많이 팔고 싶겠지만 빨리 많이 만드는 데만 집중하면 환경이 망가지거나 사회에 나쁜 영향을 줄 수 있어요. 따라서 ①은 틀린 말이에요. 광고를 멋지게 만든다고 해서 진짜 좋은 회사가 되는 건 아니에요. 사람들은 올바른 행동을 하는 회사를 더 믿고 좋아하기 때문에 ②도 옳지 않은 말이네요. 마지막으로 친환경 재료를 쓰고 지역을 돕는 활동은 오히려 돈이 더 들 수 있기에 ④도 오답이에요.

경제 생각 키우기

Q. 우리 동네의 가게나 음식점이 사회를 위한 활동을 한다면 어떤 게 있을까요?

Q. 회사가 정직하지 않게 운영되면 어떤 문제가 생길까요? 우리 생활과도 관련이 있을까요?

Day40

심부름하고 용돈 받기와 알바는 무엇이 다를까요?

부모님이 심부름을 부탁하고 용돈을 주셨던 적 있나요? 원래 받던 용돈 말고 추가로 말이에요. 외국에선 이걸 '파트타임'이라고 부르며 어린이들의 경제 및 소비 교육을 위해 장려하고 있어요. 그냥 대가 없이 용돈을 주기보다 간단한 집안일, 심부름 등을 도와주면 그 **노동의 대가**를 주는 거죠. 오늘은 한국형 파트타임, '**아르바이트**(알바)'에 대해 알아볼 거예요.

그런데 아르바이트는 부모님의 심부름을 하고 받는 용돈과는 좀 달라요. 이건 노동이 필요한 사람과, 노동을 하는 사람 사이의 약속이거든요. 그래서 일하는 사람은 정해진 장소에서, 일정 시간 및 기간 동안 일하고, 일을 시킨 사람은 약속한 금액을 주는 거죠. 그리고 대부분이 '한 시간에 얼마(**최저시급 이상**)'인 시간제라고 생각하면 돼요.

아르바이트 전문 사이트에 따르면 2019년 대비 2023년 10대의 알바 구직량은 두 배 이상 늘었다고 해요. 이처럼 청소년 아르바이트 비중은 계속 증가하고 있는데, 여러분의 미래 알바를 위해 꼭 알아두어야 할 내용이 있습니다. 알바는 만 13세 이상부터 가능하고, 만 18세 미만은 부모님의 동의가 있어야 할 수 있도록 법으로 정해 놓았어요. 그래서 초등학생 여러분은 알바 금지입니다! 또 PC방, 노래방, 숙박업소 등에서는 일할 수 없으며, 밤 10시 이후나 휴일에도 안 돼요. 하루에 7시간, 일주일엔 35시간까지 일할 수 있으며, 만약 그 이상의 일을 강요받거나 근로계약서 작성을 거부한다면 고용노동부에 신고해야 하죠.

이처럼 아르바이트를 통해 여러분의 노력과 시간이 돈이라는 보상으로 돌아오고, 그 돈을 잘 관리하는 법을 배울 수 있을 거예요.

문제 속 경제 용어 / 경제 개념 톡톡

아르바이트: 일정 기간이나 시간 동안 일하고 그 대가로 돈을 받는 경제 활동이에요.

최저시급: 최저 임금과 같은 의미로, 법으로 정해진 시간당 임금의 최저 기준을 뜻해요.

* 2025년 현재의 최저시급은 10,030원이고, 2026년은 10,320원이 될 예정이랍니다.

오늘의 경제 퀴즈

다음 아르바이트에 대한 설명으로 옳지 않은 것을 찾아보세요.

㉠ 아르바이트는 나이와 상관 없이 10대라면 모두 자유롭게 할 수 있다.

㉡ 아르바이트는 일정 기간이나 시간 동안 일하고 그 대가로 돈을 받는 경제 활동이다.

㉢ 대부분의 아르바이트는 한 시간에 얼마를 받는 시간제이며, 최저시급 이상을 받는다.

㉣ 만약 정해진 시간 이상으로 일하도록 강요받으면 고용노동부에 신고해야 한다.

쏙쏙 문제 해설

'알바'라고 부르는 아르바이트는 일정 기간 일하고 노동의 대가로 돈을 받는 경제 활동이에요. 일반적으로 알바는 한 시간에 얼마를 받는 시간제로, 나라에서 정한 최저시급 혹은 그 이상을 지급해야 하죠. ㉡과 ㉢은 옳은 설명으로 아르바이트의 정확한 정의와 내용을 말하고 있어요. 최근 10대 아르바이트 비중이 늘어나며 청소년 알바 관리의 필요성과 교육이 중요해지고 있는데요. 정당하고 건전한 10대 알바 환경을 조성하기 위해 법으로 정해 놓은 것들이 있습니다. 만 13세 미만은 아르바이트가 법으로 금지되어 있어 불가하며, 만 13세 이상부터 18세 미만은 필요 서류(부모님 동의서 및 가족관계증명서)를 구비하면 가능하죠. 만 18세 이상부터는 부모님의 동의 없이도 자유롭게 아르바이트할 수 있어요. ㉠은 잘못된 설명이에요.

만 18세 미만의 청소년이 알바를 할 때에는 PC방, 노래방, 숙박업소 등 유해 업종에서는 근무할 수 없으며, 밤 10시 이후나 휴일에는 일을 할 수 없어요. 또 하루에 7시간, 일주일엔 35시간까지 일할 수 있으며, 만약 그 이상의 일을 강요받는다면 고용노동부에 신고하는 게 좋습니다. ㉣은 맞는 설명입니다.

경제 생각 키우기

Q. 부모님께 받는 용돈과 아르바이트로 버는 돈은 어떤 점에서 다를까요?

Q. 아르바이트에서는 '최저시급'이 매우 중요합니다. 그 이유는 무엇일지 생각해 봅시다.

Q. 10대 청소년의 아르바이트가 늘고 있는 이유는 무엇이라고 생각하나요?

Day41

내 돈을 대신 투자해 줄 요리사 같은 사람은?

예·적금이나 주식, 채권과 같이 내 돈을 불리는 방법은 다양해요. 이번 시간에는 '**펀드**'라는 또 다른 방법에 대해 알아볼 건데요. 주식이 '회사의 작은 조각을 사는 것'이었다면, 펀드는 '전문가가 내 돈으로 좋은 조각을 사는 것'을 말하죠. 비슷한 듯하면서도 조금 다른데, 그 차이는 자신이 직접 투자하는지, 아니면 **전문가**가 투자해 주는지에 따라 차이가 있죠.

예를 하나 들어볼게요. 만약 엄청나게 맛있는 요리를 만드는 요리사가 있다고 생각해 볼까요? 근데 이 요리사는 요리에 필요한 재료를 직접 구하지 않고 사람들에게 재료를 받아요. 이 요리사의 요리를 먹고 싶어 하는 사람들이 각자 재료를 준비하고 요리사에게 주면, 요리사는 맛있는 요리를 만드는 거죠. 요리사는 요리가 끝나면 가져다준 재료의 양을 따져서 요리를 다시 나눠준답니다.

이게 바로 펀드예요. 여기서 '요리 재료'는 펀드에 투자하는 사람들의 돈이고, '요리사'는 **펀드매니저**, '완성된 요리'는 펀드로 창출된 수익을 의미하죠. 이런 펀드는 보통 **부동산**이나 주식 등에서 많이 이루어진답니다. 펀드의 전체적인 구조를 요리사와 요리 이야기로 들으니 어렵지 않죠?

펀드는 내가 직접 투자하는 게 아니라 금융 전문가가 대신 투자해 주니 편하고, 더 안심될 거예요. 또 일반적으로 여러 곳에 나눠 투자하는 **분산 투자**가 많아 위험성이 낮다는 장점도 있죠. 그러나 펀드에 투자할 때는 조심해야 해요. 전문가가 투자한다고 해서 항상 이익을 보는 건 아니기 때문에 투자한 돈의 일부 또는 전부를 잃을 수도 있어요. 요리가 맛있든 맛없든 요리사에게 요리 비용(수수료)을 내야 하는 것처럼 말이에요.

문제 속 경제 용어 / 경제 개념 톡톡

펀드: 금융 전문가가 여러 사람의 돈을 모아 주식이나 부동산 같은 곳에 투자하는 것을 말해요

펀드매니저: 펀드에 모인 돈으로 가장 좋은 곳에 투자하고 잘 관리하는 금융 전문가예요.

수수료: 어떤 일을 맡아서 대신 해주는 것을 대가로 주는 돈을 의미해요.

오늘의 경제 퀴즈

펀드에 대한 설명으로 옳지 않은 것을 찾아보세요.

㉠ 펀드는 여러 사람의 돈을 모아 투자하는 금융 상품이에요.

㉡ 펀드매니저는 우리를 대신해서 투자 전문가가 되어주는 사람이에요.

㉢ 펀드는 한곳에 여러 곳에 나누어 투자하는 것보다 하나에 집중적으로 투자하는 경우가 많아 위험을 줄일 수 있어요.

㉣ 펀드에 투자할 때 손해를 보면 투자한 돈을 모두 잃을 수도 있어요.

쏙쏙 문제 해설

펀드는 혼자 하기 어려운 투자를 여러 사람의 돈을 모아 전문가에게 맡기는 방식으로, 글에 나온 '요리 재료를 모으는 것'과 같아요. 따라서 ㉠은 옳은 설명이에요. 펀드매니저는 펀드에 모인 돈을 대신 운용하고 관리하는 사람으로, 글에서 '요리사' 역할에 해당하는 금융 전문가라고 했죠? ㉡도 맞아요. 펀드의 큰 장점은 여러 곳에 나누어 투자하는 분산 투자를 통해 위험을 줄일 수 있다는 점이라고 배웠어요. 한곳에만 투자하면 그 분야가 실패했을 때 큰 손해를 볼 수 있기 때문에 펀드 매니저는 고객의 돈을 여기저기 나누어 투자하죠. ㉢은 잘못된 설명이에요. 펀드는 전문가가 투자하기는 하지만, 그렇다고 해서 항상 이익을 보는 것은 아니에요. 펀드는 원금이 보장되지 않는 경우가 많아 시장 상황에 따라 투자한 원금의 일부나 전부를 잃을 수도 있답니다. ㉣은 옳은 설명이네요.

경제 생각 키우기

Q. 용돈을 펀드에 투자한다고 가정해 볼 때, 투자하기 전에 반드시 확인해야 할 것은 무엇일까요?

Q. 만약 여러분이 펀드매니저가 된다면, 어떤 회사에 투자하고 싶나요? 그 이유를 말해볼까요?

Q. 펀드 외에 전문가에게 내 돈을 맡기는 또 다른 금융 상품이 있을까요?

Day42

스타트업은 어떤 회사일까요?

수박을 키우려면 씨를 심고 물을 주어야 하죠. 시간이 지나면 달콤한 수박을 먹을 수 있어요. '**스타트업**'은 이 과정과 비슷해요. 스타트업은 start에서 온 말로 새로운 아이디어를 바탕으로 성장하고자 하는 특별한 회사를 의미해요. 보통은 작은 규모에서 시작하지만, 목표는 전국 또는 전 세계 사람들이 쓰는 서비스나 제품을 만드는 것이에요. 지금 누구나 아는 유튜브, 디즈니도 처음에는 작은 스타트업이었답니다.

스타트업은 일반 회사와 달라요. 일반 회사는 자동차나 음료처럼 이미 안정된 상품을 판매하며 성장해요. 하지만, 스타트업은 세상에 없는 새로운 **아이디어**를 통해 성장하는 회사예요. 그 성장의 출발점은 '불편함'이에요.

스타트업에서는 누군가 불편해하는 문제를 새로운 방법으로 해결해요. 예를 들어, 배달 앱 '배달의민족'은 전화로만 주문해야 했던 불편함을 앱에서 바로 주문할 수 있도록 바꾸기 위해 만들어졌어요. 또, 당근마켓 같은 서비스가 나오기 전에는 동네에서 편하게 거래할 수 있는 중고 거래 문화가 없었지만, 새롭게 중고 거래 문화가 생겨났죠.

스타트업 중 일부는 크게 성공해 기업 가치가 1조 원 이상이 되기도 해요. 이런 회사를 **유니콘 기업**이라고 부르죠. 유니콘은 전설 속 동물처럼 드물고 특별하다는 의미를 담고 있어요. 배달의민족, 당근마켓 같은 기업은 이제 모르는 사람이 없을 정도로 크게 성장해, 대표적인 유니콘 기업이 되었어요. 결국 스타트업은 작은 씨앗 같은 아이디어를 심고 노력과 투자로 물을 주면서 세상을 바꿀 만큼 큰 열매를 맺는 과정이라고 할 수 있어요.

문제 속 경제 용어 / 경제 개념 톡톡

스타트업: 설립된 지 얼마 되지 않은 신생 벤처기업을 말해요. 주로 혁신적인 기술이나 아이디어를 바탕으로 새로운 비즈니스 모델을 구축하고 빠르게 성장하는 것을 목표로 하죠.

유니콘 기업: 창업한 지 10년 이내의 스타트업이 기업 가치가 1조 원 이상을 달성한 높은 기업 가치를 가진 신생 회사를 말해요.

기업 가치: 이 회사가 얼마짜리인지 나타내는 값을 의미해요.

오늘의 경제 퀴즈

스타트업에 대한 설명으로 옳은 것을 모두 고르세요.

① 스타트업은 세상에 없는 새로운 아이디어로 시작한다.
② 스타트업은 큰돈과 큰 건물로만 시작한다.
③ 스타트업은 작게 시작해도 꾸준한 노력으로 크게 성장할 수 있다.
④ 유니콘 기업은 기업 가치가 1조 원 이상인 특별한 스타트업이다.
⑤ 모든 스타트업은 반드시 유니콘 기업이 된다.

쏙쏙 문제 해설

스타트업은 불편함을 해결하기 위한 목적으로 세상에 없는 새로운 아이디어로 시작해요. 그래서 ①번은 맞는 설명입니다. 스타트업은 처음에 큰 돈과 건물을 가지고 시작하지 않고, 보통 작게 시작해 지원을 받으며 성장해요. 따라서 ②번은 틀린 설명이죠. 스타트업은 작은 시작이라도 꾸준한 노력으로 크게 성장할 수 있어요. 따라서, ③번도 맞는 설명이에요. 이렇게 크게 성장해, 기업 가치가 1조 원 이상이 되는 특별한 스타트업을 '유니콘 기업'이라고 합니다. 우리가 알고 있는 유튜브, 배달의민족, 디즈니, 허쉬 모두 유니콘 기업에 포함돼요. 하지만 유니콘 기업이 되는 경우는 드물기 때문에 모든 스타트업이 반드시 유니콘 기업이 되는 것은 아니에요. 따라서, ④번도 맞는 설명이고 ⑤번은 틀린 설명이에요.

경제 생각 키우기

Q. 우리 일상생활에서 어떤 불편함이 있고, 그 불편함을 어떻게 해결하면 좋을까요?

Q. 스타트업은 새로운 문화를 만들기도 해요. 여러분들은 어떤 문화를 만들어 보고 싶나요?

Q. 모든 스타트업이 유니콘 기업이 되는 것은 아닌데 스타트업이 실패하는 이유는 무엇일까요?

PART 5

어디서 돈이 오가고, 경쟁이 생길까?

(시장과 경쟁)

병원이나 미용실도 시장이라고 할 수 있을까요?

만약 여러분이 친구들과 놀러 가기 위해 유행하는 옷을 사려면 어떻게 해야 할까요? 부모님의 손을 잡고 의류 아웃렛 매장이나 백화점을 방문하거나 인터넷 의류 쇼핑몰에서 원하는 옷을 검색해서 구매하겠죠?

우리는 필요한 물건을 구매하기 위해 '**시장**'을 방문합니다. 그렇다면 시장은 어떻게 생겨났을까요? 아주 먼 옛날, 시장이 없었던 시절에는 사람들이 필요한 물건을 직접 만들어 사용했어요. 이를 '**자급자족**'이라고 하죠.

하지만 혼자서는 살아가는 데 필요한 모든 물건을 만들 수 없으니, 다른 사람과 '**물물교환**'이라는 것을 하게 돼요. 하지만 물물교환을 위해 여기저기 찾아다니는 일은 여간 번거로운 일이 아니었죠. 이런 불편을 해소하기 위해 사람들은 정해진 날짜에 정해진 장소에 모이기로 약속하고, 같은 날 함께 모여 물건을 교환했고, 이게 바로 '**시장**'의 시작입니다.

시장이 발달하면서 물건 교환에 필요한 '**화폐**'라는 교환수단도 생겨났어요. 또 시장의 규모도 커지고 종류와 형태도 다양해졌죠. 예전에는 전통시장이나 마트 등 직접 방문해야 하는 시장만 존재했는데, 최근에는 온라인 쇼핑몰, TV홈쇼핑과 같은 사이버 시장의 규모가 계속 커지는 추세예요.

시장은 사과, 옷, 책상 같은 **재화**뿐만 아니라 '**서비스**'도 교환되는데요. 서비스는 우리가 필요로 하는 사람들의 행동으로부터 발생하는 것을 말해요. 병원이나 미용실 등 우리가 돈을 내고 노동력을 제공받는 것이 서비스이고, 이를 사고파는 장소도 시장입니다. 이 외에도 주식 시장, 인력 시장, 중고 시장 등도 시장이라고 할 수 있죠.

문제 속 경제 용어 / 경제 개념 톡톡

자급자족: 자신에게 필요한 여러 가지 소비재를 스스로 얻는 활동을 말해요.

물물교환: 재화나 용역을 화폐 따위의 교환수단 없이 직접 교환하는 것을 의미해요.

사이버 시장: 인터넷과 디지털 기술을 활용하여 상품이나 서비스를 거래하는 모든 시장을 말해요.

중고 시장: 한번 사용된 제품, 즉 중고 상품을 사고파는 거래가 이루어지는 시장을 의미해요.

오늘의 경제 퀴즈

아래에서 시장에 관련된 설명 중 옳지 않은 내용을 찾아보세요.

① 시장은 재화와 서비스를 팔려는 사람과 사려는 사람이 모여 거래하는 곳입니다.

② 시장에서는 사려는 사람과 팔려는 사람이 효율적으로 거래할 수 있습니다.

③ 인터넷 쇼핑몰이나 TV홈쇼핑과 같은 사이버 거래가 이루어지는 곳들도 시장입니다.

④ 병원이나 미용실은 물건을 사고파는 장소가 아니기 때문에 시장이 아닙니다.

쏙쏙 문제 해설

시장은 재화나 서비스가 거래되는 곳으로, 시장 덕분에 우리는 필요한 물건을 쉽게 찾아서 살 수 있고, 물건을 파는 사람도 소비자들을 쉽게 만날 수 있어요. 그래서 서로에게 편리하고 효율적인 거래가 가능하답니다. 따라서 ①번과 ②번은 옳은 설명이네요.

그렇다면 인터넷 쇼핑몰이나 TV홈쇼핑과 같은 사이버 공간도 시장이라고 할 수 있을까요? 네, 이런 곳들도 물건을 팔려는 사람과 사려는 사람이 모여서 거래하는 곳이기 때문에 시장이라고 할 수 있죠. 우리가 직접 가지 않아도 거래가 이루어진다면 시장이 될 수 있으므로 ③번도 옳은 설명이겠죠?

우리가 흔히 '시장'하면 물건을 사고파는 장소만 떠올리지만, 경제학에서 시장은 재화는 물론 서비스를 사고파는 사람들이 모여 거래하는 모든 장소를 뜻해요. 병원에서는 의사 선생님의 '진료 서비스'를, 미용실에서는 미용사 선생님의 '미용 서비스'를 돈을 내고 이용하죠? 이렇게 눈에 보이는 물건이 아니더라도, 다른 사람에게 도움을 받거나 편리함을 얻는 것을 서비스라고 하는데, 이러한 서비스도 시장에서 거래되는 중요한 요소예요. 따라서 병원이나 미용실을 시장이 아니라고 하는 ④번 설명은 틀렸습니다.

경제 생각 키우기

Q. 학교 앞 문구점이나 무인 상점도 시장이라고 할 수 있을까요?

Q. 만약 시장이 사라지게 된다면 우리는 어떻게 필요한 물건을 구할 수 있을까요?

시장 가격은 누가 정해 놓았을까요?

여러분들도 평소에 **경쟁**을 해본 적 있을 거예요. 예를 들어 다른 친구들보다 급식을 빨리 먹기 위해 뛰어간다든지, 더 높은 등수를 받기 위해 열심히 공부하거나, 교내 체육대회에서 다른 팀을 이기기 위해 열심히 하는 것들 모두 '경쟁'의 사례에요.

이러한 경쟁은 물건과 서비스가 거래되는 시장에서도 일어나는데요. **경쟁 시장**이란 시장 활동에 참여하는 소비자나 기업 간에 자유롭고 공정한 경쟁이 존재하는 시장을 말해요. 쉽게 말해 소비자들은 더 좋은 물건을 더 싸게 사기 위해 여러 상품을 비교하고, 기업은 기업끼리 질 좋은 상품과 서비스를 더 싸게 만들어 이윤을 많이 남기기 위해 서로 경쟁하죠.

이러한 경쟁 시장에선 수요자와 공급자 간의 **균형**이 중요해요. 만약 A라는 제품이 있다고 해볼게요. A는 시장에서 매우 인기가 좋아 이 제품을 원하는 수요자가 아주 많다고 해봅시다. 그런데 이 A 제품을 만들 수 있는 사람, 즉 공급자가 전 세계에서 단 한 명뿐이라면 어떻게 될까요? 아마 A 제품의 가격은 공급자가 부르는 대로 아주 비싸질 거예요. 그런데 A를 만들 수 있는 사람이 하나둘 나타나기 시작한다면, 가격은 점점 균형을 찾아가겠죠.

이렇게 수요자와 공급자 간의 균형에 따라 다양한 상황이 발생하며, 시장 참여자의 수와 상품의 특성에 따라 시장의 종류도 나뉘어요. 여러 수요자와 공급자가 적절히 균형을 이루는 이상적인 시장을 **완전경쟁시장**이라고 하고, 단 하나의 공급자가 시장 전체를 지배하는 **독점 시장**, 소수의 큰 기업들이 시장을 지배하는 **과점 시장**, 그리고 여러 기업이 존재하지만 각각 차별화된 상품을 생산하는 **독점적 경쟁 시장**으로 구분한답니다.

문제 속 경제 용어 / 경제 개념 톡톡

균형: 시소 타기를 생각해 보세요. 양쪽 무게가 비슷할 때 시소가 평평하게 유지되는 것처럼, 한쪽으로 기울지 않고 안정을 이루는 상태를 말해요.

독점: '혼자서 다 가진다'라는 뜻으로, 한 사람이 독차지하는 것을 의미해요.

과점: '적은 수가 가진다'라는 뜻으로, 독점처럼 혼자는 아니지만 소수의 기업이 대부분을 차지하는 것을 의미해요.

오늘의 경제 퀴즈

경쟁 시장에 관한 설명 중 옳은 설명을 모두 골라보세요.

㉠ 시장에서는 수요자와 공급자 간의 균형이 중요하다.
㉡ 경쟁 시장에서 기업은 질 좋은 상품을 더 싸게 만들어 이윤을 많이 남기기 위해 노력한다.
㉢ 어떤 물건의 공급자가 매우 많아도 가격은 항상 비싸게 유지된다.
㉣ 경쟁을 통해 소비자들은 더 다양한 상품을 더 좋은 가격에 만날 수 있다.

쏙쏙 문제 해설

경쟁 시장에서는 제품을 구매하려는 사람들과 판매하려는 사람들 사이의 균형이 매우 중요해요. 이들이 적절한 지점에서 만나 안정적인 가격과 거래량이 형성되는 것이 가장 이상적인 시장이죠. 따라서 ㉠은 옳은 설명이에요. 기업들은 경쟁 상황에서 더 많은 고객을 유치하고 수익을 극대화하기 위해 끊임없이 노력하므로 ㉡도 맞습니다. 공급자가 많아지면 서로 경쟁하며 가격을 낮추게 되겠죠? 특정 제품을 공급하는 판매자가 늘어나면 가격은 점차 안정을 찾아 낮아지는 경향이 있으므로 ㉢은 틀린 설명입니다. 시장에서 기업들이 경쟁하게 되면 각자의 제품을 차별화하려 노력하기 때문에, 제품의 가격과 종류가 더 풍부해져 소비자들은 여러 선택지 중에서 고를 수 있게 되죠. ㉣도 올바른 설명이에요.

경제 생각 키우기

Q. '균형'이 깨진 시장에서는 어떤 문제들이 생길 수 있을까요?

Q. 우리 학교 안에서 볼 수 있는 '경쟁'의 예시를 찾아보고, 그 경쟁의 장단점을 얘기해 봅시다.

Q. '독점 시장'이나 '과점 시장'의 대표적인 예시를 우리 주변에서 찾아봅시다. 그 독점 회사가 경제에 미치는 긍정적인 영향과 부정적인 영향은 무엇일까요?

Day45

나도 만족하고, 가게도 이득보는 거래가 가능할까요?

혹시 '잉여'라는 말 들어보셨나요? '잉여인간'이나 '잉여롭다'라는 신조어는 몇 번 들어봤을 수도 있을 것 같은데요. **잉여**란, 일상생활에서 '남는 것'을 의미하는 단어로 쓰이지만, 사실은 아주 중요한 경제 용어랍니다. 오늘은 이 귀여운 단어인 잉여에 대해 배워보도록 해요.

시장에서 잉여는 소비자 잉여와 생산자 잉여로 구분합니다. 소비자 잉여란 어떤 물건을 구매하기 위해 최대로 사용할 수 있다고 생각하는 금액에서 실제 낸 금액을 빼고 남은 부분을 말해요. 우리는 평소 갖고 싶었던 물건을 생각보다 싸게 사면 뭔가 돈을 번 것만 같은 느낌을 받곤 하죠? "나는 이 장난감이 10,000원이더라도 살 생각이었는데, 실제로 7,000원에 샀으니 3,000원을 이득 본 셈이네?"라는 말에서 3,000원이 바로 소비자 잉여입니다.

생산자 잉여란 생산자가 어떤 물건을 팔아 실제로 받은 금액에서 최소한으로 받고자 했던 금액을 빼고 남은 부분을 말해요. 예를 들어 "나는 이 장난감을 적어도 5,000원은 받고 팔아야 한다고 생각했는데, 실제로 10,000원에 팔았으니 5,000원이나 이득 봤네!"라는 말에서 5,000원이 바로 생산자 잉여이죠. 이 두 잉여는 차이점이 있는데, 소비자 잉여는 '생각보다 싸게 샀다'는 만족감으로 나타나는 데 비해, 생산자 잉여는 실제 이윤이라는 금액으로 나타난다는 차이가 있어요.

그럼, 이 두 잉여를 합치면 어떻게 될까요? 소비자의 **만족감**과 생산자의 이윤이 더해진 두 잉여의 합을 **총 잉여**라고도 부르는데요. 총 잉여가 클수록 경쟁 시장이 균형적으로 돌아가고 자원이 효율적으로 배분된다는 것을 의미한답니다.

문제 속 경제 용어 / 경제 개념 톡톡

잉여: 남는 것을 뜻해요. 용돈을 쓰고 남은 돈, 밥을 먹고 남은 반찬처럼 무엇을 하고 나서 남는 것을 의미해요.

이득: 어떤 일이나 상황에서 얻는 이익이나 혜택을 뜻해요. 이득은 경제적인 이익뿐만 아니라, 어떤 행동이나 상황에서 얻는 긍정적인 결과 전체를 포괄하는 넓은 의미로도 사용되죠.

만족감: 마음으로 흡족하다고 느끼는 것을 말해요.

오늘의 경제 퀴즈

잉여에 대한 설명으로 옳지 않은 것을 찾아보세요.

① 소비자 잉여는 내가 내려고 했던 돈보다 실제 낸 돈이 적을 때 생기는 만족감이다.

② 생산자 잉여는 생산자가 받고 싶었던 최소 금액보다 물건을 팔아 실제로 받은 돈이 더 많을 때 생긴다.

③ 총 잉여는 소비자 잉여와 생산자 잉여를 합한 것으로, 시장이 얼마나 효율적으로 돌아가는지 알려준다.

④ 물건을 만드는 비용이 많이 늘어나도 생산자 잉여에는 아무런 영향을 주지 않는다.

쏙쏙 문제 해설

소비자 잉여는 소비자가 물건을 사기 위해 최대로 낼 의사가 있던 금액에서 실제로 낸 금액을 뺀 부분입니다. 이는 금전적인 이득이라기보다는 만족감의 형태로 나타나죠. 생산자 잉여는 생산자가 물건을 팔아 실제로 받은 금액에서 생산자가 최소한으로 받고자 했던 금액을 뺀 부분입니다. 이는 생산자의 실제 이윤에 해당해요. 총 잉여는 소비자 잉여와 생산자 잉여의 합으로 시장의 효율성을 나타내는 중요한 지표예요. 따라서 ①번, ②번, ③번은 모두 옳은 설명이에요. 생산 비용이 늘어나면 생산자가 최소한으로 받고자 하는 금액이 높아지므로, 판매 가격이 같다면 생산자 잉여는 감소할 거예요.

경제 생각 키우기

Q. 여러분이 가장 최근에 샀던 물건 중에 '생각보다 싸게 사서 기분이 좋았던' 경험이 있다면, 어떤 물건이었고, 그때의 소비자 잉여는 얼마였나요?

Q. 어떤 물건의 가격이 갑자기 오르거나 내리면 소비자 잉여와 생산자 잉여는 어떻게 변할까요?

Q. 시장에서 물건을 사고파는 사람들이 많아지면 총 잉여는 어떻게 될까요?

한 사람의 이익이 모두에게 피해가 될 때 어떡할까요?

시장은 경쟁 시장을 통해 한정된 자원을 필요한 곳으로 배분해요. 하지만 시장은 여러 이유로 인해 자원이 효율적으로 배분되지 못하기도 해요. 자원이 효율적으로 배분되지 못한 시장에선 소비자와 공급자 모두가 피해를 보겠죠. 우리는 이런 경우 시장이 실패했다고 말해요.

시장 실패가 발생하는 경우 한 사람의 경제 활동이 다른 사람의 이익이나 권리를 침해하게 되고, 이는 싸움으로 번지거나 심각한 사회 문제로 떠오를 수도 있죠. 예를 하나 들어볼까요? 우리 집 주변에 공장이 하나 들어섰다고 생각해 봐요. 그런데 그 공장이 물건을 만들면서 몸에 해로운 검은 연기(매연)를 매일매일 뿜어내요. 여러분을 포함한 동네 주민들은 이 연기 때문에 목이 아파 기침도 하고, 공기와 함께 집안 곳곳도 더러워지고 문제가 이만저만이 아니에요. 하지만 공장은 정당한 권리로 물건을 생산하는 거예요. 매일 매연을 뿜는 것 또한 물건을 생산하는 데 꼭 필요한 활동일 수도 있어요. 하지만 공장의 매연으로 인해 사람들이 고통을 호소하더라도 공장 주인은 동네 사람들에게 피해보상을 해주지 않을 거예요. 이런 상황이 바로 **시장 기능의 한계**로 인해 발생하는 현상으로서 시장 실패의 대표적인 예죠.

반려동물의 배설물을 치우지 않아 발생하는 불편함이나 앞에 들어선 커다란 건물로 인해 우리 집에 해가 들지 못하게 되는 경우, 여러 음식점이 함께 요금을 올리기로 약속하고 많은 이익을 취하려는 경우들도 모두 시장 실패의 사례에 해당해요. 시장 실패에는 크게 **4가지 원인**이 있는데요. 외부 효과, 공공재, 불완전경쟁시장, 그리고 정보의 비대칭성이 시장 실패가 발생하는 이유랍니다.

문제 속 경제 용어 / 경제 개념 톡톡

매연: 공장이나 자동차에서 나오는 시커먼 연기를 말해요. 이 연기는 공기를 더럽히고 우리 몸에도 좋지 않은 영향을 줄 수 있어요.

외부 효과: 나의 행동이 다른 사람들에게 좋은 영향(이득)이나 나쁜 영향(피해)을 주는데, 그에 대한 대가를 받거나 주지 않는 것을 말해요.

공공재: 정부가 공급한 재화나 서비스를 의미하며, 여러 사람이 함께 사용할 수 있어요.

오늘의 경제 퀴즈

시장 실패와 관련된 설명으로 옳은 말을 한 동물들을 모두 찾아보세요.

① 토끼: 시장 실패는 시장이 자원을 효율적으로 배분하지 못하는 현상을 말해요.

② 여우: 시장 실패가 발생하면 오직 소비자만 피해를 보고 공급자는 아무런 피해를 보지 않아요.

③ 악어: 시장 실패가 발생하는 원인이 없어 언제, 어떻게 발생할지 예측하기 어려워요.

④ 사자: 공장이 매연을 뿜어 주변 사람들이 피해를 보는 건 시장 실패의 사례라고 할 수 있어요.

쏙쏙 문제 해설

시장은 한정된 자원을 가장 필요한 곳에 나누어주는 역할을 하지만, 때로는 이 기능이 제대로 작동하지 않을 때가 있어요. 이런 경우를 바로 '시장 실패'라고 한다고 배웠죠? 토끼는 옳은 말을 하고 있어요. 시장이 실패하면 자원이 비효율적으로 배분되기 때문에 물건을 사는 사람뿐만 아니라, 물건을 만들거나 파는 사람까지 모두 피해를 볼 수 있어요. 여우는 틀렸네요. 시장 실패는 외부 효과, 공공재, 불완전경쟁시장, 정보의 비대칭성이라는 4가지 주요 원인 때문에 발생해요. 이 원인들을 알면 시장 실패가 왜 일어나는지 예측할 수 있기 때문에 악어도 옳지 않아요. 공장이 물건을 만들면서 내뿜는 매연 때문에 동네 주민들이 고통받는 것은 대표적인 '외부 효과'로 인한 시장 실패에 해당합니다.

경제 생각 키우기

Q. 공장 매연의 사례처럼 우리 주변에서 누군가의 행동이 다른 사람에게 피해를 주는데, 아무도 책임을 지지 않는 경우를 찾아볼까요?

Q. 만약 정부가 공장의 매연 문제를 해결하기 위해 '매연을 뿜을 때마다 벌금을 내도록' 법을 만든다면, 어떤 변화가 생길까요? 공장은 물건 가격을 올릴까요, 아니면 매연을 줄이는 방법을 찾을까요?

Day47

옆집에서 가꾼 정원을 보며 기분이 좋아진 적 있나요?

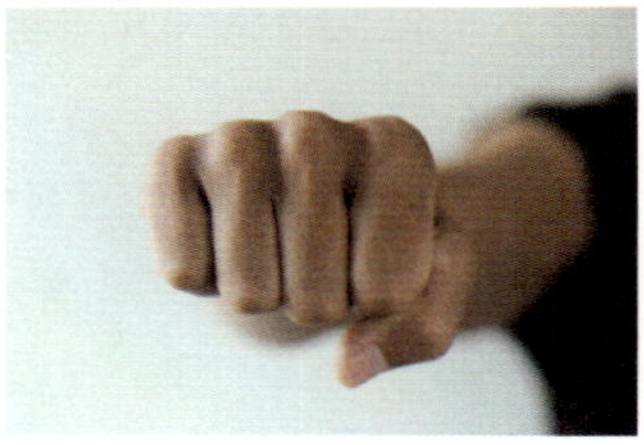

혹시 옆집에서 맛있는 갈비찜 냄새가 날 때 기분이 좋아진 적 있나요? 아니면 시끄러운 공사 소리 때문에 잠을 설친 적은요? 이처럼 돈을 받거나 주지 않고도 우리가 어떤 행동을 했을 때, 그 행동이 다른 사람들에게 영향을 주는, 마치 보이지 않는 염동력 같은 힘을 **외부 효과**라고 불러요. 외부 효과는 경제에서 아주 중요한 개념이에요. 다른 사람에게 좋은 영향을 끼치는지, 나쁜 영향을 끼치는지에 따라 긍정적 외부 효과와 부정적 외부 효과 두 가지로 나뉘죠.

긍정적 외부 효과는 나에게는 돈이 들지 않았지만, 다른 사람에게 좋은 일이 생긴 마치 **선물** 같은 경우를 말해요. 예를 들어, 어떤 집이 자신의 정원을 예쁘게 꾸몄는데, 지나가는 사람들이 그 정원을 보고 기분이 좋아지는 것과 같죠. 과학자의 새 기술 발명이나 독감 예방 주사 등도 긍정적 외부 효과예요.

반대로 **부정적** 외부 효과는 어떤 행동 때문에 다른 사람들이 **피해**를 입었지만, 그 피해에 대해 돈을 주지 않는 경우를 말해요. 예를 들어, 길에 쓰레기를 버린 사람 때문에 지나가는 사람들이 불쾌해하는 것과 같죠. 공공장소 에티켓을 어기는 경우나 층간 소음, 공장의 나쁜 매연 등도 부정적 외부 효과예요.

이런 외부 효과들 때문에 시장이 제 역할을 하지 못해 **시장 실패**가 발생하는 경우가 있어요. 긍정적 외부 효과는 너무 적게 만들어지고, 부정적 외부 효과는 너무 많이 만들어져서 시장이 균형을 잃게 되는 거죠. 이럴 때 **정부**는 시장에 **개입**해 긍정적 외부 효과를 장려하고 부정적 외부 효과를 줄이려고 노력한답니다.

문제 속 경제 용어 / 경제 개념 톡톡

발명: 전에 없던 새로운 것을 처음으로 만들어 내는 것을 말해요.

공공장소: 많은 사람이 함께 사용하는 장소를 뜻해요. 공원, 도서관, 학교 운동장, 버스 정류장, 영화관 등이 모두 공공장소죠.

에티켓: 다른 사람들과 함께 있을 때, 특히나 공공장소에서 지켜야 할 예의나 규칙을 말해요.

오늘의 경제 퀴즈

지금까지 시장 실패의 원인인 외부 효과에 대해 배웠어요. 다음 설명 중 옳은 것은 'O', 틀린 것은 '×'에 동그라미 쳐볼까요?

① 외부 효과는 항상 다른 사람들에게 나쁜 영향을 주는 힘이다. (O / ×)

② 외부 효과는 돈을 주고받는 경제 활동에서만 발생하는 현상이다. (O / ×)

③ 긍정적 외부 효과는 어떤 행동이 다른 사람에게 좋은 영향을 주지만, 그에 대한 대가를 받지 않는 것을 말한다. (O / ×)

④ 정부는 긍정적 외부 효과를 장려하고 부정적 외부 효과를 줄이기 위해 시장에 개입할 수 있다. (O / ×)

쏙쏙 문제 해설

외부 효과는 어떤 행동이 다른 사람에게 좋거나 나쁜 영향을 미칠 수 있는 '보이지 않는 힘'을 의미해요. 좋은 영향을 미치는 '긍정적 외부 효과'도 있으므로 ①번은 틀렸어요. 외부 효과는 과연 돈을 주고받는 경제 활동에서만 발생하는 현상일까요? 아니죠. 외부 효과는 대가를 주고받는 직접적인 경제 활동 없이도 어떤 사람의 행동이 다른 사람에게 영향을 미칠 때 발생하기 때문에 ②번도 옳지 않네요. 긍정적 외부 효과는 어떤 행동이 비용을 내지 않은 다른 사람에게 이로운 결과를 가져다주는 경우를 말하죠. 또 정부는 외부 효과로 인해 시장 실패가 발생하면 시장에 개입하여 적절한 균형을 유도할 수 있어요.

경제 생각 키우기

Q. 우리 주변에서 긍정적 외부 효과와 부정적 외부 효과의 실제 사례를 찾아볼까요?

Q. 우리가 다니는 학교에 긍정적 외부 효과를 늘릴 수 있는 방법은 무엇일까요?

Q. 긍정적 외부 효과를 더 많이 만들고, 부정적 외부 효과를 줄이기 위해 청소년들이 실천할 수 있는 행동에는 무엇이 있을까요?

Day48

만약 우리나라에 슈퍼가 딱 한 개라면?

경쟁이 존재하지 않는 시장에선 당연히 자원이 효율적으로 배분되지 않을 거예요. 예를 들어 만약에 우리나라에 슈퍼가 딱 하나밖에 없다면 어떤 일이 벌어질까요? 슈퍼 주인이 마음대로 해도 우리는 어쩔 수 없이 필요한 물건을 사야겠죠. 그것도 물건의 품질이 좋지 않거나 가격이 아주 비싸지더라도 말이에요. 국내에 하나밖에 없는 슈퍼 같은 사례나, 큰 회사 몇 군데가 시장을 모두 차지하는 것을 **독과점**이라고 해요. 이런 독과점은 시장의 균형을 무너뜨리고 결국 시장 실패로 이어지죠.

그렇다면 도대체 왜 시장에서 독과점이 생길까요? 여러 이유가 있는데요. 첫째, 누군가가 아무도 만들지 못하는 아주 특별한 기술을 가지고 있을 때 독과점이 생길 수 있어요. 둘째는 **나라가 허락**한 경우예요. 전기를 만드는 회사와 같이 나라에서 한 회사에 독점권을 준 경우죠. 셋째, 처음 사업을 시작할 때 너무 많은 돈이 필요해서 아무나 뛰어들 수 없을 때도 독과점이 생기곤 해요. 마지막으로 아주 큰 회사가 관련된 작은 회사들을 모두 사들이며 **흡수**(인수)했을 때 독과점이 생길 수 있어요.

독과점은 단순히 가격만의 문제가 아니에요. 독과점 시장을 지배하는 사람이나 기업은 더 이상 새로운 기술이나 제품을 개발하려는 노력을 하지 않을 테고, 자신을 위협하는 새로운 기업들이 들어오는 것도 막으려고 할 거예요. 이건 우리 사회와 경제 발전에 전혀 도움이 되지 않아요. 이렇게 되면 결국 손해를 보는 건 바로 소비자인 우리들이죠. 그래서 정부는 독과점을 하여 기업들이 공정하게 경쟁할 수 있는 시장 환경을 만들기 위해 노력한답니다.

문제 속 경제 용어 / 경제 개념 톡톡

독과점: 독점과 과점을 합친 말로, 한 시장에서 경쟁하는 기업이 없거나 소수의 기업끼리 경쟁하여 이익을 독차지하는 것을 뜻해요.

독점권: 어떤 물건이나 서비스를 혼자서만 만들거나 팔 수 있도록 나라가 권한을 준 것이에요.

인수: 큰 회사가 다른 작은 회사를 돈 주고 사는 것을 말해요.

오늘의 경제 퀴즈

독과점에 대한 설명으로 옳지 않은 것을 찾아보세요.

① 독과점 시장에서는 자원이 항상 효율적으로 배분된다.
② 독과점은 시장의 균형을 무너뜨리고 시장 실패로 이어질 수 있다.
③ 큰 회사가 작은 회사들을 모두 사들이면서 독과점이 생길 수 있다.
④ 정부는 독과점을 규제하여 기업들이 공정하게 경쟁할 수 있는 시장 환경을 만들기 위해 노력한다.

쏙쏙 문제 해설

경쟁이 없는 독과점 시장에서는 기업들이 더 나은 제품을 싸게 만들 필요성을 느끼지 못하므로, 필요한 곳에 자원이 제대로 쓰이지 않을 수 있어요. 독과점은 자원이 비효율적으로 배분될 가능성이 높으므로 ①번 설명은 틀렸습니다. 이런 독과점은 시장이 제대로 작동하지 못하게 만들고 시장의 균형을 무너뜨려 결국 소비자에게 피해를 주기 때문에 시장 실패로 이어지죠. 또 큰 회사가 경쟁자였던 작은 회사들을 인수해 버리면 그만큼 큰 회사의 시장 지배력이 강해지며 독과점이 발생해요. 정부는 독과점으로 인한 소비자 피해를 막고 시장이 제대로 작동하도록 하죠. 이에 따라 정부는 시장에 직접 개입하여 이를 규제하고 시장 실패를 막기 위해 노력해요. 따라서 ②번, ③번, ④번 설명 모두 옳아요.

경제 생각 키우기

Q. 우리 주변에서 찾아볼 수 있는 독과점 사례에는 무엇이 있을까요?

Q. 독과점에는 장점도 있을까요? 어떤 점이 장점이 될 수 있을지 토론해 봅시다.

Q. 정부가 독과점을 규제하지 않는다면 우리 생활에 어떤 변화가 생길 것 같나요?

집 앞에 붕어빵 가게가 있으면 집값이 오를까요?

여러분, '붕세권', '슬세권' 같은 말들을 들어본 적 있나요? '붕세권'은 집 근처 도보로 이용할 수 있는 거리에 붕어빵 가게가 있는 **주거 권역**을, '슬세권'은 슬리퍼를 신은 편한 차림으로 편의점 같은 편의 시설을 이용할 수 있는 주거 권역을 의미하는 신조어예요. 이 단어들은 모두 **'역세권'**에서 파생된 말이랍니다. 역세권은 무슨 뜻이기에 이렇게 파생 단어까지 생기는 걸까요?

역세권은 일반적으로 지하철역에서 도보로 이용할 수 있는 거리 내의 지역을 의미해요. 정확한 기준은 사람마다 다를 수 있지만, 일반적으로는 도보 5~10분 거리인 250~500m 내의 지역을 의미해요. 도보 5분 이내의 거리라면 '초역세권', 도보 15~20분 내외의 거리라면 '준역세권'이라고도 해요. 지하철역의 근처 지역임을 표현하기 위한 단어인 거죠. 앞에서 들었던 '붕세권', '슬세권' 같은 단어도 해당 시설의 근처 지역임을 표현하기 위한 말이에요.

역세권은 지하철역이 가까운 만큼 출퇴근, 등하교 등 이동에 편리해요. 또 지하철역은 근처를 오가는 **유동 인구**가 많기 때문에 근처에 좋은 상권이 형성되기도 해요. 집 바로 앞에 지하철역이 있으면 아침에 20분 더 잘 수 있고, 지하철역 바로 앞에 가게를 열면 손님이 많이 올 거예요. 이처럼 역세권은 편리한 점이 많아요. 그래서 많은 사람이 역세권을 선호해요. 많은 사람이 선호하는 만큼, 일반적으로 역세권에 있는 땅값이나 집값은 높은 편이에요. 수요는 많지만, 역세권은 한정돼 있기 때문이에요. 이제 역세권은 단순한 지하철역 근처의 의미를 넘어서, 사람들이 편리하게 여기고, 원하는 공간이 되고 있어요.

문제 속 경제 용어 / 경제 개념 톡톡

주거 권역: '주거'는 살고 있는 곳, '권역'은 특정 범위 내의 지역을 의미해요. 즉 주거 권역은 살고 있는 곳 근처를 말해요.

파생: 어떤 것으로부터 새로운 게 나오는 걸 의미해요.

유동 인구: 어떤 장소를 지나가는 사람들의 수를 말해요. 보통은 걸어가는 사람들을 세죠.

상권: 가게들이 모여 있는 지역을 의미해요.

오늘의 경제 퀴즈

다음 중 'O세권'이라고 부를 수 있는 것을 모두 골라보세요.

① 집 앞에 바다가 있어서, 걸어서 바다 산책을 나갈 수 있어요.
② 우리 집 바로 앞에 지하철역이 있어요.
③ 버스를 타고 20분을 가면 영화관이 있어요.
④ 집에서 5분만 걸어가면 치킨집이 있어요.

쏙쏙 문제 해설

'O세권'은 역세권에서 파생된 말로, 근처에 해당 시설이 있음을 의미하는 단어예요. ①, ②, ④번은 모두 집에서부터 걸어서 5~10분 거리에 있는 아주 가까운 시설들을 설명하고 있어요. 만약 단어를 만든다면 집이 바다 근처에 있어 쉽게 해변을 산책할 수 있는 '바세권', 지하철역이 가까워 출퇴근이 편리한 '역세권', 맛있는 치킨집이 가까이 있어 외식과 치킨 배달이 편리한 '치세권'처럼 만들 수 있어요. 하지만 ③번은 걸어서도 아니고, 버스를 타고 20분을 가야 해요. 따라서 ③번은 'O세권'이라고 부를 수 없어요. 'O세권'이라고 부를 수 있는 것을 모두 골라야 합니다.

경제 생각 키우기

Q. 여러분은 어떤 'O세권'을 원하나요?

Q. 역세권에 살면 불편한 점은 없을까요?

Q. 모든 역세권은 유동 인구가 많을까요? 유동 인구가 적은 역세권이 있을지 생각해 봅시다.

우리나라 회사인데 왜 베트남에 공장을 지을까요?

여러분, 휴대폰 가지고 있나요? 대부분의 친구들은 삼성의 갤럭시나, 애플의 아이폰을 쓸 거예요. 삼성은 우리나라 회사고, 애플은 미국의 회사죠. 그런데 우리나라 사람들도 아이폰을 쓰고, 미국 사람들도 갤럭시를 써요. 우리나라와 미국뿐 아니라 다른 나라 사람들도 아이폰과 갤럭시를 쓰죠. 어떻게 이런 일이 가능한 걸까요?

삼성과 애플처럼 한 나라에서 시작했지만, 세계 곳곳으로 퍼져 활동하는 회사를 '**다국적 기업**'이라고 해요. 다국적 기업은 세계 각지에 회사나 공장 등을 짓고, 세계적으로 생산이나 판매 활동을 수행해요. 국내 활동과 해외 활동에 차이가 거의 없는 것이 특징이에요. 앞에서 말했던 애플, 삼성뿐 아니라 현대자동차, 코카콜라 등도 다국적 기업에 속해요.

대부분 다국적 기업의 **본사**는 회사가 처음 만들어진 나라에 있는 경우가 많아요. 개발 및 연구팀도 자국이나 **선진국**에 위치해요. 하지만 본격적으로 제품을 만드는 생산 공장은 **개발도상국**에 위치하는 경우가 많아요. 공장은 넓은 땅과 많은 사람을 필요로 하는데, 개발도상국의 땅값과 현지 인건비가 비교적 낮기 때문이에요.

다국적 기업의 생산 공장이 들어온 지역은 일자리가 증가해서 경제가 활성화될 수 있어요. 지역 사회도 함께 발전할 수 있는 거예요. 또 다국적 기업의 새로운 기술을 배울 수도 있다는 장점도 있어요. 하지만, 다국적 기업의 싸고 다양한 물건들 때문에 현지의 가게들이 힘들어질 수 있어요. 또 이익의 대부분은 본사가 있는 나라로 돌아간다는 단점도 있어요. 이처럼 다국적 기업은 장단점이 있어요. 우리나라, 우리 지역에 어떤 영향을 줄지 생각해 봐야 해요.

문제 속 경제 용어 / 경제 개념 톡톡

자국: 자기 나라를 의미해요. 삼성의 자국은 우리나라, 애플의 자국은 미국이에요.

본사: 한 회사의 여러 지점 중에 가장 중요한 일을 하고 의사결정을 내리는 곳을 말해요. 분신술을 쓸 때 '본체'와 '분신'들이 있듯이 본사는 본체와 같은 거랍니다.

인건비: 사람이 회사에서 일한 대가로 받는 돈이에요.

오늘의 경제 퀴즈

다음 중, 다국적 기업에 대해 틀린 설명을 모두 고르세요.

① 우리 동네에만 있는 떡볶이 가게는 다국적 기업이에요.
② 다국적 기업의 생산 공장이 들어오면 경제가 활성화돼요.
③ 다국적 기업은 세계적으로 활동해요.
④ 다국적 기업의 본사는 개발도상국에, 공장은 선진국에 주로 위치해요.

쏙쏙 문제 해설

다국적 기업은 세계 각지에 회사나 공장을 짓고, 전 세계적으로 물건을 생산하고 판매해요. ①번의 떡볶이 가게는 우리 동네에만 있기 때문에, 다국적 기업이라고 할 수 없어요. 다국적 기업은 세계적으로 활동하는 회사이므로 ①번은 틀린 설명, ③번은 맞는 설명이에요. 일반적으로 다국적 기업의 본사와 연구 및 개발팀은 자국에, 공장은 개발도상국에 위치해요. 그 이유는 본사와 같이 중요한 곳은 뛰어난 인재들이 많고 기술이 발전했으며 안전한 나라에 두어야 하기 때문이죠. 공장과 같이 물건을 생산할 장소와 사람들이 필요한 곳은 비용을 아끼기 위해 땅값이 싸고 인건비가 저렴한 곳에 두어야 하기 때문이에요. ④번은 반대로 말하고 있어서 틀린 설명이에요. 다국적 기업의 회사가 어떤 지역에 들어오면, 그 지역은 일자리가 많아져 경제가 활성화될 수 있어요. 그래서 ②번도 맞는 설명이에요.

경제 생각 키우기

Q. 여러분이 다국적 기업의 사장님이 된다면, 어떤 물건을 팔고 싶은가요?

Q. 다국적 기업과 작은 가게가 같은 물건을 판다면 왜 사람들은 다국적 기업의 물건을 살까요?

Q. 다국적 기업이 우리나라에서 많은 돈을 벌고, 그 돈을 다 자국으로 가져간다면 어떨까요?

친구들 중에 남들이 하지 않는 일을 먼저 해본 적 있나요?

예전에는 영화를 보려면 영화관에 가거나, 비싼 돈을 내고 영화를 하나하나 구매해서 봐야 했어요. 그런데 넷플릭스가 등장하며 언제 어디서나 영화와 드라마를 볼 수 있게 됐죠. 넷플릭스의 새로운 서비스에 사람들은 열광했고, 넷플릭스는 큰 인기를 얻으며 빠른 속도로 성장했어요.

이처럼 기존에는 없었던, 완전히 새로운 길을 '**블루오션**'이라고 해요. 넷플릭스 이전에는 언제 어디서나 영화와 드라마를 볼 수 있는 스트리밍 서비스가 활성화되어 있지 않았어요. 넷플릭스는 **스트리밍 시장**이라는 블루오션을 개척한 거예요.

블루오션은 새로 개척한 시장인 만큼, 기존의 경쟁자가 아예 없거나 적어요. 즉, 모든 수요를 혼자서 독점할 수 있어요. 자연스럽게 부와 명예도 따라올 수 있죠.

하지만 블루오션을 찾기는 매우 힘들어요. 없는 시장을 창조해야 하기 때문이죠. 실제 수요로 이어지면서도 기존에 없는, 번뜩이는 아이디어가 필요해요. 블루오션을 찾았다고 해도, 실제 수익화까지는 또 다른 문제예요. 선례가 없기 때문에 직접 도전과 실패를 거듭하며 길을 찾아야 해요. 또 주목받는 블루오션은 빠른 속도로 '**레드오션**'화 돼요. 레드오션은 이미 경쟁자가 많은 시장을 의미해요. 하나의 아이디어가 주목받으면 너도나도 비슷한 아이디어를 따라하기 때문에 영원한 블루오션은 존재할 수 없어요. 초반에 시장을 휘어잡지 못했다면, 뒤따라오는 경쟁자들에게 따라잡힐 수 있어요.

블루오션은 경쟁자가 없어서 사막의 오아시스처럼 달콤해 보일 수 있어요. 하지만 쉽게만 생각하면 안 돼요. 새로운 시장을 만들고 그 자리를 지키는 일은 더 어렵기 때문이에요.

문제 속 경제 용어 / 경제 개념 톡톡

스트리밍 서비스: 다운로드 없이, 인터넷을 이용해 영화와 드라마 등 콘텐츠를 곧바로 볼 수 있는 서비스예요.

수익화: 좋은 생각이나 아이디어를 실제로 돈을 벌 수 있게 만드는 거예요.

블루오션: 판매자가 아예 없거나 적은 새로운 시장이에요.

레드오션: 판매자가 너무 많아서 서로 치열하게 경쟁하는 시장이에요.

오늘의 경제 퀴즈

다음 학생 중 옳은 말을 한 학생을 모두 찾아보세요.

㉠ 진환: 블루오션은 시간이 지나면 레드오션이 될 수도 있어.
㉡ 태현: 블루오션은 경쟁자가 아주 많은 시장을 의미해.
㉢ 재현: 넷플릭스가 처음 등장할 때 스트리밍 시장은 블루오션이었어.
㉣ 민정: 블루오션을 찾으면 돈을 벌기 쉬우니까 무조건 성공할 수 있어.

쏙쏙 문제 해설

블루오션은 경쟁자가 없거나 적은 시장이에요. 넷플릭스는 스트리밍 서비스가 활성화되어 있지 않은 시절, 스트리밍 서비스라는 블루오션을 개척했어요. 그래서 ㉡은 틀리고 ㉢은 맞습니다.

블루오션은 처음에는 경쟁자가 없어 시장을 독점할 수 있지만, 시간이 지나면서 너도나도 뛰어들어 레드오션이 될 수 있어요. ㉠은 맞습니다. 블루오션은 찾기도 어렵지만, 수익화까지의 과정이 힘들어요. 그리고 레드오션이 되면 경쟁자들에게 따라잡힐 수도 있습니다. 따라서 블루오션을 찾는다고 해도 무조건 성공할 수 있는 건 아니에요. ㉣은 틀린 말입니다.

경제 생각 키우기

Q. 블루오션을 만드는 게 왜 어려울까요?

Q. 블루오션도 레드오션이 될 수 있을까요?

Q. 블루오션과 레드오션의 차이점은 무엇인가요?

Day52

카페가 너무 많아지면 어떤 일이 생길까요?

요즘 길거리를 걷다 보면 카페를 쉽게 찾아볼 수 있어요. 브랜드 카페부터 개인 카페까지, 정말 많은 카페가 있죠. 그런데 이런 상황에서 또 새로운 카페가 생기면 어떻게 될까요? 손님이 나눠지고, 사장님들끼리의 경쟁은 더욱 치열해질 거예요. 손님이 우리 카페로 오게 만들기 위해 다양한 서비스도 만들고, 특별한 메뉴나 디저트로 다른 카페들과 **차별화**할 수도 있겠죠.

이처럼 경쟁자가 많아진 시장을 **'레드오션'**이라고 해요. 레드오션일 때는 이미 가게가 너무 많아서, 가게끼리의 경쟁이 치열해져요. 새로운 손님을 찾기도 힘들기 때문에 새로운 가게는 다른 가게의 손님을 뺏어오거나, 경쟁에서 이겨야만 해요. 그렇지 않으면 가게를 계속할 수 없어요.

예를 들어, 우리나라에 카페가 처음 들어왔다고 가정해 볼게요. 처음에는 사람들에게 생소했지만, 점점 카페를 찾는 사람들이 많아져요. 그러면 다른 사람들도 너도나도 카페를 차리게 되죠. 이렇게 공급이 늘어나면 결국 **수요**보다 **공급**이 많아집니다. 처음에는 호기심에 한 번씩 가보겠지만, 점점 커피가 입맛에 맞지 않거나 관심이 없는 사람들은 빠져나가기 때문이에요. 결국 카페들은 남아있는 손님들을 두고 경쟁을 벌입니다. 이런 상황에서는 새로운 카페가 생겨도 특별히 뛰어나지 않다면 기존 가게들에 밀릴 가능성이 클 거예요. 바로 이런 상황을 카페 시장의 레드오션이라고 할 수 있어요.

레드오션이 되면 여러 가지 문제가 생길 수 있어요. 대표적으로 경쟁이 끝날 때까지 서로 버티다가 결국 둘 중 하나가 망하는 **치킨게임**이 벌어질 수 있어요. 또 질 낮은 상품이 넘쳐나면서 시장 자체가 무너질 수도 있어요.

문제 속 경제 용어 / 경제 개념 톡톡

차별화: 비슷한 것들 사이에서 남들과 다르게 보이도록 만드는 거예요.

치킨게임: 서로 양보하지 않고 끝까지 버티다가, 결국 둘 다 크게 다치는 상황을 빗댄 표현이에요.

오늘의 경제 퀴즈

다음 중 레드오션에 해당하는 상황을 모두 골라보세요.

① 학교 앞에 떡볶이 가게가 이미 5개나 있는데, 새로운 떡볶이 가게가 생긴대요.
② 우리 반에서 아무도 안 하는 새로운 게임을 내가 처음으로 해요.
③ 사람들이 다들 팥빙수 장사를 해서, 나도 팥빙수 장사를 시작했어요.
④ 이전에 없던 새로운 로봇을 내가 발명했어요.

쏙쏙 문제 해설

블루오션은 경쟁자가 없거나 적은 시장을, 레드오션은 이미 경쟁자가 많은 시장을 말해요. ②번은 새로운 게임을 처음으로 하고, ④번은 새로운 로봇을 처음으로 발명했어요. 둘 다 이전에 없던 것을 새로 하는 것이기 때문에, 블루오션에 해당해요.

①번은 이미 떡볶이 가게가 많은 상황, ③번은 이미 팥빙수 장사가 많은 상황이에요. 이미 비슷한 가게들이 많기 때문에 레드오션에 해당해요.

경제 생각 키우기

Q. 만약 동네에 비슷한 가게가 많아졌다면, 어떤 일이 벌어질까요?

Q. 내가 레드오션에 뛰어들어야 한다면, 어떻게 해야 할까요?

Q. 레드오션을 피하려면 어떻게 해야 할까요?

단골 가게가 왜 자꾸 사라질까요?

우리가 평소에 좋아하거나 만족스러워서 자주 방문하는 가게를 단골 가게라고 하죠. 여러분은 동네에 단골 가게가 있나요? 저는 10년 가까이 단골인 동네 치킨집이 있었는데, 1년 전 문을 닫게 되어 정말 아쉽고 슬펐어요. 그런데 얼마 전 그 치킨집에서 연락이 왔는데, 조금 떨어진 곳에서 새롭게 오픈했다고 하더라고요. 사장님의 이야기를 들어봤는데, 최근 제가 사는 동네에서 개발이 많이 이루어지다 보니 상가 **임대료**가 상승해 어쩔 수 없이 더 싼 곳을 찾아 이동했다고 해요.

이처럼 한 지역의 땅 값이 올라 살고 있던 사람이나 상인이 더 싼 바깥 지역으로 이동할 수밖에 없는, '마치 쫓겨나는 것처럼 보이는' 현상을 **젠트리피케이션**이라고 해요. 이런 현상은 개발이 활발하게 진행되는 도시 지역에서 주로 발생하죠. 원하던, 원하지 않던 돈을 내지 못하면 내가 있던 곳을 떠나야 한다는 건 참 슬픈 일이에요. 젠트리피케이션은 원주민과 소상공인을 힘들게 하며 그동안 형성되었던 지역 공동체를 파괴하기도 하죠. 이는 **사회 불평등** 심화라는 사회 문제로까지 이어진답니다.

이렇게 보면 젠트리피케이션은 좋지 않은 현상처럼 보이지만 꼭 그렇지만은 않아요. 젠트리피케이션이 일어난다는 건 그만큼 그 도시가 더 살기 좋아진다는 의미예요. 부동산의 가치가 오르고 새로운 가게들이 많이 생기면 지역 경제가 활성화되고 일자리도 많이 생기겠죠.

젠트리피케이션은 지역 경제와 사람들의 삶에 아주 큰 영향을 미쳐요. 도시가 성장하고 발전하는 과정에서 나타날 수 있는 젠트리피케이션은 원주민과 소상공인의 이주 문제를 해결하기 위한 상생 협약 등 다양한 정책과 노력이 필요하답니다.

문제 속 경제 용어 / 경제 개념 톡톡

임대료: 집이나 가게를 빌려 쓰는 대신 매달 집이나 가게의 주인에게 내는 돈을 말해요.

원주민: 어떤 지역에 오래전부터 살아오던 사람들을 뜻해요.

소상공인: 작은 규모의 가게나 사업체를 운영하는 사람들을 말해요.

지역 경제: 특정 지역 안에서 사람들이 물건을 사고팔고, 일자리를 얻는 등 경제 활동이 일어나는 것을 의미해요.

오늘의 경제 퀴즈

다음 설명 중 젠트리피케이션에 대한 설명으로 옳은 것은 'O', 틀린 것은 '×'에 동그라미 쳐볼까요?

① 젠트리피케이션은 땅값이 내리면서 기존에 살던 사람들이 다른 지역으로 빠져나가는 현상을 말한다. (O / ×)

② 젠트리피케이션은 개발이 활발한 도시 지역에서 주로 나타나는 사회 현상이다. (O / ×)

③ 지역 공동체 문화는 젠트리피케이션으로 더 단단해진다. (O / ×)

④ 젠트리피케이션이 발생하면 지역 경제가 활성화되고 새로운 일자리가 생길 수 있다. (O / ×)

쏙쏙 문제 해설

젠트리피케이션은 땅값과 임대료가 '오르면서' 기존 주민과 상인들이 어쩔 수 없이 떠나게 되는 현상입니다. ①번은 반대로 말하고 있으니 ×, 틀린 설명이에요. 이런 젠트리피케이션은 개발이 활성화되어 땅값과 임대료가 오르면서 발생해요. 개발이 활발하다는 건 대부분 도시 지역이라는 이야기겠죠. 따라서 ②번은 옳은 설명이에요. 젠트리피케이션으로 오랜 시간 한 지역에서 공동체를 형성하며 살았던 사람이나 상인들이 해체되면서 지역 공동체가 파괴될 수 있어요. 공동체 문화가 더 단단해진다는 ③번 설명은 틀렸습니다. 젠트리피케이션은 원주민과 소상공인의 의도치 않은 이주, 공동체 및 고유문화 파괴, 사회 불평등 심화라는 문제점을 안고 있어요. 하지만 낙후된 시설 개선으로 주민 편의성 향상, 부동산 가치 상승, 지역 경제 활성화, 일자리 창출 등 다양한 장점도 가지고 있으므로 ④번은 맞아요.

경제 생각 키우기

Q. 젠트리피케이션 현상으로 이익과 손해를 보는 사람은 각각 누구일까요?

Q. 젠트리피케이션으로 인해 동네의 고유한 문화가 사라지는 것을 막기 위해 우리는 어떤 노력을 할 수 있을까요?

PART 6

정부는 언제 나서고, 왜 세금을 걷을까?

(정부·세금·경제정책)

Day54

돈 많이 찍어내면 우리 모두 부자가 될까요?

여러분, 용돈이나 세뱃돈을 받을 때 만 원 한 장만 받아도 기분이 참 좋죠? 지폐 한 장이라도 받으면 지갑이나 주머니 속에 넣어서 소중히 간직할 거예요.

그런데 1923년 독일에서는 아이들이 지폐로 연을 만들고, 돈다발로 탑을 쌓으며 놀았어요. 돈은 많았지만, 장난감을 살 돈이 부족할 정도로 돈의 가치가 떨어졌었거든요. 왜 이런 현상이 벌어진 걸까요?

제1차 세계대전 이후 독일은 전쟁 배상금을 지불하기 위해 돈을 무분별하게 찍어냈어요. 그 결과 독일인들은 커다란 가방에 화폐를 가득 담아 가도 빵 한 덩이를 사기 어려운 상황이 된 거랍니다. 이렇듯 물가가 지속적으로 오르는 현상을 **'인플레이션'**이라고 해요. 1921~1923년에 독일에서 빵을 사려면 돈을 수레에 담아 가야 할 정도였으니까, 빵의 가격이 정말 엄청나게 비쌌던 거죠. 이 현상은 돈의 가치가 급격하게 떨어지면서 나타난 거예요. 돈을 너무 많이 찍어내서 흔해지면, 돈의 힘, 즉 돈으로 물건을 구매할 수 있는 능력이 크게 줄어들어요. 그래서 돈을 무작정 많이 찍는 것은 큰 문제가 될 수 있답니다.

인플레이션과 함께 **'하이퍼인플레이션'**이라는 경제 용어도 있는데요. 하이퍼인플레이션은 물가가 아주 급격하게 오르는 현상으로 아주 옛날에도 있었고, 지금도 먼 나라에서 일어나고 있는 일이에요.

이처럼 돈을 많이 찍는다고 해서 경제가 좋아지는 건 아니에요. 오히려 돈을 계획 없이 많이 찍어내다가 경제가 어려워질 수 있으니, 정부는 돈의 양을 늘리는 것에 대해 정말 신중해야 해요. 사회에서 돈의 양보다 중요한 건 돈에 대한 신뢰랍니다.

문제 속 경제 용어 / 경제 개념 톡톡

인플레이션: 물가가 지속적으로 올라가는 현상이에요.

하이퍼인플레이션: 물가가 아주 급격하게 오르는 현상이에요. 같은 말로 '초인플레이션'이라는 단어가 있어요.

디플레이션: 물가가 지속적으로 내려가는 현상이에요.

스태그플레이션: 물가가 오르면서 경기 침체도 함께 오는 상황을 말해요.

오늘의 경제 퀴즈

제1차 세계대전 이후 전쟁 배상금을 내기 위해 돈을 무분별하게 찍어낸 독일은 커다란 가방에 화폐를 가득 담아 가도 빵 한 덩이를 사기 어렵게 된 상황이 생겼었다고 했죠? 이러한 현상을 설명하는 단어로 올바른 것을 모두 골라볼까요?

㉠ 하이퍼인플레이션
㉡ 초인플레이션
㉢ 디플레이션
㉣ 스태그플레이션

쏙쏙 문제 해설

㉠하이퍼인플레이션, ㉡초인플레이션이 모두 맞아요. 이 두 단어는 모두 '물가가 급격하게 오르는 현상'을 표현할 때 써요. 물가가 오르는 건 '인플레이션'이라고 불러요. 일반적으로 1년에 3% 이상 물가가 오르면 인플레이션, 1년에 200% 이상 오르면 하이퍼인플레이션이라고 해요. 초인플레이션은 하이퍼인플레이션과 같은 뜻이에요. '초'는 '매우 심한'이라는 뜻으로, 영어 단어 'Hyper'의 우리말 표현이에요.

1921~1923년 독일에서 발생한 돈을 수레에 가득 담아 가야 할 정도로 빵의 가격이 비싸졌던 현상은 돈의 가치가 급격하게 떨어지면서 나타난 거예요. 돈을 너무 많이 찍어내서 흔해지면, 돈의 힘, 즉 돈으로 물건을 구매할 수 있는 능력이 크게 줄어들어요. 그래서 돈을 무작정 많이 찍는 것은 큰 문제가 될 수 있답니다.

㉢디플레이션은 물가가 지속해서 내려가는 현상을 뜻하고, ㉣스태그플레이션은 물가가 오르면서 경기 침체도 함께 오는 상황을 뜻하므로 문제의 현상과는 관련이 없죠.

경제 생각 키우기

Q. 돈의 가치가 너무 떨어지거나, 반대로 올라가면 경제에 어떤 문제들이 생길까요?

Q. 돈(현금)의 가치가 떨어질 것에 대비하여 우리는 어떤 것들을 할 수 있을까요?

외국에서 들어오는 물건에는 왜 돈을 더 낼까요?

주변을 한번 둘러볼까요? 스마트폰, 운동화, 학용품, 편의점 간식 등 다양한 제품들이 눈에 들어올 겁니다. 그렇다면 이 제품들은 모두 한국에서 만들어졌을까요? 한국에서 만들어진 것도 있고, 외국에서 만들어진 제품도 있을 거예요.

이렇게 한국이 아닌 다른 나라에서 만들어진 제품을 우리나라에서 사용하거나 판매하고 싶다면, 우리나라로 들여와야 해요. 이걸 '**수입**'이라고 합니다. 반대로 우리나라에서 만든 제품을 다른 나라에 파는 것은 '**수출**'이라고 하고요.

그런데 해외에서 생산된 제품을 우리나라로 수입할 때, 혹은 우리나라에서 생산된 제품을 외국에서 수입할 때 내야 하는 특별한 '**세금**'이 있습니다. 바로 '**관세**'라고 부르는 친구죠. 관세는 외국에서 국내로 물건이 들어올 때 국가가 부과하는, 수입품에만 붙는 특별한 세금입니다. 우리도 고속도로를 타고 다른 지역으로 넘어갈 때 '통행료'를 내죠? 이처럼 관세는 제품이 다른 지역으로 넘어갈 때 내는 통행료 같은 개념이라고 생각하면 이해하기 쉬울 거예요.

그럼, 여기서 퀴즈입니다. 쉽지만 누구나 헷갈리는 문제인데요. 수입하는 사람, 수출하는 사람, 그리고 정부. 셋 중 과연 누가 관세를 내는 걸까요? 정답은 바로 '수입'하는 사람입니다. 최근 TV에서 트럼프 미국 대통령이 우리나라 제품에 관세를 많이 매겨서 한국의 대미 수출이 어려워졌다는 이야기 자주 들으셨을 거예요. 이 때문에 한국 회사들이 관세를 내는 것이라 착각하는 경우가 많을 텐데요. 사실 관세를 내야 하는 건 한국 제품을 수입하는 '미국 사람'이랍니다. 물론 관세로 인해 우리나라 제품이 미국에서 더 비싸지고 이에 따라 수출하는 우리나라 기업은 가격 경쟁력이 약화 되어 판매량이 줄어드는 등 간접적인 피해를 보게 되죠.

문제 속 경제 용어 / 경제 개념 톡톡

세금: 국가나 지방자치단체가 나라를 운영하는 데 필요한 돈을 마련하기 위해 개인이나 회사로부터 거두는 돈이에요.

통행료: 다리나 터널, 고속도로처럼 특별히 만들어진 길을 지날 때 내는 요금이에요.

가격 경쟁력: 비슷한 물건들 중에서 내 물건이 더 싸거나 더 좋은 품질을 가지고 있어 사람들이 내 물건을 더 많이 사고 싶어 하는 힘을 말해요.

오늘의 경제 퀴즈

다음 중 관세에 관한 설명으로 옳지 않은 말을 한 학생은 누구일까요?

① 주희: 외국에서 수입되는 상품에 대해 정부가 부과하는 세금이죠.

② 현진: 수출하는 사람이나 기업이 관세를 내야 해요.

③ 지우: 관세가 붙으면 외국 물건이 우리나라에서 더 비싸져요.

④ 윤형: 고속도로 통행료처럼 물건이 다른 나라로 넘어올 때 내는 돈과 비슷해요.

쏙쏙 문제 해설

관세는 외국에서 국내로 물건이 들어올 때 국가가 부과하는, 수입품에만 붙는 특별한 세금입니다. 주희 학생은 옳은 말을 하고 있네요. 관세는 수출하는 사람이 아니라 '수입'하는 사람이 내는 거예요. 이렇게 생각하면 좀 더 쉬워요. 우리가 해외여행을 갔다가 기념품을 사 왔다고 생각해 봅시다. 하지만 정해진 가격을 넘어서 기념품을 사면, 입국할 때 '관세'를 내야 해요. 해외에서 기념품을 '구매한' 우리가 세금을 내야 하는 것처럼 관세는 '수입'한 사람이 돈을 부담해야 하죠. 따라서 현진 학생은 반대로 말하고 있네요.

관세는 수입품에 붙는 세금이기 때문에, 관세가 부과되면 해당 수입품의 가격이 올라가게 돼요. 또 관세는 물건이 국경을 넘어올 때 내야 하는 비용이라는 점에서 통행료와 비슷하다고 볼 수 있어요. 지우 학생과 윤형 학생도 모두 옳은 말을 하고 있군요.

경제 생각 키우기

Q. 관세는 왜 필요할까요? 관세가 없다면 어떤 문제가 생길 수 있을까요?

Q. 만약 우리나라가 다른 나라에서 물건을 수입할 때 관세를 아예 받지 않는다면 어떤 일이 생길까요?

Q. 뉴스에서 '무역 전쟁'이라는 말을 들어본 적이 있나요? 관세가 '무역 전쟁'과 어떤 관련이 있는지 이야기해 볼까요?

Day56

외국 물건이 마구 들어오는 것을 왜 막을까요?

지난 시간에 **관세**에 대해 배웠어요. 그럼, 지금부터 관세가 왜 필요하고 또 얼마나 중요한지 알아보도록 해요. 만약 인건비가 저렴한 나라에서 생산된 물건이 너무 싸게 우리나라에 들어오면 어떻게 될까요? 국내에서 만들어진 똑같은 물건이 가격 경쟁력이 떨어져 더 이상 팔리지 않게 되겠죠. 그렇게 되면 우리나라 회사들이 망할 수도 있어요. 이처럼 관세는 우리나라 기업들을 보호하는 역할을 해요.

또 관세는 국가의 중요한 **수입원** 중 하나예요. 지난 2025년 6월 27일 관세청은 수입 물품에 대해 관세청이 부과하는 세금을 〈관세통계연보〉를 통해 발표하였는데요. 이에 따르면 2024년 관세청 소관 세수는 67조 원으로, 작년 한국 전체 국세 수입 336.5조 원의 약 5분의 1인 19.9%나 된다고 하니, 정말 중요한 역할을 하고 있다는 걸 알 수 있겠죠?

하지만 관세는 **동전의 양면**과 같은 부분도 있습니다. 먼저 관세 부과로 소비자의 부담이 증가한다는 건데요. 자국 기업을 보호하기 위해 값싼 외국 제품에 관세가 붙게 되면 그 제품의 가격이 오르겠죠? 결국 그 물건을 사는 소비자들은 저렴한 제품은 살 기회가 없어지게 돼요.

또 어떤 나라가 자국의 산업을 보호하기 위해 관세를 너무 높게 올리면, 다른 나라들이 "우리 물건 사지 말라는 거야?" 하면서 불만을 가질 수 있어요. 심하면 나라와 나라 사이에 무역 전쟁이 일어나기도 해요.

관세는 단순히 세금을 걷는 것을 넘어, 우리 경제를 보호하고, 국가 재정을 튼튼히 하며, 때로는 국제 관계에도 영향을 미치는 중요한 역할을 한답니다.

문제 속 경제 용어 / 경제 개념 톡톡

수입원: '수입'은 돈이나 물건 따위를 벌어들이거나 거두어들이는 일이며, '수입원'은 돈이 들어오는 곳을 의미해요. '물건을 수입하다'의 수입(輸入)과 '수입원'의 수입(收入)은 한자와 뜻이 다르답니다.

재정: 정부의 재원 조달 및 지출 활동으로, 정부의 '살림살이'라고도 해요.

오늘의 경제 퀴즈

다음 그림의 <START>에서 시작하여 관세에 대한 설명으로 옳은 것은 'O', 틀린 것은 '×'를 따라가 ㉠~㉣중 정답을 찾아보세요.

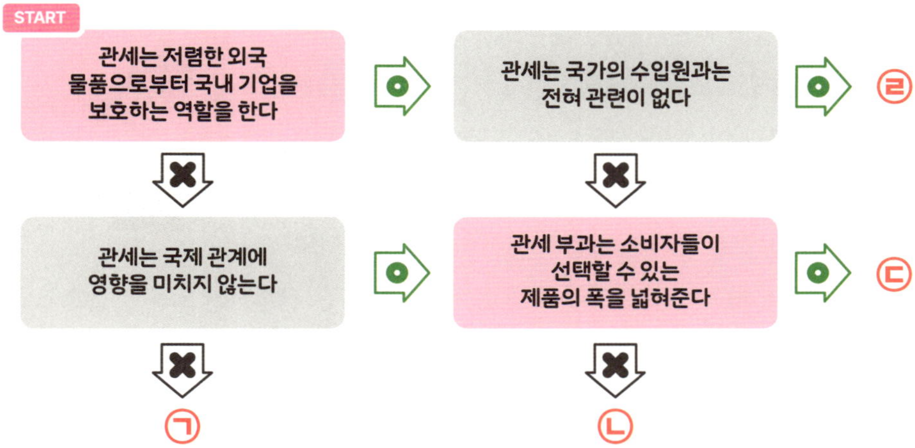

쏙쏙 문제 해설

관세는 값싼 외국 제품의 국내 유입을 제한하여 국내 기업의 가격 경쟁력을 유지하고 생존을 돕는 역할을 해요. 따라서 저렴한 외국 물품으로부터 국내 기업을 보호하는 역할을 한다는 설명은 옳기에 O가 있는 방향으로 가야겠네요. 다음으로 관세는 국가의 수입원과는 전혀 관련이 없을까요? 아니죠. 관세는 세금의 한 형태로 국가의 재정 수입에 많은 부분 기여하고 있어요. 틀린 설명이니 ×쪽으로 가야 합니다. 관세가 부과되면 소비자들이 더 저렴한 가격으로 외국 제품을 구매할 기회가 늘어날까요? 이것도 틀렸어요. 관세는 값싼 외국 제품의 가격을 인상시키는 요인으로 작용하며 동시에 특정 제품의 수입을 억제하여 소비자의 선택지를 줄일 수 있는 부정적인 효과가 있어요. 따라서 ×를 따라가면, 최종적으로 ㉡입니다.

경제 생각 키우기

Q. 관세는 어떻게 해서 국가가 돈을 벌어들이는 중요한 방법 중 하나가 되었을까요?

Q. 관세는 단순히 세금을 걷는 일 말고도 우리 경제에 어떤 중요한 역할을 할까요? 본문에서 설명하는 세 가지 중요한 역할을 말해보세요.

시장에 문제가 생기면 누가 도와줄까요?

시장 경제를 이끌어 가는 주인공은 바로 가계와 기업이에요. 이들이 자유롭게 사고팔고 경쟁하면서, 시장 가격이 자연스럽게 정해지고 자원이 효율적으로 배분되죠. 이게 바로 시장 경제의 기본 원리예요. 하지만 세상은 항상 이론이나 계획대로만 흘러가지 않기에 가계와 기업의 힘만으론 효율적이고 원활한 시장을 기대하기 어렵죠. 그래서 정부의 직접적 혹은 간접적인 도움이 필요해요.

정부의 경제적인 역할은 두 가지입니다. 첫 번째는 다양한 법과 제도를 마련해 시장 경제가 잘 돌아갈 수 있도록 돕는 것이고, 두 번째는 직접 시장에 개입하여 정책을 시행하는 역할이에요. 정부가 시장 경제를 위해 다양한 **법**과 **제도**를 마련하는 이유는 시장 참여자들이 예측 가능하고 공정한 환경에서 경제 활동을 할 수 있도록 하기 위함이에요. 예를 들어 사유재산권 보호를 위한 법이나 치안을 위한 제도 등이 여기에 포함되죠.

정부가 직접 시장에 **개입**하는 이유는 자원을 효율적으로 배분하고, 소득을 공정하게 분배하며, 경제가 안정적으로 성장하는 걸 돕기 위해서예요. 예를 들어 정부가 직접 도로를 건설하거나 불법적인 기업을 단속하는 사례는 시장이 자원을 효율적으로 배분하지 못해 정부가 직접 시장에 개입한 사례예요. 또 정부는 소득 격차를 줄이고 어려운 사람들을 돕기 위해 거두어들인 세금을 써서 저소득층에게 재분배해요. 의료보험이나 기초생활보장 제도 등이 여기에 포함돼요. 마지막으로 정부는 통화량이나 이자율 조절을 통해 국민 경제의 안정과 경제 성장에 힘쓰죠. 이처럼 정부는 시장 경제의 기반을 다지고, 한계를 보완하며, 국민 경제의 안정과 성장을 위해 노력한답니다.

문제 속 경제 용어 / 경제 개념 톡톡

치안: 범죄로부터 나라를 안전하고 지키고 편안하게 만드는 질서를 말해요.
사유 재산: 나라의 돈이 아닌 '내' 돈을 의미해요. 나와 가족이 자유롭게 사용하거나 가질 수 있는 재산을 뜻하죠.
저소득층: 돈을 버는 능력이 부족하거나 몸이 아파서 생활이 어려운 사람들을 말해요.
통화량: 우리나라 안에 돌고 있는 돈(=통화)의 전체 양을 의미해요.

오늘의 경제 퀴즈

지금까지 정부의 경제적인 역할에 대해 배웠어요. 다음 설명 중 옳은 것은 'O', 틀린 것은 '×'에 동그라미 쳐볼까요?

① 시장 경제에서는 가계와 기업만으로 모든 경제 활동이 완벽하게 이루어지므로 정부의 역할은 전혀 필요 없다. (O / ×)

② 정부가 다양한 법과 제도를 마련하는 이유는 국민들의 자유로운 경제 활동을 최대한 막기 위해서이다. (O / ×)

③ 정부는 국민들이 세금을 낸 돈으로 학교나 병원 같은 공공 시설을 짓거나, 도움이 필요한 사람들을 위한 복지 정책에 사용한다. (O / ×)

④ 정부는 통화량이나 이자율을 조절하여 물가 안정과 경제 성장에 기여하려고 노력한다. (O / ×)

쏙쏙 문제 해설

가계와 기업이 열심히 활동해도 혼자서는 해결하기 어려운 일들이 많아요. 그래서 정부의 도움이 꼭 필요하답니다. ①번 설명은 틀렸어요. 정부는 우리가 마음껏 경제 활동을 할 수 있도록 규칙을 만들고 안전하게 지켜주는 역할을 해요. ②번은 반대로 잘못 말하고 있으니 ×예요. 우리가 낸 세금은 우리 모두를 위한 소중한 돈으로, 정부가 잘 모아서 꼭 필요한 곳에 쓰고 있어요. 따라서 ③번은 O, 옳은 설명이겠죠? 또 정부는 돈의 양이나 빌려주는 이자를 조절해서 물건 값이 너무 오르지 않게 하고, 경제가 꾸준히 발전하도록 도와요. ④번도 옳은 설명이므로 O가 맞습니다.

경제 생각 키우기

Q. 공원, 도로처럼 정부가 만들고 관리하는 시설에는 어떤 것들이 있을까요? 만약 정부가 이런 시설들을 만들지 않는다면 어떤 불편함이 생길지 생각해 봅시다.

Q. 의료보험이나 기초생활보장 제도 등 소득을 공정하게 분배하기 위한 정부의 제도나 사례에는 또 어떤 것들이 있을까요?

나라의 경제를 계획하는 곳은 어디일까요?

정부가 시장 경제를 위해서 어떤 일을 얼마나 하는지 알아보려면 뭘 봐야 할까요? 바로 정부가 세금을 어떻게 모으고 사용하는지를 살펴보면 된답니다. 즉 재정 구조와 규모를 보면 정부가 어떤 목표를 가지고 어떤 분야에 힘쓰는지 알 수 있죠.

그렇다면 정부는 세금을 어디에 어떻게 사용할까요? 바로 다양한 역할을 하는 **정부 부처**에 예산을 나누어주고 세금이 적절히 사용될 수 있도록 한답니다. 정부 부처에는 교육부, 보건복지부, 국토교통부 등 여러 기관이 있어요. 그중에서도 경제를 위해 꼭 필요한 정부 부처가 있죠. 오늘은 기획재정부와 산업통상자원부를 소개할게요.

먼저 **기획재정부**는 말 그대로 재정을 기획하는 정부 부처예요. 줄여서 기재부라고 부르는데요. 기재부는 우리나라 경제의 큰 틀을 잡고, 돈의 흐름을 관리하며, 장기적인 경제 발전 계획을 세우는 곳이에요. 마치 대한민국의 경제 사령탑과 같은 기관이죠. 기재부는 '경제가 지금 너무 어렵다! 재정 지출을 늘려야 할까? 아니면 세금을 줄여서 투자를 유도해야 할까?'와 같이 **예산 편성**과 관련된 중요한 결정을 내리는 곳이랍니다.

산업통상자원부는 줄여서 산자부라고 부르는데요. 우리나라의 **산업**과 기업들을 지원하고 무역을 활성화하는 곳이죠. 산자부는 국내 기업들의 경쟁력을 높이고, 해외 시장에서 더 많은 기회를 만들며, 안정적인 에너지 공급을 통해 경제 활동을 뒷받침하는 중요한 역할을 해요. 기업들이 잘 돼야 일자리가 늘고, 국가 경제가 성장할 수 있으니까요. 무역업의 비중이 높은 한국에선 산자부가 아주 중요한 기관이겠죠?

문제 속 경제 용어 / 경제 개념 톡톡

재정 구조: 정부는 국민에게 세금을 거두고 그 돈을 교육, 국방, 복지 등 필요한 곳에 나눠서 쓰는데, 세금의 수입과 지출이 어떤 식으로 이루어지는지를 의미해요.

정부 부처: 정부가 하는 많은 일을 효율적으로 나누어 맡아 하는 기관들을 말해요.

사령탑: 군대에서 작전을 지시하는 사령관이 있는 본부를 사령탑이라고 하는데, 중요한 결정을 내리고 전체를 이끄는 가장 중요한 곳을 비유적으로 부르는 말이에요.

무역: 나라와 나라 사이에 물건이나 서비스를 사고파는 활동이에요.

오늘의 경제 퀴즈

다음 그림의 <START>에서 시작하여 정부 부처에 대한 설명으로 옳은 것은 'O', 틀린 것은 '×'를 따라가 ㉠~㉣중 정답을 찾아보세요.

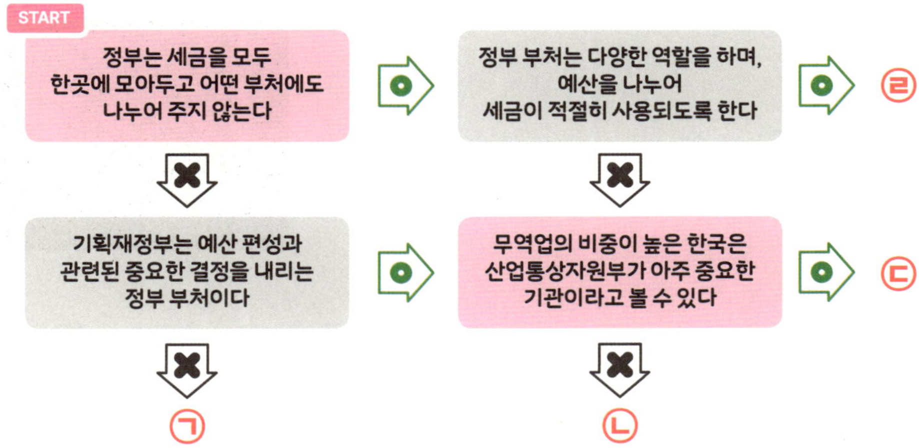

쏙쏙 문제 해설

정부는 세금을 거두어 다양한 역할을 하는 정부 부처에 예산을 배분하고 세금이 적절히 사용되도록 해요. 따라서 처음 박스는 잘못된 설명으로 × 방향으로 가야겠네요. 기획재정부의 핵심 기능은 예산 편성과 관련된 중요한 결정을 내리는 것이며 이는 국내 경제에 큰 영향을 미칩니다. 옳은 설명이므로 O를 따라가야 해요. 무역업의 비중이 높은 한국 산업경제 특성은 산업통상자원부의 역할이 매우 중요하다는 것을 의미하죠.

경제 생각 키우기

Q. 만약 우리나라에 기획재정부나 산업통상자원부가 없다면 어떤 혼란이 생길까요?

Q. 이 글에서 소개된 기관 외에, 여러분이 생각하기에 우리나라 경제 발전에 중요한 역할을 한다고 생각하는 다른 정부 부처는 어디인가요?

Day59

정부가 도와주려고 한 일이 실패할 수도 있을까요?

지금까지 시장 실패의 4가지 원인과 정부가 시장에 들어와 시장 실패를 해결하려는 노력에 대해 배웠어요. 하지만 놀랍게도 시장이 실패하는 것처럼 정부도 실패한답니다. 정부가 시장 실패를 해결하기 위해 여러 정책들을 가지고 시장에 들어왔지만, 오히려 자원 배분의 비효율을 심화시키거나 또 다른 문제를 불러일으키는 것을 **정부 실패**라고 해요.

정부 실패가 발생하는 이유는 다양한데요. 가장 큰 원인은 시장의 큰 흐름과 정보들을 빠르게 파악하기 어렵기 때문이에요. 복잡하고 유기적인 시장 경제는 조금만 건드려도 어긋날 수 있고 시장 실패를 해결하기 위한 정부의 정책이 예상치 못한 **부작용**을 낳을 수 있어요. 예를 들어 노동자를 위해 최저 임금을 크게 올리는 게 오히려 일자리 감소로 이어질 수 있죠. 정부는 조직의 특성상 정책을 실현하는 데에 복잡한 절차와 딱딱한 의사결정 과정 등으로 인해 빠르고 유연한 대응이 어려워요. 또 특정한 집단을 위한 정책을 펼치거나 정치적으로 영향력을 행사한다면 공공의 이익에 맞지 않는 방향으로 나아갈 수도 있어요.

더 나아가 정부의 보호를 믿고 위험한 행동을 하거나 본인의 책임을 다하지 않는 경우도 생겨요. '정부가 빚을 다 갚아 주겠지'라고 생각해 빚을 갚으려는 노력조차 하지 않는 등 책임감 없는 행동으로 남에게 피해를 주는 것을 **도덕적 해이**라고 해요.

이처럼 시장 실패를 해결하기 위한 정부 개입은 필요하지만, 동시에 정부 실패의 가능성도 항상 존재해요. 시장과 정부는 서로의 한계를 보완하며 상호작용해야 하며, 경제의 **효율성**과 사회의 **형평성**이라는 두 가지 목표를 달성하기 위해 끊임없이 노력해야 한답니다.

문제 속 경제 용어 / 경제 개념 톡톡

유기적: 살아있는 생물처럼 여러 부분이 서로 연결되어 영향을 주고받는다는 뜻이에요.

부작용: 뜻하지 않게 생기는 나쁜 결과나 문제점을 말해요. 예를 들어, 감기약을 먹었는데 감기는 나았지만 졸리는 것처럼 말이죠.

도덕적 해이: 자신의 이익을 위해 일부러 도덕 규칙을 지키지 않고 남에게 피해를 주는 행위를 뜻해요.

오늘의 경제 퀴즈

정부 실패의 원인으로 적절하지 않은 것을 골라보세요.

① 정부가 시장의 복잡한 정보를 완벽하고 빠르게 파악하기 어려움.

② 정부 조직의 경직된 절차와 느린 의사결정.

③ 정치적 영향력으로 인한 공공 이익보다 특정 집단 우선 정책.

④ 정부의 보호를 믿고 개인이나 기업이 책임을 다하는 행위.

⑤ 정책의 좋은 의도와 달리 발생하는 뜻밖의 부정적 결과.

쏙쏙 문제 해설

정부 실패는 정부가 시장의 비효율성을 개선하기 위해 개입했지만, 오히려 자원 배분을 왜곡하거나 새로운 문제를 발생시키는 현상을 말하죠? 시장은 너무 복잡해서 정부가 모든 걸 다 알기 어려워요. 정부는 조직이 경직되어 있어 뭔가 결정할 때 시간이 오래 걸리고, 갑자기 상황이 바뀌어도 빨리빨리 대응하기 힘들어요. 또 정부는 모두에게 공평하게 좋은 정책을 만들어야 하는데, 가끔은 어떤 사람들에게만 유리한 정책을 만들기도 해요. 그리고 정부가 좋은 마음으로 뭘 했는데, 생각지도 못하게 나쁜 일이 생길 때도 있답니다. 따라서 ①, ②, ③, ⑤번은 모두 정부 실패의 원인으로 옳아요. 하지만 ④번, 정부가 도와주니까 사람들이 자기 책임을 다하는 행동은 어때요? 이건 좋은 일이죠? 정부가 도와줘서 사람들이 더 열심히 자기 일을 하는 건 오히려 정부가 잘한 거라고 할 수 있어요.

경제 생각 키우기

Q. 정부 실패의 또 다른 원인에는 어떤 것들이 있을 수 있을까요?

Q. 우리 일상생활에서 '도덕적 해이'와 비슷한 상황을 찾아보고, 왜 그런 행동이 생기는지 이야기해 봅시다.

Q. 정부가 좋은 의도로 시작한 정책이 나쁜 결과로 이어진 사례를 더 찾아볼까요?

Day60

나라가 어려울 때, 왜 정부가 돈을 많이 써야 할까요?

우리나라가 부유해지고 삶의 질이 높아지는 것을 경제 성장이라고 했죠? 그럼, 그 반대는 무엇일까요? 우리나라가 가난해지고 삶의 질까지 나빠져 경제가 어려워지는 것을 **경기 불황**이라고 해요. 우리 가족이 수입과 지출을 기록하기 위해 가계부를 작성하듯이 정부가 세금을 걷고 돈을 쓰는 활동을 재정 정책이라고 해요. 경기가 좋지 않은 경기 불황일 때에는 정부가 나쁜 경제 상황을 해결하기 위해 재정 정책을 사용하는데요. 이걸 바로 확대 재정 정책이라고 한답니다. **확대 재정 정책**은 정부가 경제를 다시 좋게 만들기 위해서 **세금**을 걷는 것을 **줄이고** 오히려 **쓰는 것**을 **확대**하는 정책이죠.

예를 들어 부모님이 실직하셔서 우리 집이 갑자기 경제적으로 힘들어졌다고 생각해 보세요. 이때 착한 여러분들이 부모님으로부터 용돈을 평소보다 더 적게 받고(세금 감면), 용돈으로 내 장난감을 사기보다는 가족 모두가 함께 사용할 물건이나 식재료를 산다면(재정 투입 확대) 어떨까요? 부모님이 감동하고 다시 힘을 내실 수 있겠죠? 여러분은 힘들어진 가족 경제를 다시 일으키기 위해 작지만 엄청난 보탬을 한 것이죠. 이렇듯 경기 불황일 때에 정부는 확대 재정 정책을 활용해 '세금을 덜' 걷고, '돈을 더' 써서 경제가 다시 선순환하도록 돕는답니다.

확대 재정 정책은 일자리를 증가시키고, 소비를 촉진 시키며, 회사들이 힘을 낼 수 있도록 도와준다는 장점이 있어요. 하지만 지나친 확대 재정 정책은 국가 부채(빚)가 늘어나고, 또 돈이 너무 많이 풀리면 인플레이션까지 발생할 수 있답니다. 따라서 정부가 세금을 걷고 쓰는 데는 항상 신중한 분석과 결정이 필요해요.

문제 속 경제 용어 / 경제 개념 톡톡

가계부: 우리 가족이 한 달 동안 돈을 얼마나 벌었고(수입), 또 어디에 얼마나 썼는지(지출)를 꼼꼼하게 적어두는 공책이나 앱을 말해요.

선순환: 좋은 일이 계속해서 좋은 일을 만들어 내는 걸 말해요. '경제 선순환'이란 경제 분야에서 좋은 현상이 계속 반복되는 걸 말하며, 특히 시장에서 수요가 공급을 이끌어 내는 순환 구조를 의미하죠.

부채(빚): 내가 나중에 갚아야 할 빌린 돈을 말해요.

오늘의 경제 퀴즈

경기 불황과 확대 재정 정책에 대한 설명으로 옳지 않은 것을 찾아보세요.

① 경제 상황이 나쁘고 경기가 좋지 않은 것을 경기 불황이라고 한다.
② 확대 재정 정책은 정부가 세금을 더 걷고 돈을 더 적게 쓰는 정책이다.
③ 확대 재정 정책은 소비를 촉진하는 데 도움을 줄 수 있다.
④ 정부가 돈을 더 써서 경제가 다시 좋아지는 것을 선순환이라고 볼 수 있다.

쏙쏙 문제 해설

경제 활동이 전반적으로 침체되어 기업의 생산이 줄고 실업률이 높아지는 등 삶의 질이 떨어지고 경제적으로 어려운 상황이 되는 것을 경기 불황이라고 배웠어요. 이렇게 경제가 어려울 때 정부는 경제를 살리기 위해 확대 재정 정책을 사용하죠. 확대 재정 정책은 세금을 덜 걷고 돈을 더 많이 쓰는 정책으로 일자리 증가, 소비 촉진, 회사 활동 증가 등의 긍정적인 효과가 있어요. 또 정부가 돈을 적절한 곳에 더 많이 쓰면 수요가 늘고 공급을 이끌어 내는 경제 선순환을 기대할 수도 있답니다. 따라서 ①번과 ③번, ④번은 모두 옳은 설명이네요. 하지만 ②번 설명은 반대로 말하고 있기에 틀렸습니다. 세금을 더 걷는 게 아니라 '덜' 걷고, 돈을 더 적게 쓰는 것이 아니라 더 '많이' 쓰는 정책이죠.

경제 생각 키우기

Q. 경제 상황이 나쁘거나 경기 불황일 때 정부가 확대 재정 정책을 펴는 이유는 무엇일까요?

Q. 정부가 경기 불황을 해결하기 위해 또 어떤 정책과 방법을 사용할 수 있을까요?

Q. 만약 경기 불황인데도 불구하고 정부가 확대 재정 정책을 펼치지 않는다면, 우리 경제에는 어떤 문제가 발생할 수 있을까요?

은행이 돈이 없으면 누가 도와줄까요?

길거리를 돌아다니다 보면 은행을 쉽게 볼 수 있죠. 그런데 은행 중에는 특별한 은행이 있답니다. 바로 **중앙은행**인데요. 도대체 중앙은행이 뭘까요? 중앙은행은 그 이름처럼 나라 경제의 중심에서 중요한 역할을 하기 때문에 중앙은행이라고 불려요. 한국의 중앙은행은 **'한국은행'**으로 '한은'이라고도 불러요.

중앙은행은 '은행의 은행'이라는 귀여운 별명이 있어요. 일반 은행들이 경기 불황 등으로 인해 자금이 부족해지면 중앙은행이 그 은행에 돈을 빌려줘요. 이는 금융 시장을 안정시키고 IMF 같은 금융 위기를 막으려는 조치예요. 중앙은행은 금융 시장의 움직임을 항상 모니터링하고 돈의 흐름을 분석해서 필요한 경우 **자금**을 **공급**하는 역할을 합니다.

중앙은행은 국내에서 유일하게 **화폐**를 **발행**할 수 있는 '독점' 기관이에요. 우리나라의 모든 지폐와 동전은 조폐공사에서 한국은행의 관리 감독과 철저한 보안 아래 만들어지죠.

또 중앙은행은 **금리 인상**과 **인하**를 통해 시장에서 돌아다니는 돈의 양(**통화량**)을 조절하고 물가를 안정시키는 중요한 역할을 해요. 참고로 금리란 은행에서 빌리거나 빌려준 돈에 대한 대가로 받는 돈의 비율을 의미해요.

중앙은행은 가지고 있는 외환을 관리하는 역할도 해요. 우리나라의 원화 가치를 안정적으로 유지하고 환율 변동에 대응하기 위해 달러나 유로 같은 외국 통화를 보유하고 운용하죠. 중앙은행은 외환 관리를 통해 불안정한 국제 금융 시장으로부터 우리 경제를 보호해요. 이처럼 중앙은행은 우리나라 경제와 금융 시장에서 아주 중요한 역할을 하고 있답니다.

문제 속 경제 용어 / 경제 개념 톡톡

자금: '돈'이랑 같은 말이에요.

모니터링: 지켜보면서 확인하는 것을 말해요. 중앙은행이 금융 시장을 모니터링한다는 건, 돈이 얼마나 돌아다니는지, 은행들은 잘 운영되고 있는지, 혹시라도 문제가 생기지는 않을지 등을 마치 모니터를 뚫어져라 바라보듯이 계속해서 지켜본다는 뜻이죠.

위조: 가짜로 만드는 거예요. 위조지폐는 누군가 가짜로 만든 종이돈을 말하죠.

오늘의 경제 퀴즈

중앙은행에 관한 설명 중 옳은 설명을 모두 골라보세요.

㉠ 한국의 중앙은행은 '한국은행'이며 나라 경제의 중심에서 중요한 역할을 한다.
㉡ 우리나라의 모든 은행은 각자 지폐와 동전을 자유롭게 만들 수 있다.
㉢ 중앙은행은 일반 사람들이 돈을 저금하거나 대출을 받을 수 있는 곳이다.
㉣ 중앙은행은 통화량을 조절해서 물가를 안정시키는 역할을 한다.

쏙쏙 문제 해설

중앙은행은 대부분 모든 나라의 중심에서 중요한 역할을 담당하는 기관으로 한국의 중앙은행은 '한국은행'이에요. 중앙은행은 한 나라의 경제와 금융 시장을 안정시키는 역할을 하죠. 따라서 ㉠은 옳은 설명이에요. 한국에서 화폐를 발행할 수 있는 기관은 중앙은행인 한국은행뿐이에요. 우리나라의 지폐와 동전은 한국은행의 관리 감독하에, 조폐공사에서 만들어지며 다른 곳에서는 절대로 만들어져서는 안 됩니다. 만약 다양한 기관에서 모두 자유롭게 지폐를 만들 수 있다면 화폐 경제가 혼란해지고 위조 등 사기 사건도 자주 일어날 거예요. ㉡은 틀린 설명이네요. 중앙은행은 일반적인 은행 업무를 하는 기관이 아니기에 일반 사람들에게 예금, 적금, 대출 등의 서비스를 제공하지 않아요. ㉢도 틀렸어요. 중앙은행은 화폐 발행과 시장에 돌아다니는 돈의 양, 즉 통화량을 조절해 물가를 안정시킨다고 했죠? ㉣은 옳은 설명이에요.

경제 생각 키우기

Q. 만약 중앙은행이 없다면 우리 경제에는 어떤 문제점들이 생길까요?

Q. 중앙은행이 화폐를 '독점'해서 발행하는 이유는 무엇일까요? 만약 여러 곳에서 마음대로 돈을 만들 수 있다면 어떤 문제가 발생할지 생각해 봅시다.

Q. 중앙은행이 물가를 안정시키기 위해 어떤 노력을 하는지 기사를 찾아볼까요?

금리가 오르면, 우리는 물건을 더 많이 사게 될까요?

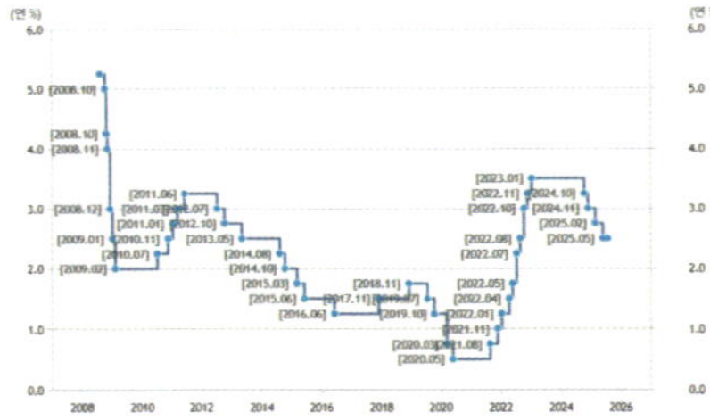

중앙은행은 시장에서 돌아다니는 돈의 양인 **통화량**을 조절하여 국내 경제와 물가를 안정시키는 역할을 한다고 배웠죠? 그렇다면 이 통화량은 어떻게 조절할 수 있을까요? 그저 돈을 많이 만들어 내면 통화량이 늘어나고, 적게 만들어 내면 통화량이 줄어들까요? 물론 틀린 말은 아니지만 돈을 찍어내는 것보다 더 중요하고 확실한 방법이 있답니다. 지금부터 이 비밀스러운 방법에 대해 함께 알아보도록 해요.

한국의 중앙은행인 '한국은행'은 1년에 8번 중요한 결정을 내리는데요. 바로 **기준금리**를 정하는 일이에요. 기준금리는 은행들이 돈을 빌리고 빌려줄 때 기준이 되는 **이자율**을 말해요. 이 기준금리가 바로 시중에 돌아다니는 돈의 양을 조절하는 비밀스러운 방법이랍니다.

기준금리를 내리면 은행들은 서로 돈을 빌릴 때 내는 이자가 줄어들어요. 그렇게 되면 사람들이 은행에 돈을 빌릴 때도 (대출)이자도 낮출 수 있게 됩니다. 그렇게 되면 사람들은 은행에서 돈을 더 많이 빌리려 할 거고, 통화량이 늘어나게 된답니다. 사람들이 돈을 더 많이 쓰고 회사도 투자를 늘리면서 경제가 활발해지죠.

반대로 기준금리를 올리면 은행들은 서로에게 돈을 빌릴 때 이자를 더 많이 내야 해요. 당연히 사람들의 대출 이자도 함께 오르겠죠. 대출 이자가 비싸지면 사람들은 돈을 덜 빌리려고 할 거고, 통화량이 감소하게 됩니다. 이렇게 되면 물가를 안정시킬 수 있어요.

이처럼 중앙은행은 은행 간의 대출 이자율인 기준금리를 결정해서 통화량을 조절해요. 기준금리를 **내리면** 통화량이 늘어 **경제가 활성화**되고, 기준금리를 **올리면** 통화량이 줄어 **물가가 안정**된다는 것만은 꼭 기억하자고요.

문제 속 경제 용어 / 경제 개념 톡톡

기준금리: 한국은행에서 정하는 금리로, 은행이 돈을 빌리거나 사람들에게 돈을 빌려줄 때 기준이 되는 이자율을 말해요.

대출 이자: 돈을 빌려 쓴 대가로 빌려준 사람(주로 은행)에게 돌려줄 때 추가로 내는 돈을 뜻해요. 예를 들어 10,000원을 빌렸을 때 이자율이 2%(200원)면, 나중에 돈을 갚을 때 10,200원을 내야 한답니다.

오늘의 경제 퀴즈

지금까지 기준금리에 대해 배웠어요. 다음 설명 중 옳은 것은 'O', 틀린 것은 '×'에 동그라미 쳐볼까요?

① 중앙은행은 돈을 많이 찍어내는 방법으로만 통화량을 조절한다. (O / ×)

② 한국은행은 1년에 한 번만 기준금리를 결정한다. (O / ×)

③ 기준금리가 올라가면 사람들이 은행에서 돈을 더 많이 빌리려고 한다. (O / ×)

④ 통화량이 줄어들면 물건 값이 너무 오르는 것을 막아 물가를 안정시키는 데 도움이 된다. (O / ×)

쏙쏙 문제 해설

중앙은행은 돈을 직접 찍어내는 것 외에도 기준금리를 조절하는 등 다양한 방법으로 통화량을 조절해요. ①번은 틀린 설명이니 ×예요. 한국은행은 1년에 무려 8번이나 모여서 기준금리를 어떻게 할지 회의하고 결정한답니다. 경제 상황이 계속 바뀌기 때문에 자주 모여서 가장 적절한 기준금리를 정하는 거죠. ②번도 ×, 틀렸어요. 기준금리가 올라가면 은행에서 돈을 빌릴 때 내야 하는 대출 이자도 함께 비싸져요. 이자가 비싸지면 사람들은 돈을 빌리는 걸 망설이거나 줄이게 되므로 ③번 설명도 옳지 않네요. 통화량이 너무 많아지면 물건을 사려는 사람이 많아져 물건 값이 오르기 쉬워요. 반대로 통화량을 줄이면 물건에 대한 사람들의 수요가 줄어 물건값이 안정되는 데 도움이 된답니다. ④번은 O, 옳아요.

경제 생각 키우기

Q. 기준금리가 오르면 왜 사람들이 돈을 덜 빌리려고 할까요?

Q. 만약 우리나라의 물가가 너무 빠르게 오르면, 한국은행은 기준금리를 어떻게 조절할까요?

Q. 통화량이 너무 많아지거나 적어지면 어떤 문제가 발생할 수 있을까요?

나라에 돈이 없을 때, 누구 도움을 받을까요?

금융은 돈을 빌려주거나 빌리는 돈의 흐름을 말한다고 했죠? 그렇다면 '금융을 일으킨다'라는 말 들어보셨나요? 금융을 일으키는 것은 돈을 주고받는 금융 활동을 활발하게 만들거나 어떤 목적을 위해 자금을 모으는 것을 말해요. 또는 재정적인 어려움을 겪고 있는 상황에서 경제적 안정을 되찾는 것을 비유적으로 표현할 때도 사용한답니다. 오늘은 재정적인 어려움을 겪는 금융 위기에 대해 알아보고, 금융 위기일 때 금융을 일으키는 방법에 대해서도 살펴볼게요.

금융 위기란 말 그대로 금융이 어려워진 위기 상황을 말해요. 금융 위기는 은행과 같은 금융 기관들이 돈이 부족해지거나, 주식이나 집의 가격이 엄청나게 떨어지거나, 나라의 빚이 눈덩이만큼 불어났을 때 생길 수 있어요. 금융 위기가 발생하면 금융 시장이 마비되고, 자산의 가치가 폭락해 많은 회사가 문을 닫을 수 있죠. 그만큼 금융 위기는 우리 삶에 큰 영향을 미칠 수 있을 만큼 무섭고 위험한 거예요.

금융 위기는 역사적으로도 여러 번 일어났고 저마다 조금씩 다른 이유로 시작되었어요. 대표적으로 1929년 미국 주식 시장 폭락으로 발생한 '**대공황**'과 1997년 아시아와 한국의 '**IMF 외환위기**', 2008년 미국 부동산 시장 폭락으로 발생한 '**국제 금융 위기**'가 있답니다.

금융 위기가 오면 정부와 중앙은행은 힘을 합쳐 위기를 극복하고 다시 '금융을 일으키기' 위해 노력해요. 중앙은행은 이자율(금리)을 낮추고 은행에 돈을 빌려주기 위해 최선을 다해요. 또 정부는 확대 재정 정책으로 경제 활동이 활발해지도록 노력하죠. 또 국제 협력을 통해 다른 나라나 경제 기구에 도움을 받기도 한답니다.

문제 속 경제 용어 / 경제 개념 톡톡

주식: 주식회사에서 자금을 조달할 목적으로 발행하는 증서로, 회사의 일부를 가지고 있다는 증명서 같은 거예요.

대공황: 1929년 미국에서 주가 폭락과 통화 정책 실패 등으로 발생한 금융 위기로, 미국의 많은 기업이 문을 닫고 경제가 침체했던 사건이에요. 이 대공황 때문에 다른 대부분의 나라에서도 함께 경기 침체가 발생한 만큼 아주 큰 사건이었어요.

오늘의 경제 퀴즈

지금까지 금융 위기에 대해 배웠어요. 다음 설명 중 옳은 것은 'O', 틀린 것은 '×'에 동그라미 쳐볼까요?

① 나라의 빚이 눈덩이처럼 불어나는 것은 금융 위기의 원인이 될 수 있다. (O / ×)

② 금융 위기 때 정부는 세금을 크게 올려서 위기를 해결하려고 한다. (O / ×)

③ 금융 위기 때 중앙은행은 이자율(금리)을 낮춰서 경제 활동을 활발하게 하려고 노력한다. (O / ×)

④ 금융 위기 때는 다른 나라나 국제 기구의 도움 없이 각 나라가 혼자서 해결해야 한다. (O / ×)

쏙쏙 문제 해설

나라의 빚이 너무 많아지면 나라의 경제 상황이 불안정해져 금융 위기로 이어지는 원인이 됩니다. 이렇게 되면 외국인 투자자들이 돈을 회수하는 등 금융 시스템에 큰 부담을 줄 수 있죠. ①번은 옳은 설명이에요. 금융 위기 때는 오히려 경제 활동을 살리기 위해 정부가 세금을 낮추고 재정을 풀어요. 이렇게 되면 사람들이나 기업이 돈을 더 많이 쓰거나 투자를 하는 경우가 늘어나 경제가 살아날 수 있어요. 따라서 ②번은 틀렸어요. 중앙은행은 이자율을 낮춤으로써 기업들이 돈을 빌려 투자를 늘리고, 사람들이 소비를 늘리도록 유도하죠. ③번은 정확한 설명이에요. 금융 위기는 1929년 미국의 '대공황'과 같이 한 나라에만 머무르지 않고 다른 나라로 빠르게 퍼질 수 있습니다. 그래서 여러 나라와 국제 기구들이 힘을 합쳐 정보를 공유하는 등 국제적인 협력을 통해 위기를 극복하려고 노력하죠. 절대 각 나라가 혼자서 해결해야 하는 문제가 아니에요. 따라서 ④번은 틀렸어요.

경제 생각 키우기

Q. 금융 위기 시 중앙은행이 이자율(금리)을 낮추는 이유는 무엇일까요?

Q. 금융 위기가 발생했을 때 여러분과 여러분의 가족은 어떤 어려움을 겪을 수 있을까요?

PART 7

세상은 어떻게 하나의 시장이 되었을까?

(무역·세계화)

나라들끼리 공평하게 거래하려면 무엇이 필요할까요?

세계에는 OECD, WTO, 세계은행, IMF 등 다양한 경제 단체가 있어요. 혹시 이 중에 들어본 이름이 있나요? 이러한 단체들은 **경제 기구**라고 부르며 여러 나라들이 힘을 모아 경제 지식을 공유하고 경제를 성장시키기 위해 만들었어요. 또 경제 기구는 각 나라들의 경제를 안정화하고 세계 전체 경제를 나쁜 현상으로부터 보호하는 역할도 하죠. 그럼 지금부터 세계의 대표 경제 기구들에 대해 살펴보도록 할까요?

가장 먼저 살펴볼 경제 기구는 바로 **경제협력개발기구**(OECD)입니다. OECD는 회원국의 경제 성장과 안정을 위해 1961년 9월 30일 처음 만들어진 경제 기구인데요. 2025년 현재 회원국은 총 38개국으로, 우리 한국은 1996년에 29번째로 가입했답니다. 뉴스나 자료들을 보면 "OECD 회원국 중 몇 등"이라는 말이 자주 나올 거예요. 그만큼 다양한 분야에서 회원국들을 대상으로 하는 조사와 분석이 이루어지고, 아주 중요한 경제 지표로 사용돼요. OECD 회원국 간의 다양한 지표를 비교하며 한국의 위치를 알 수 있는 자료들이 많이 나오니, 여러분들도 한번 잘 찾아보세요.

다음은 **세계무역기구**(WTO)예요. WTO는 말 그대로 '무역'과 관련된 단체예요. 여러 나라들끼리 무역할 때 법적인 문제나 싸움이 발생할 수 있는데요. WTO는 무역 과정에서 발생하는 다양한 문제를 **협상**으로 해결하고 공정한 자유 무역 시장을 만들기 위해 1995년 1월 1일에 만들어졌어요. 2025년 회원국은 총 164개국으로 한국은 첫 출범과 동시에 회원국이 되었어요. 최근 가장 큰 이슈인 '관세 전쟁' 또한 WTO에서 조정하고 협상하는 일을 한답니다.

문제 속 경제 용어 / 경제 개념 톡톡

회원국: 국제기구 등 세계적인 규모의 단체에 가입된 나라들을 말해요.

선진국: 경제적으로 많이 발전해 다른 나라들보다 앞서며 모범이 되는 나라를 뜻해요.

협상: 둘 이상의 개인이나 나라가 대화를 통해 규제와 협력을 결정하는 것을 의미해요.

출범: 어떤 단체가 새롭게 만들어져 일을 시작하는 것을 말해요.

오늘의 경제 퀴즈

다음 내용을 읽고, 지금까지 배운 내용을 참고하여 빈칸에 들어갈 알맞은 말을 채워 보세요.

(①)는 경제를 성장시키고 안정화하기 위해 만든 경제 단체를 말해요. (②)는 회원국의 경제 성장과 안정을 위해 만들어졌으며, 경제, 사회 등 다양한 분야를 조사하고 분석해요. 회원국들의 경제 수준과 사회 현상들을 비교하기 위해 등수를 매기기도 하죠. 세계무역기구(WTO)는 무역 과정에서 발생하는 법적인 문제나 논쟁을 해결하고 공정한 자유 무역 시장을 위해 만들어진 기구예요. WTO는 대화를 통한 (③)이라는 과정을 통해 문제를 해결한다는 특징을 가지고 있어요.

① (　　　　　)　② (　　　　　)　③ (　　　　　)

쏙쏙 문제 해설

여러 나라가 함께 경제 지식을 공유하고 성장하며 경제를 안정화하는 단체를 경제 기구라고 해요. 따라서 ①번에 들어갈 단어는 '경제 기구'예요. 경제협력개발기구(OECD)는 회원국들의 경제 성장과 안정을 돕고 다양한 분야를 조사, 분석하여 비교하는 역할을 하죠. ②번의 정답은 '경제협력개발기구' 또는 'OECD'입니다. 세계무역기구(WTO)는 나라들 간의 무역 분쟁을 협상이라는 대화의 과정을 통해 평화롭게 해결하는 것을 목표로 해요. 따라서 ③번 빈칸에는 '협상'이 들어가야겠네요.

경제 생각 키우기

Q. OECD와 WTO의 회원국에는 또 어떤 나라들이 있는지 찾아봅시다.

Q. 우리나라가 OECD와 WTO 같은 경제 기구에 가입함으로써 어떤 장점이 있을까요?

Q. 만약 경제 기구들이 사라진다면 국제 경제 질서에 어떤 변화가 생기고 또 어떤 문제점이 발생할 수 있을까요?

다른 나라가 갑자기 우리가 만든 물건을 안 산다면?

전 세계를 사로잡은 K-POP, 뛰어난 기술력, 다양하고 맛있는 음식, 그리고 아름다운 도시까지. 우리나라는 문화와 기술 등 여러 분야에서 세계 최고 수준을 자랑해요. 그렇다면 이런 멋진 한국이 도대체 어떤 방법으로 이렇게 돈을 잘 벌고 세계적으로 성공하게 되었을까요? 정답은 바로 '**무역**'입니다. 무역은 재화나 서비스를 다른 나라에 팔거나(**수출**) 다른 나라에서 사 오는(**수입**) 모든 활동을 말해요. 그러니까 한국은 수출과 수입이 아주 많이, 그리고 잘 이루어지는 나라인 거예요.

물론 무역은 어느 나라에서든지 꼭 필요한 경제 활동이기에 모두 무역할 수밖에 없어요. 하지만 한국은 그 이상이에요. 한국은행의 '국민계정' 자료를 보면, 2024년 한국의 GDP 대비 수출입 비율은 무려 90.9%로 거의 100%에 가까울 정도니까요. 이렇게 한 나라의 경제가 수출과 수입에 얼마나 의존하는지를 보여주는 것이 바로 **무역의존도**입니다.

무역의존도가 높은 것에는 좋은 점과 나쁜 점이 모두 있어요. 먼저 좋은 점은 경제가 빨리 **성장**할 수 있다는 거예요. 무역의존도가 높으면 다른 나라에 물건을 많이 팔고 우리 기업들이 더 많은 돈을 번다는 의미예요. 이는 곧 일자리를 늘려 우리 경제를 튼튼하게 만들죠. 하지만 반대로 나쁜 점도 있어요. 바로 **불안정**성입니다. 만약 세계 경제가 어려워지거나 다른 나라들이 우리 물건을 잘 사주지 않게 되면, 우리나라는 곧바로 큰 타격을 입게 돼요. 이처럼 무역의존도는 세계와 더 밀접하게 **연결**되어 있음을 의미하며 이러한 연결이 때로는 큰 기회가 되기도 하지만 때로는 어려움으로 다가올 수도 있다는 걸 기억해야 해요.

문제 속 경제 용어 / 경제 개념 톡톡

기술력: 일을 하거나 물건을 만들 때 필요한 특별한 기술이나 능력을 의미해요.

무역의존도: 우리나라가 얼마나 다른 나라와의 무역에 기대어 살아가고 있는지를 숫자로 보여주는 거예요. 무역의존도는 국내총생산(GDP) 대비 수출액과 수입액을 합한 비율을 계산해서 수치로 나타내요.

오늘의 경제 퀴즈

무역과 무역의존도에 관한 설명 중 옳은 설명을 모두 골라보세요.

㉠ 한국은 수출과 수입이 활발하게 이루어져 경제 성장에 무역이 큰 역할을 하고 있다.

㉡ 무역의존도는 한 나라의 경제가 수출과 수입에 얼마나 많이 의존하고 있는지를 보여주는 비율이다.

㉢ 무역의존도가 높을수록 한 나라의 경제는 항상 안정적이고 위기에도 강하다.

㉣ 무역의존도가 높다는 것은 그 나라 경제가 세계 경제와 더 가깝게 연결되어 있다는 의미이다.

쏙쏙 문제 해설

한국은 수출과 수입이 아주 많이, 그리고 잘 이루어지는 나라이며, 이를 통해 경제적 성공을 거두었어요. 무역의존도는 한 나라의 경제가 수출과 수입에 얼마나 의존하는지를 보여주는 지표로 우리나라는 GDP 대비 수출입 비중이 90.9%로 무역의존도가 매우 높은 나라죠. ㉠과 ㉡은 옳은 설명이에요. 무역의존도가 높으면 경제가 빨리 성장할 수 있다는 좋은 점이 있지만, 세계 경제 상황에 따라 '불안정성'이 커질 수 있다는 단점도 있어요. 무역의존도가 높을수록 경제가 안정적이고 위기에 강하다는 ㉢의 설명은 틀렸어요. 무역의존도는 한 나라가 세계와 더 밀접하게 연결되어 있음을 의미하며 무역의존도가 높은 한국은 세계의 많은 나라들과 무역으로 끈끈하게 연결되어 있답니다. ㉣도 맞아요.

경제 생각 키우기

Q. 한국처럼 '기술력'이 뛰어나다는 것이 '무역'에서 어떤 경쟁력이 될 수 있을까요?

Q. K-pop, 드라마, 영화 등 한국의 '문화 콘텐츠'가 세계적으로 인기를 얻는 것도 '무역'이라고 할 수 있을까요?

Q. 뉴스나 신문에서 '세계 경제 위기', '무역 분쟁' 등의 기사를 찾아보고, 이러한 상황이 한국의 '무역의존도'와 어떻게 연결될 수 있을지 이야기해 볼까요?

Day66

나라간에도 자유롭게 사고 팔면 뭐가 좋을까요?

학교에서 친구들끼리 간식을 바꿔 먹을 때, "이 과자는 너희 반 과자니까 세금 100원 내야 해!" 이런 규칙이 있다면 어떨까요? 황당하고 재미없겠죠? 이런 규칙이 있다면 '그냥 과자를 안 바꿔 먹고 말지'라는 생각이 들 수도 있어요. 사실 나라들 사이에서도 이런 '세금'이나 '규칙' 때문에 물건을 사고파는 일이 어려워질 때가 있죠.

마치 친구들끼리 간식을 자유롭게 나누듯, 나라들끼리도 물건을 자유롭게 사고팔자고 **약속**하는데, 이게 바로 **자유 무역**입니다. 자유 무역은 나라와 나라가 장벽 없이 재화와 서비스를 주고받기로 한 '자유로운 무역'을 말해요. 이는 나라들 사이에 '**자유 무역 협정**(FTA)'을 맺어 이루어지죠.

자유 무역은 좋은 점이 아주 많은데요. 먼저 규제로부터 자유로운 무역을 통해 수출과 수입이 더 활발해지고, 나라의 경제가 더 빨리 성장할 수 있어요. 게다가 더 싸고 질 좋은 물건을 많이 만날 수 있게 되어 소비자들은 선택의 폭이 넓어지게 되죠. 무역은 단순히 물건만 사고파는 게 아닌 '**협력**'의 과정이기도 해요. 친구들끼리 같이 놀면서 더 친해지듯이, 나라들도 무역을 통해 더 가까워지죠. 자유 무역은 서로 물건을 주고받는 과정에서 자연스럽게 서로를 더 이해할 수 있도록 도와준다는 장점도 있답니다.

하지만 아쉬운 점이나 걱정되는 부분들도 있어요. 경쟁에서 밀리는 기업이 힘들어질 수 있으며, 부자인 나라는 더 부자가 되고, 가난한 나라는 계속 가난해지는 문제가 생길 수 있어요. '보호 무역'을 통해 일정 부분 관세를 매겨 해결하려 하지만, 이는 오히려 세계적 불황을 일으킬 수도 있어 항상 신중해야 한답니다.

문제 속 경제 용어 / 경제 개념 톡톡

규제: 어떤 것을 법이나 규정으로 막아서 하지 못하도록 하는 것을 말해요.

자유 무역 협정: FTA라고도 부르며, 무역자유화를 위해 관세를 포함한 다양한 무역 제한을 없애는 것을 의미해요.

보호 무역: 정부가 우리나라의 산업을 보호하기 위해 외국과의 무역에 개입하는 것을 뜻해요.

오늘의 경제 퀴즈

자유 무역에 대한 지호 학생과 부모님의 대화입니다. 공부한 내용들을 토대로 빈칸에 들어갈 알맞은 단어를 써넣어 볼까요?

지호: 엄마, 오늘 학교에서 '자유 무역'에 대해 배웠는데, 우리가 왜 외국 과자나 옷을 싸게 살 수 있는지 알 것 같아요!

엄마: 오, 그렇구나. 나라들 사이에 체결한 (㉠   ) 덕분에 전 세계가 좋은 물건들을 서로 자유롭게 사고팔 수 있게 된 거지.

지호: 네, 맞아요. 자유 무역은 나라들 사이의 (㉡   )을 강화해 더 끈끈한 사이를 만들어 준다고도 했어요. 그런데 또 너무 자유로우면 우리나라 기업들이 힘들어질 수도 있다던데요?

아빠: 맞아, 그래서 나라마다 우리 기업을 (㉢   )으로 지키려 하기도 하지만, 너무 심하면 오히려 세계 경제에 안 좋을 수도 있단다. 참 어려운 문제지?

㉠ (   )   ㉡ (   )   ㉢ (   )

쏙쏙 문제 해설

엄마가 말한 ㉠은 나라들 사이에 세금이나 제한 없이 자유로운 무역을 약속하는 '자유 무역 협정(FTA)'이에요. 지호가 말한 것처럼 자유 무역은 단순히 물건을 주고받는 것을 넘어 나라들 사이의 협력 관계를 깊게 만들고 서로를 더 이해하도록 돕죠. 따라서 ㉡에는 '협력'이 들어가야 해요. 아빠가 말한 ㉢은 자유 무역으로 어려움을 겪는 국내 산업을 지키기 위한 정부의 정책인 '보호 무역'을 말해요. 하지만 이는 전 세계적으로 무역을 위축시켜 오히려 모두에게 좋지 않은 결과를 가져올 수도 있어요.

경제 생각 키우기

Q. 우리나라와 자유 무역 협정을 맺은 나라들에는 어떤 나라들이 있는지 찾아볼까요?

Q. 자유 무역 협정을 맺지 않은 나라의 물건과 맺은 나라의 물건 중, 어떤 것이 더 비쌀까요? 그 이유는 무엇일까요?

Day67

용돈 기입장처럼 나라도 돈 관리가 필요할까요?

용돈 기입장을 작성해 본 적 있으신가요? 용돈 기입장은 통장과 그 모양과 용도가 비슷한데요. 용돈 기입장에는 용돈이 들어오거나(수입) 사용한(지출) 날짜와 금액을 번갈아 적어요. 그리고 맨 아래에는 용돈이 얼마 남았는지도 써넣어야 하죠. 그런데 우리나라도 용돈 기입장과 비슷한 걸 작성한답니다. 그걸 바로 **국제 수지**라고 불러요. 우리나라가 다른 나라에서 벌어들인 수입과 다른 나라에 돈을 쓴 지출의 결과를 말하죠.

국제 수지를 구성하는 건 두 가지예요. 하나는 '경상 수지'고 다른 하나는 '금융 계정'이에요. 말이 너무 어렵죠? 쉽게 말해 **경상 수지**는 우리나라가 해외로부터 벌어들인 돈을 말하는데, 주로 물건이나 서비스 거래로 돈을 벌고 쓰는 것을 기록해요. 위에서 살펴본 '용돈'과 같은 거죠. **금융 계정**은 국경을 넘는 **투자**를 통한 모든 수입을 말해요. 예를 들어 부모님께서 이번 시험에서 1등을 하면 5만 원을 상으로 주겠다고 약속하셨어요. 그래서 여러분은 열심히 공부해 1등을 했고 이번 달에 5만 원을 추가로 받았죠. 여러분은 공부에 '투자'해서 용돈과는 다른 수입이 생긴 거고, 이 '5만 원'이 바로 국제 수지의 금융 계정과 같다고 할 수 있습니다.

국제 수지는 흑자와 적자로 나뉘어요. 국제 수지가 **흑자**라는 말은 우리나라가 다른 나라로부터 돈을 더 많이 벌어들인 상태를 말하고, 반대로 국제 수지가 **적자**라는 말은 우리나라가 다른 나라에 돈을 더 많이 쓴 상태를 말해요. 우리는 항상 국제 수지를 흑자로 만들기 위해 노력해요. 국제 수지를 보면 우리나라 경제가 얼마나 잘 돌아가는지를 알 수 있답니다.

문제 속 경제 용어 / 경제 개념 톡톡

흑자: 적자의 반대말로, 수입이 지출보다 많아서 이익이 발생하는 상태를 의미해요. 즉, 번 돈이 쓴 돈보다 많을 때를 말하죠.

적자: 흑자의 반대말로, 지출보다 수입이 많아서 손해가 발생하는 상태를 의미해요. 즉, 번 돈보다 쓴 돈이 더 많을 때를 말해요.

* 과거, 기업의 용돈 기입장인 회계 장부에서 '이익'은 '검은색', '손실'은 '빨간색'으로 기록하기 시작하면서 흑자(黑字, 검은 글씨)와 적자(赤字, 붉은 글씨)로 불리게 되었답니다.

오늘의 경제 퀴즈

아래는 '국제 수지'와 관련된 설명이에요. 왼쪽 ①②③의 문장이 오른쪽 ㉠㉡㉢까지 이어지도록 알맞은 내용을 찾아 선으로 연결해 볼까요?

① 국제 수지의 의미는 •	• ㉠ 경상 수지와 금융 계정입니다.
② 국제 수지의 핵심 구성은 •	• ㉡ 우리나라가 외국과 돈을 주고받은 기록입니다.
③ 흑자는 돈을 더 많이 번 것을 말하고 •	• ㉢ 적자는 돈을 더 많이 쓴 것을 말합니다.

쏙쏙 문제 해설

국제 수지는 마치 나라의 용돈 기입장처럼 우리나라와 외국 사이의 모든 돈거래를 기록한 것이에요. 이는 주로 물건과 서비스 거래를 담는 '경상 수지'와 나라 간의 투자를 보여주는 '금융 계정'으로 이루어져 있어요. 우리가 일을 해서 돈이 남으면 흑자, 밑지면 적자라고 하듯이 국제 수지에서도 들어온 돈이 나간 돈보다 더 많으면 흑자, 나간 돈이 들어온 돈보다 더 많으면 적자가 되죠.

경제 생각 키우기

Q. 우리나라가 외국에 물건을 많이 팔면 국제 수지에 어떤 영향을 미칠까요?

Q. 만약 우리나라의 국제 수지가 오랫동안 계속 적자라면, 우리 생활과 경제에는 어떤 변화가 생길까요?

Q. 국제 수지가 흑자면 항상 좋은 일만 있을까요? 너무 큰 흑자에는 어떤 문제가 있을까요?

외국인이 한국의 K-POP 공연을 보면 수출일까요?

오늘은 국제 수지의 핵심 구성 중 '**경상 수지**'에 대해 더 자세히 알아볼 거예요. 경상 수지는 크게 상품수지, 서비스수지, 소득수지, 그리고 경상이전수지로 이렇게 네 가지로 구성되는데, 지금부터 각각 살펴보도록 해요.

먼저 **상품수지**는 말 그대로 상품을 사고파는 걸 기록한 거예요. 예를 들어 우리나라가 만든 가전제품을 미국에 팔며 들어온 돈이나, 필리핀에서 달콤한 바나나를 사며 나간 돈이 여기에 해당하죠.

그럼, **서비스수지**는 뭘까요? 서비스를 사고파는 것을 기록한 거겠죠? 예를 들어 외국인 관광객이 한국에서 K-POP 공연도 보고, 맛있는 음식도 사 먹었어요. 이건 우리나라의 서비스 수출이라고 할 수 있죠. 반대로 우리가 다른 나라에 여행을 가서 돈을 쓰고 오면 서비스 수입이에요. 물론 온라인 네트워크가 발전한 시대에 외국에서 한국의 문화 콘텐츠를 결제해서 소비하는 것도 모두 서비스 수출이랍니다.

다음으로 **소득수지**는 다른 나라에서 일해서 번 돈이나, 빌려준 돈을 받아 기록한 거예요. 우리나라 은행이 다른 나라 회사에 돈을 빌려주면 그 회사는 우리나라 은행에 빌린 돈에 대한 이자를 내겠죠? 우리나라 사람이 외국에 가서 일을 하고 월급을 받아 우리나라로 보내면 이것도 소득수지에 포함된답니다.

특이하게 아무런 대가 없이 주고받는 돈도 있어요. 만약 우리나라가 다른 나라에 힘든 일이 생겨 돕기 위해 돈이나 구호물자를 보낸 경우, 지출이 생기죠. 이게 바로 **경상이전수지**예요. 이렇게 경상 수지는 위의 4가지 항목을 모두 합해서 계산한답니다.

문제 속 경제 용어 / 경제 개념 톡톡

네트워크: 인터넷처럼 서로 연결된 통신망을 뜻해요. 전 세계의 컴퓨터나 스마트폰이 거미줄처럼 이어져 있는 걸 상상하면 된답니다.

구호물자: 전쟁이나 자연재해 등으로 어려운 상황에 놓인 사람들을 돕기 위해 보내는 물건들을 말해요. 음식, 의약품, 옷 등이 대표적인 구호물자예요.

지출: 여러분이 간식을 사 먹거나 학용품을 살 때 돈을 내는 것처럼, 돈을 쓰는 것을 말해요.

오늘의 경제 퀴즈

다음 중 경상 수지에 대한 설명으로 옳지 않은 것을 찾아보세요.

① 경상 수지는 우리나라가 다른 나라와 물건을 사고팔거나, 서비스를 주고받거나, 돈을 빌려주고 받는 등 모든 경제 거래를 기록한 것이다.

② 우리나라 기업이 만든 자동차를 다른 나라에 판매하여 돈을 벌면 이는 상품수지의 '수출'에 해당한다.

③ 우리나라가 외국에 재난 구호 물품을 무상으로 보낸 것은 상품수지에 기록된다.

④ 경상 수지를 통해 한 나라의 대외 거래 상태와 경제 상황을 파악할 수 있다.

쏙쏙 문제 해설

경상 수지는 국가 간 상품, 서비스, 소득, 그리고 아무 대가 없는 이전 거래까지 모든 경제적인 흐름을 종합적으로 보여주는 지표입니다. 이는 한 나라의 대외 경제 활동을 한눈에 파악할 수 있게 해주죠. 이를 통해 해당 국가의 경제가 얼마나 튼튼한지, 또는 어떤 부분이 부족한지 등을 종합적으로 판단할 수 있어요. ①번과 ④번은 옳은 설명이네요. 우리나라에서 생산된 물건을 외국에 팔아 외화를 벌어들이는 활동은 상품 수출에 해당하며, 이는 경상 수지 흑자에 기여하는 긍정적인 요인이 되죠. 그래서 ②번도 맞아요. 재난 구호 물품을 대가 없이 다른 나라에 보내는 것은 '상품' 거래가 아닙니다. 이러한 무상 원조나 증여는 경상 수지 중 '경상이전수지' 항목에 해당해요.

경제 생각 키우기

Q. 우리나라 사람들이 해외여행을 많이 가게 되면 서비스수지는 어떻게 변할까요?

Q. 만약 우리나라 기업들이 외국에 공장을 많이 짓고 그곳에서 물건을 생산해서 판다면, 우리나라의 상품수지와 소득수지에는 각각 어떤 영향을 미칠까요?

Q. 최근 전 세계적으로 'OTT 서비스(넷플릭스, 유튜브 등)' 이용이 늘고 있는데, 이 현상이 서비스수지에 어떤 영향을 줄 수 있을지 생각해 봅시다.

Day69

다른 사람들이 우리나라 노래를 들을 수 있는 이유는?

'월드 클래스'라는 말 들어 보셨나요? 손흥민 선수처럼 축구를 정말 잘하는 사람이나 영화 기생충처럼 세계적인 상을 받고 많은 사람에게 인정받은 영화를 보고 **월드 클래스**라고 해요.

하지만 100년, 아니 50년 전만 해도 월드 클래스라는 말은 잘 사용하지 않았어요. 왜일까요? 그건 세계가 너무 넓어서, 돈과 사람이 다른 나라로 이동하는 일이 매우 적었기 때문이에요. 하지만 지금은 기술의 발전으로 경제·사회·문화적으로 **통합**되어 가면서 세계가 상대적으로 좁아졌죠. 이렇게 여러 분야에서 국가 간의 경계가 약해지고 전 세계가 하나의 통합된 체계로 나아가는 현상을 **세계화**라고 해요.

세계화가 되면 국제 무역이 활발해지고 돈이 더 자유롭게 이동할 수 있게 되죠. 자유 무역이 확산해 기업들도 다른 나라에 공장을 짓거나 회사를 세우는 등 해외 진출이 자유로워져요. 이걸 **자본 이동**이 **활성화** 되었다고 해요. 또 비행기 등 교통의 발달로 **정보**가 국경을 넘어 빠르게 이동하고, 인터넷 등 **통신 기술**의 발전으로 언제 어디서나 쉽게 다른 나라 사람들과 소통할 수 있게 되었어요. 이에 따라 유명 프랜차이즈 햄버거 가게나 커피숍 등 글로벌 브랜드가 확산하고, 전 세계적으로 비슷한 식문화나 소비 트렌드가 나타나기도 해요. 게다가 K-POP, 할리우드 영화, 웹툰 등 특정 국가의 **문화 콘텐츠**가 전 세계적으로 인기를 얻게 되며 많은 소비가 이루어지죠. 이렇듯 세계화가 되면 자본 이동의 활성화, 정보통신 기술의 발전, 문화 콘텐츠 확산이라는 현상이 나타난답니다.

문제 속 경제 용어 / 경제 개념 톡톡

해외 진출: 우리나라 회사가 다른 나라에 가서 물건을 팔거나, 공장을 짓거나, 가게를 여는 것을 말해요.

국경: 나라와 나라 사이의 경계선을 의미해요.

프랜차이즈: 원래 회사(본사)에서 만든 기술이나 노하우를 다른 사람이 돈을 내고 빌려서 똑같은 가게를 열고 (가맹점) 운영하는 방식이에요.

오늘의 경제 퀴즈

지금까지 세계화에 대해 배웠어요. 다음 설명 중 옳은 것은 'O', 틀린 것은 '×'에 동그라미 쳐볼까요?

① 국가 간의 경계가 약해지고 전 세계가 하나의 통합된 체계로 나아가는 현상을 세계화라고 한다. (O / ×)

② 세계화는 기술의 발전과는 상관없이 오직 문화 교류 때문에 나타난 현상이다. (O / ×)

③ 세계화가 되면 국제 무역이 활발해지고 돈이 더 자유롭게 이동할 수 있게 된다. (O / ×)

④ K-POP이나 할리우드 영화가 전 세계적으로 인기를 얻는 것은 세계화 현상과는 관련이 없다. (O / ×)

쏙쏙 문제 해설

세계화는 국가 간의 무역, 자본, 문화 등의 교류가 활발해지면서 나라 사이의 구분이 점차 흐려지는 현상을 말해요. 이렇게 나라 사이의 구분이 없어지면서 전 세계가 하나의 통합된 체계로 나아가게 되죠. ①번은 옳은 설명입니다. 나라들이 가까워지고 전 세계가 통합할 수 있게 된 건 기술이 발전했기 때문이죠. 비행기 같은 교통의 발달부터 인터넷 등 정보통신 기술의 발달까지 모든 기술의 발달 덕분에 사람, 돈, 정보가 국경을 넘어 더 빠르고 쉽게 오갈 수 있게 되었어요. ②번은 ×, 틀렸어요. 나라 사이의 교류가 자유로워지면, 물건을 사고파는 국제 무역이 활발해지기 때문에 ③번도 옳은 설명이에요. K-POP과 같은 문화 콘텐츠의 확산은 세계화의 대표적인 현상 중 하나죠. ④번은 옳지 않습니다.

경제 생각 키우기

Q. 우리가 해외여행을 더 쉽고 저렴하게 갈 수 있게 된 이유는 무엇일지 세계화와 연관 지어 생각해 볼까요?

Q. 우리나라 기업이 다른 나라에 가서 공장을 짓는다면, 우리나라 경제에 어떤 영향을 미칠 수 있을까요?

Q. 세계화가 가져올 수 있는 문제점이나 어려운 점도 있을까요?

Day70

세계에서 제일 잘하는 나라는 어떤 모습일까요?

한 사람이나 기업을 넘어 한 나라도 '월드 클래스'가 될 수 있다는 사실, 알고 계셨나요? 나라도 똑같이 가장 뛰어나다고 세계 시장에서 인정받는다면, '월드 클래스 국가'로 불릴 수 있어요. 이렇게 한 나라가 세계 시장에서 인정받는 힘을 바로 '**국가 경쟁력**'이라고 해요. 그렇다면 세계화 시대에 왜 국가 경쟁력이 중요할까요?

세계화 시대에 국가 경쟁력이 중요해진 이유는 바로 '경쟁'과 '협력' 때문인데요. 올림픽 경기에서 각 나라의 최고 선수들이 모여 금메달을 따기 위해 **경쟁**하듯 **생존**하려 노력해야 하기 때문이죠. 또 나라 사이에 **협력**으로 **상호 의존성**이 너무 커져 한 나라가 위태로워지면 관련된 다른 나라들까지 함께 위험해질 수 있어요. 이런 상황 속에서 국가 경쟁력을 갖춰야 치열한 경쟁과 위태로운 변화 속에서 안전하게 살아남을 수 있답니다.

그럼, 국가 경쟁력을 키우는 방법에는 뭐가 있을까요? 먼저 다른 나라보다 뛰어난 기술과 창의적인 아이디어가 있으면 돼요. 더 좋은 스마트폰, 더 빠른 반도체, 더 재미있는 드라마 등 앞선 기술과 아이디어는 국가 경쟁력을 올려주죠. 사회의 혼란을 줄여주고 더 나은 도시를 위한 다양한 편의 시설들과 제도도 국가 경쟁력에 한몫해요.

하지만 가장 중요한 건 '**사람**'입니다. 여러분들처럼 똑똑하고 창의적인 사람들만큼 나라의 힘이 되어주는 건 없어요. 기술과 편의 시설, 제도들도 결국 '사람'이 만드는 거니까요. 한국과 같이 교육 수준도 높고 책임감 강한 사람들이 많은 나라는 당연히 국가 경쟁력이 높을 수밖에 없죠.

문제 속 경제 용어 / 경제 개념 톡톡

올림픽: 전 세계의 선수들이 모여 스포츠 경기로 실력을 겨루는 가장 큰 대회예요.

상호 의존성: 서로에게 영향을 주고받으며 긴밀하게 연결되어 서로 의존하는 상태를 말해요.

반도체: 전기가 잘 흐르기도 하고, 흐르지 않기도 하는 성질을 가진 물질로 만든 아주 작은 부품으로 컴퓨터, 스마트폰, 자동차 등 거의 모든 전자 제품에 꼭 필요한 재료예요.

오늘의 경제 퀴즈

국가 경쟁력에 관한 설명 중 옳은 설명을 모두 골라보세요.

㉠ 한 나라가 세계 시장에서 인정받는 힘을 국가 경쟁력이라고 한다.
㉡ 나라 간의 경계가 희미해지면서 국가 경쟁력의 중요성도 함께 줄어들었다.
㉢ 국가 경쟁력을 갖추지 못해도 나라 사이의 상호 의존성 덕분에 안전할 수 있다.
㉣ 다른 나라보다 뛰어난 기술과 창의적인 아이디어가 있으면 국가 경쟁력을 높일 수 있다.

쏙쏙 문제 해설

국가 경쟁력은 한 나라가 세계 시장에서 뛰어나고 멋진 나라라고 인정받는 힘을 말해요. ㉠은 국가 경쟁력의 의미를 정확하게 설명하고 있으니 옳습니다. 세계화로 인해 국가 경쟁력이 더욱 중요해지고 있다고 배웠죠? 경쟁을 통한 생존 노력 필요, 협력을 통한 상호 의존성 증가 등의 이유로 인해 나라가 위태로워지지 않게 하기 위해선 국가 경쟁력이 꼭 필요해요. 따라서 ㉡과 ㉢은 틀린 설명이에요. 국가 경쟁력을 키우는 방법에는 앞선 기술과 아이디어, 사회 혼란을 줄이는 제도와 다양한 편의 시설, 그리고 교육을 받은 뛰어난 역량의 인적 자원이 있죠. ㉣과 같이 다른 나라보다 뛰어난 기술과 창의적인 아이디어가 있다면 국가 경쟁력이 올라갈 거예요.

경제 생각 키우기

Q. 지금보다 '국가 경쟁력'이 더 높아진다면 우리 생활은 어떻게 더 좋아질까요?

Q. 우리나라의 'K-드라마'가 세계적으로 인기를 얻는 것이 국가 경쟁력과 어떤 관련이 있을지 경제적인 측면에서 생각해 볼까요?

Q. 국가 경쟁력을 높이기 위해 정부는 어떤 일과 노력을 해야 할까요?

같은 돈을 쓰는 나라들이 있다면 어떤 점이 편리할까요?

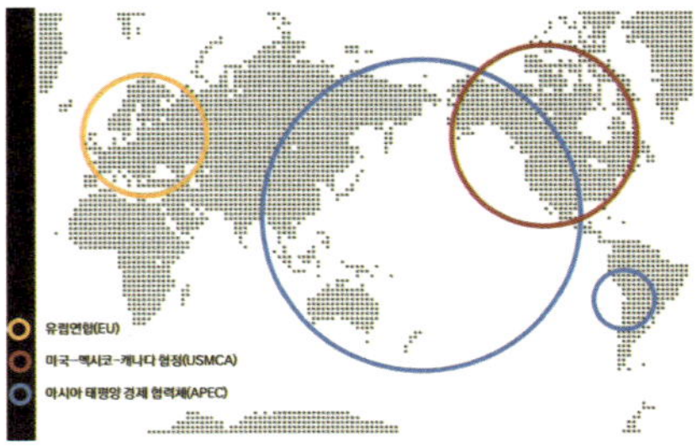

줄다리기 할 때 반 친구들이 모두 힘을 합해 줄을 당기는 것처럼, 나라들도 서로 힘을 합치려고 한다는 걸 알고 있나요? 국가 경쟁력을 확보해야 하는 시대에 지리적으로 가깝거나 같은 생각을 하는 나라들끼리 경제 협력을 약속하고 팀을 만들기도 해요. 이걸 **지역 경제 협력체**라고 부르죠. 세계에는 다양한 지역 경제 협력체가 있지만, 오늘은 그중에서도 가장 중요한 유럽연합(EU), 미국-멕시코-캐나다 협정(USMCA), 그리고 아시아 태평양 경제 협력체(APEC)를 만나볼 거예요.

세계에서 가장 통합된 경제를 보여주는 **EU**는 27개 나라가 가입된 초거대 지역 경제 협력체예요. 이 모든 나라들이 마치 하나의 나라처럼 국경을 자유롭게 넘나들고, 회원국 대부분이 '유로'라는 같은 화폐를 써요. 이는 EU에 속한 나라들이 경제적으로 아주 강하게 연결되어 있다는 것을 보여준답니다.

북아메리카의 미국, 캐나다, 멕시코 세 나라는 오래전부터 물건을 사고파는 데 끈끈했어요. 과거 NAFTA라는 이름으로 불렸던 **USMCA**는 이 세 나라가 공정한 무역을 위해 맺은 약속이죠. 특히 자동차나 농산물처럼 많이 생산하는 물건들을 사고팔 때, 세금을 덜 내게 해주거나 더 편리하게 거래할 수 있도록 도와요.

우리 한국도 속해있는 **APEC**은 미국, 중국, 일본, 호주 등 21개의 나라들이 모여 있어요. 이 나라들은 서로 무역을 더 자유롭게 하고, 기술도 함께 발전시키기 위해 꾸준히 이야기하고 노력하죠. 전 세계에서 가장 활발하게 물건을 만들고 사고파는 지역인 만큼, 전 세계 경제에 아주 큰 영향을 미친답니다. 참고로 2025년 APEC 정상회의는 우리나라에서 열렸답니다!

문제 속 경제 용어 / 경제 개념 톡톡

협력체: 여러 사람이나 단체가 공동의 목표를 달성하기 위해 함께 일하는 것을 의미해요.

유로: 유럽연합인 EU에서 공통으로 사용하는 화폐 단위예요.

* 2025년 APEC 정상회의는 대한민국 경주에서 개최될 예정이며, 2025년 10월 31일부터 11월 1일까지 열렸어요.

오늘의 경제 퀴즈

지금까지 지역 경제 협력체에 대해 배웠어요. 다음 설명 중 옳은 것은 'O', 틀린 것은 '×'에 동그라미 쳐볼까요?

① 지역 경제 협력체는 지리적으로 가깝거나 같은 생각을 하는 나라들이 경제 협력을 위해 만든 팀을 의미한다. (O / ×)

② USMCA는 유럽 국가들 간의 무역 협정이다. (O / ×)

③ 지역 경제 협력체에 참여하는 나라들은 서로 협력만 할 뿐 경쟁은 하지 않는다. (O / ×)

④ APEC에 속한 나라들은 서로 무역을 더 자유롭게 하고 기술을 함께 발전시키기 위해 노력한다. (O / ×)

쏙쏙 문제 해설

여러 나라가 경제적인 목표를 달성하기 위해 함께 노력하는 모임을 지역 경제 협력체라고 불러요. 이 나라들은 서로 가깝거나 경제적으로 같은 생각을 가진 나라들이죠. ①번은 옳은 설명으로 O에 동그라미 쳐야 해요. 유럽 국가들의 지역 경제 협력체는 '유럽연합(EU)'이며, 'USMCA'는 북아메리카 대륙에 있는 미국, 멕시코, 캐나다 세 나라 사이에 맺어진 무역 협정입니다. ②번은 ×, 틀렸어요. 공동의 발전을 위해 협력하는 걸 목표로 하는 지역 경제 협력체 안에서도 각 나라는 더 많은 이익을 얻기 위해 서로 경쟁해요. 이러한 경쟁은 자유로운 무역 환경 속에서 기술 발전이나 생산성 향상을 이끄는 긍정적인 역할을 하죠. ③번도 옳지 않아요. 'APEC'은 회원국들 사이에 더 자유로운 무역 환경을 만들고 함께 기술을 발전시키기 위해 만들어졌어요. ④번은 맞습니다.

경제 생각 키우기

Q. EU처럼 여러 나라가 하나의 화폐(유로)를 사용하는 것에는 어떤 장단점이 있을까요?

Q. '글로벌 팀플'이라는 표현처럼, 나라들이 서로 협력하지 않고 각자 경쟁만 한다면 어떤 문제가 생길 수 있을까요?

우리나라가 다른 나라에 학교를 짓는 이유는 뭘까요?

문화체육관광부는 '**문화 공적개발원조(ODA)**'가 시작된 지 20주년이 되는 2025년을 기념하기 위해 지난 8월 12일에 행사를 진행했어요. 문화는 알겠는데, ODA가 무엇인지 다들 궁금하시다고요?

ODA는 말 그대로 '공공에서 지원하는 개발 활동'을 말해요. 나라에서 더 좋은 도시나 환경을 만드는 걸 지원해 주는데, 인프라 건설뿐만 아니라 교육, 보건, 기술 지원 등 다양한 분야에서 이루어지죠. 즉, ODA는 기술이나 자본이 부족한 **개발도상국**에 필요한 것을 지원하여 더 살기 좋은 나라가 될 수 있도록 도와주는 거예요. 예를 들어 캄보디아에 학교를 지어주거나 필리핀에 다리를 놓아주는 것처럼 말이죠.

ODA에도 종류가 있는데요. 대가 없이 공짜로 개발을 지원해 주는 '**무상 원조**'와, 개발 비용을 아주 좋은 조건(낮은 금리, 넉넉한 상환 기간)으로 빌려주는 '**유상 원조**'가 있어요.

"우리 돈을 들여 다른 나라를 도우면, 우리는 손해 아니야?"라고 생각할 수도 있지만, 놀랍게도 ODA는 우리나라에도 긍정적인 영향을 줘요. ODA에 우리 기업들이 참여하면서 일자리가 생기고 해외 투자가 늘어나는 등 기업의 '글로벌 경쟁력 강화'라는 경제적 이점을 얻을 수 있죠. 결과적으로 ODA는 다른 나라도 도우면서 국제적 위상도 높이고 우리나라 기업도 살리는 아주 중요한 정책이라고 할 수 있어요.

ODA는 한국엔 매우 특별해요. 그 이유는 대한민국이 전 세계에서 '유일'하게 국제사회의 원조를 받던 나라에서 다른 나라를 돕는 나라로 바뀐 나라이기 때문이죠. 당시 OECD 사무총장과 빌 게이츠 등 주요 인사들이 대한민국을 '기적'이라고 말할 정도였으니까요.

문제 속 경제 용어 / 경제 개념 톡톡

공적개발원조(ODA): 우리나라가 다른 나라를 돕기 위해 돈이나 물건, 기술 등을 지원해 주는 활동을 말해요.

국제 협력: 여러 나라가 서로 도와가며 함께 문제를 해결하는 것을 의미해요.

번영: 단순히 돈이 많은 것을 넘어 모두가 풍요롭고 살기 좋은 상태를 말해요.

오늘의 경제 퀴즈

다음 설명 중 공적개발원조(ODA)에 대한 설명으로 옳은 것은 'O', 틀린 것은 '×'에 동그라미 쳐볼까요?

① ODA는 개발도상국이 더 살기 좋은 나라가 되도록 돕는다. (O / ×)

② ODA는 민간 기업이 주도하는 활동으로 수익 창출이 가장 큰 목적이다. (O / ×)

③ 유상 원조는 개발 비용을 낮은 금리와 넉넉한 상환 기간으로 빌려주는 것을 말한다. (O / ×)

④ 우리나라 기업이 ODA 사업에 참여하면 기업이 다른 나라로 빠져나가 일자리가 줄어들고 해외 투자가 감소한다. (O / ×)

쏙쏙 문제 해설

ODA는 정부나 공공기관이 개발도상국의 경제 발전과 복지 증진을 위해 제공하는 원조를 의미한다고 배웠어요. ODA의 가장 중요한 목표는 기술과 자본이 부족한 나라들이 스스로 성장할 수 있도록 돕는 것이에요. 교육이나 보건 환경을 개선하고, 도로와 같은 사회 기반 시설을 지어주어 모두가 더 나은 삶을 살 수 있도록 지원하죠. 따라서 ①번은 옳은 설명이고, ②번은 틀린 설명이에요. 유상 원조는 돈을 빌려주는 방식이지만, 은행의 일반 대출과는 달라요. 이자율이 매우 낮고 갚는 기간을 길게 주어 개발도상국의 부담을 덜어주면서 필요한 개발을 진행할 수 있도록 돕죠. ③번은 O, 옳은 설명입니다. ④번은 어떤가요? ODA 사업에 참여한 우리나라 기업은 오히려 해외에 진출할 수 있는 기회를 얻게 돼요. 이를 통해 해외 투자가 늘어나고 국내에서 새로운 일자리가 창출되는 등 우리 경제에도 긍정적인 영향을 미치죠. 기업이 다른 나라로 빠져나가 일자리가 줄고 해외 투자가 감소한다는 설명은 틀렸습니다.

경제 생각 키우기

Q. ODA 사업의 장단점에 대해 더 생각해 보고, 만약 ODA가 수익 창출에만 목적을 둔다면 어떤 문제가 발생할 수 있을까요?

Q. ODA 외에 국제 협력을 강화할 수 있는 다른 방법들에는 무엇이 있을까요?

PART 8

미래의 경제 발전은 무엇이 만들까?

(기술·혁신·디지털 경제)

Day73

스마트폰이 많아지면 왜 보조배터리가 더 팔릴까요?

스마트폰을 사용하면서 보조배터리가 필요했던 경험이 있나요? 스마트폰도 예전에는 배터리 교체형이 있었어요. 그러나 요즘은 간결한 디자인과 방수기능이 중요해지면서 배터리 교체형 스마트폰을 찾기가 힘들어졌죠. 스마트폰 사용량이 적거나 실내에서 주로 생활하는 사람들은 이에 별다른 불만이 없습니다.

하지만 실외 활동이 잦고 스마트폰 사용량이 많은 사람은 보조배터리를 자주 활용할 수밖에 없는데요. 이런 추세에 발맞추어 다양한 회사들이 보조배터리를 판매하면서 스마트폰 주변기기 시장이 확장되었어요. 스마트폰이 팔리면 보조배터리도 같이 팔리는 현상이라고 볼 수 있죠. 이처럼 어떤 상품이 많이 팔리면 자연스럽게 다른 상품이 함께 팔리는 경우가 있어요. 스마트폰과 보조배터리와 같이 함께 쓰면 더 편리하고 좋은 관계의 상품을 '**보완재**'라고 해요.

여름 휴가철을 맞아 초특가 항공권을 판매하는 항공사가 크게 늘고 있어요. 이런 경우에는 보통 한 도시의 항공권 판매량이 늘면서 호텔과 같은 숙박시설의 판매량도 같이 느는 경우가 많아요. 여행을 떠나려면 항공권과 함께 숙박시설이 필요하기 때문이죠. 그래서 항공권 판매 완료 페이지에 호텔의 광고를 보여주는 마케팅도 자주 활용됩니다.

또 음식에서도 이러한 관계를 쉽게 찾아볼 수 있어요. 햄버거를 사면 감자튀김을 함께 주문하는 경우가 많죠? 햄버거만 먹을 때보다 감자튀김이 햄버거를 보완해 주고 같이 먹으면 더 맛있기 때문이에요. 이렇게 두 음식이 어울리는 음식으로 잘 알려져 있기에 패스트푸드 식당에서는 햄버거와 감자튀김을 세트 메뉴로 함께 판매하는 일이 매우 흔하답니다.

문제 속 경제 용어 / 경제 개념 톡톡

보완재: 한 상품만 있을 때보다 같이 있으면 더 편리한 상품을 말해요.
대체재: 한 상품을 대신해서 사용할 수 있는 상품을 뜻해요.
독립재: 서로 아무 상관이 없는 상품을 뜻해요.
마케팅: 기업이 회사의 제품이나 서비스에 관심을 가지도록 소비자를 끌어들이는 경영 활동을 말해요.

오늘의 경제 퀴즈

이 글을 바탕으로 스마트폰과 보조배터리, 항공권과 숙박 예약, 그리고 햄버거와 감자튀김 사이의 관계를 가장 올바르게 추론한 것은 몇 번일까요?

① '대체재'라고 불리며, 서로 대신할 수 있는 사이예요.
② 한 상품이 많이 팔리면 다른 상품은 적게 팔리는 관계예요.
③ '보완재'라고 불리며, 함께 쓰면 더 좋은 사이예요.
④ 비슷한 관계로 아이폰과 갤럭시 폰이 있어요.
⑤ 둘은 서로 아무 상관이 없는 '독립재' 관계예요.

쏙쏙 문제 해설

문제에 나온 스마트폰과 보조배터리, 항공권과 숙박시설, 그리고 햄버거와 감자튀김은 함께 쓰면 더 좋은 '보완재'의 관계죠?

①번과 ②번 그리고 ④번은 '대체제'와 관련된 설명이에요. 예를 들어 아이폰과 삼성 스마트폰, 버스와 지하철의 관계처럼 두 개의 상품이 비슷한 것으로 둘 중 하나만 이용해도 충분한 관계를 말하죠. 따라서 서로 경쟁하는 두 상품 중에 한 상품이 많이 팔리면 다른 상품은 적게 팔리게 되는 경우가 많습니다. ⑤번 설명은 '독립재'에 대한 내용이에요. 독립재란 대체재와 보완재의 어떤 관계에도 해당하지 않는 서로 아무런 관련이 없는 재화를 말해요. 연필과 치약, 우산과 초콜릿처럼 말이죠. 따라서 스마트폰과 보조배터리, 항공권과 숙박시설, 그리고 햄버거와 감자튀김처럼 '보완재' 관계에 대해 정확히 추론한 설명은 ③번입니다.

경제 생각 키우기

Q. 스마트폰과 보조배터리처럼, 우리 주변에서 함께 쓰면 더 편리한 '보완재' 관계인 물건들에는 또 어떤 것들이 있을까요?

Q. 기업들은 왜 햄버거와 감자튀김처럼 세트로 판매하는 방식을 선호할까요?

Day74

지갑 속 현금 없이도 물건을 살 수 있나요?

요즘은 친구들 사이에서 지갑을 안 들고 다니는 게 당연하게 느껴지는 경우가 많아요. 학교 매점에서 간식을 사거나 편의점에서 음료를 살 때도, 지폐 대신 **휴대폰**으로 결제하는 모습을 쉽게 볼 수 있죠. 이처럼 현금을 직접 들고 다니며 쓰는 일이 점점 줄어들고 있어요. 대신에 카드, 간편결제, 모바일 송금, 앱 포인트 등 다양한 디지털 결제 방식이 늘어나고 있죠. 현금을 잘 쓰지 않게 되는 이런 변화를 "현금소멸"이라고 해요.

한국은행에 따르면, 집에 보관된 채 사용되지 않는 현금의 비율이 점점 높아지고 있다고 해요. 즉, 돈은 발행되지만 실제로는 잘 쓰이지 않고 있다는 뜻이죠. 특히 스마트폰에 익숙한 청소년과 2030 세대일수록, 현금보다 모바일 앱을 이용해 송금하거나 결제하는 경우가 많아요. 최근에는 **가상자산**(디지털 자산)까지 등장하면서, '**현금 없는 사회**'로 나아간다는 이야기도 나오고 있죠. 이제는 문구점에서 학용품을 살 때도, 친구에게 돈을 보낼 때도 휴대폰으로 몇 초 만에 해결할 수 있는 시대가 된 거죠.

하지만 이런 변화가 모두에게 항상 편리한 것만은 아니에요. 어르신이나 외국인 노동자, 디지털 기기 사용이 익숙하지 않은 사람들은 오히려 더 불편함을 느낄 수 있죠. 또, 휴대폰이 고장 나거나 배터리가 없을 때 결제를 못하는 문제가 생길 수 있어요. 이와 함께 개인정보 유출, 온라인 금융 사기 등 새로운 위험도 커지고 있죠.

따라서 우리는 단순히 "현금은 불편하고 디지털이 최고야!"라고 생각하기보다는, 모두가 안전하고 공평하게 이용할 수 있는 결제 방식은 무엇인지, 편리함과 공평함 사이의 균형에 대해 함께 고민해야 해요.

문제 속 경제 용어 / 경제 개념 톡톡

현금소멸: 사람들이 지폐나 동전 같은 현금을 쓰지 않고, 대신 카드나 휴대폰으로만 돈을 쓰게 되는 현상이에요.
간편결제: 카드를 꺼내지 않고 휴대폰이나 앱으로 쉽게 돈을 결제하는 방식이에요.
가상자산: 인터넷이나 디지털 기술을 통해 만들어져 돈처럼 쓸 수 있는 자산이에요. (예: 비트코인, 디지털 포인트 등)
현금 없는 사회: 현금을 거의 쓰지 않고, 모든 결제를 디지털로 처리하는 사회를 말해요.

오늘의 경제 퀴즈

다음 중 '현금소멸'의 영향에 대한 옳은 설명이 아닌 것을 골라볼까요?

① 현금소멸은 사람들이 지폐와 동전 대신 카드나 휴대폰으로 결제하는 일이 많아지는 현상을 말해요.

② 현금이 사라지면 디지털 기기를 잘 다루지 못하는 사람들이 오히려 편해져요.

③ 간편결제나 모바일 송금은 청소년과 젊은 세대에게 익숙한 결제 방식이에요.

④ 현금없이 결제가 가능해져도, 모두가 사용할 수 있는 안전한 환경을 만드는 것이 중요해요.

쏙쏙 문제 해설

현금이 사라지는 변화는 많은 사람에게 편리함을 주지만, 디지털 기기를 잘 다루지 못하는 사람들에게는 오히려 불편하고 어려울 수 있어요. 예를 들어, 어르신이나 외국인 노동자, 스마트폰을 쓰지 않는 사람들은 모바일 결제나 앱 사용이 익숙하지 않아서, 현금이 없으면 오히려 물건을 사기 힘든 상황이 생길 수 있어요. 따라서 ②번이 틀린 설명이에요.

반면 ①, ③, ④번은 모두 옳은 설명이에요. 카드나 휴대폰으로 결제하는 일이 익숙해지면서 현금을 사용하는 경우가 줄어드는 현상을 현금소멸이라고 하죠. 특히 청소년처럼 스마트폰 사용이 익숙한 세대에게는 앱으로 송금하고 결제하는 일이 자연스러워졌어요. 하지만 이런 사회로 갈수록 누구도 소외되지 않도록 안전하고 공평한 결제 환경을 만드는 것이 점점 더 중요해지고 있어요.

경제 생각 키우기

Q. 여러분은 최근 일주일 동안 현금을 직접 사용한 적이 있나요?

Q. 현금이 사라진다면 어떤 점이 더 편리해지고, 어떤 점이 불편해질까요?

Q. 디지털 결제가 어려운 사람들도 함께 사용할 수 있는 방법은 어떤 것이 있을까요?

Day75

은행에 안 가고 돈을 어떻게 주고받나요?

예전에는 친구에게 돈을 보내려면 어떻게 했을까요? 직접 만나서 주는 방법도 있지만 큰돈이라면 쉽지 않았겠죠. 은행에 가서 번호표를 뽑고 창구에서 직접 송금을 요청해야 했어요. 그런데 지금은 어떤가요? 휴대폰만 있으면 언제 어디서나 은행 앱으로 바로 돈을 옮길 수 있어요. 이렇게 편리해진 이유는 바로 '**핀테크**'입니다.

핀테크는 **금융**(Finance)과 **기술**(Technology)이 합쳐진 말이에요. 쉽게 말해 금융 서비스에 정보통신기술을 더한 것인데요. 예를 들어, 은행에 직접 가지 않고 휴대폰으로 예금과 적금에 가입하거나, QR코드나 앱으로 결제하는 것, 이 모든 것이 핀테크예요. 은행 업무뿐 아니라 **크라우드 펀딩**처럼 새로운 투자 방식도 핀테크에 포함된답니다. 넓게 보면 기술을 활용해 금융을 더 편리하게 만드는 모든 서비스가 핀테크라고 할 수 있어요.

그렇다면 핀테크가 발전하면 우리 생활엔 어떤 일이 생길까요? 첫째, 금융의 혁신이 일어나요. 예전에는 시중은행끼리 경쟁했지만, 이제는 가게 없이 인터넷에서만 운영하는 카카오페이나 토스 같은 금융 서비스와도 경쟁해야 하죠. 경쟁이 많아지면 혁신적인 서비스가 나타나고 수수료도 낮아져요. 둘째, 새로운 일자리가 생겨요. AI와 빅데이터 같은 신기술을 이용하려는 금융회사가 생겨나면서 데이터 사이언티스트나 프롬프트 엔지니어 같은 직업이 새로 나타났어요. 셋째, 결제가 편리해져요. 해외직구도 간단하게 할 수 있고 교통카드 없이 스마트폰만으로도 지하철 요금을 결제할 수 있어요.

문제 속 경제 용어 / 경제 개념 톡톡

크라우드 펀딩: 다수를 의미하는 영어단어 크라우드와 자금조달을 뜻하는 펀딩을 합한 말이에요. 자신의 프로젝트를 인터넷에 공개하고 익명의 다수로부터 투자를 받는 행위를 말해요.

데이터 사이언티스트: 많은 데이터를 분석해서 해결해야 하는 문제에 대해서 답을 찾아주는 사람이에요.

프롬프트 엔지니어: AI에게 어떤 식으로 말해야 원하는 답을 얻을 수 있는지 연구하고, 그 질문을 잘 설계하는 사람이에요.

시중은행: 우리 주변에서 실제로 많이 볼 수 있는 큰 은행을 말해요.

오늘의 경제 퀴즈

핀테크에 대해서 다음 설명이 맞으면 O표, 틀리면 ×표 해 보세요.

① AI와 빅데이터를 활용하는 금융회사가 늘어나면서 새로운 직업들도 생겨나고 있다. (O / ×)
② 핀테크가 발전하면서 은행 방문 횟수가 크게 늘어났다. (O / ×)
③ 핀테크는 금융과 기술이 연결된 단어로, 현금 사용을 늘리기 위한 서비스이다. (O / ×)
④ 프롬프트 엔지니어는 금융 상품을 만드는 전문가이다. (O / ×)

쏙쏙 문제 해설

AI와 빅데이터 같은 기술이 발전하면서, 이를 활용하는 금융회사가 많아지고 있어요. 그에 따라 데이터를 연구하는 데이터 사이언티스트, AI를 설계하고 학습시키는 프롬프트 엔지니어 같은 새로운 직업도 생겨났어요. 핀테크는 '금융(Finance)'과 '기술(Technology)'을 합친 말이에요. 현금 사용을 늘리기 위한 게 아니라, 오히려 현금을 쓰지 않고도 편리하게 거래할 수 있도록 도와주는 기술이에요. 이런 핀테크가 발전하면 은행을 직접 방문할 필요가 줄어들어요. 스마트폰 앱으로 계좌 조회, 송금, 대출 신청까지 가능해지면서 은행에 가는 횟수는 오히려 줄었답니다.

경제 생각 키우기

Q. 사람들이 은행에 가지 않아도 되면, 은행에서 일하던 사람들은 어떻게 될까요?

Q. 핀테크는 정말 편리하지만, 해킹이나 사기 같은 위험도 함께 생길 수 있어요. 누군가가 내 금융 정보를 몰래 본다면 어떤 문제가 생길까요?

Q. 핀테크 덕분에 멀리 있는 사람도 스마트폰으로 쉽게 금융서비스를 이용할 수 있게 되었어요. 하지만 스마트폰이나 인터넷을 잘 못 쓰는 사람들은 어떻게 될까요?

Day76

인터넷 정보는 어디에 저장되어 있을까요?

인터넷 검색창에 '슬라임'을 검색하면 슬라임 정보를 쉽게 찾을 수 있죠. 엄청나게 많은 양의 정보와 단어들 속에서 '슬라임' 정보를 어떻게 단 몇 초 만에 찾았을까요? 그 숨겨진 비밀은 인터넷의 비밀창고, 데이터센터입니다.

데이터센터는 컴퓨터가 모여 사는 거대한 집이라고 할 수 있어요. 인터넷에는 수많은 사진과 영상, 글, 정보가 있는데 데이터센터는 이런 것들을 안전하게 보관해요. 정보와 데이터를 보관하고 있다가, 우리가 검색하거나 영상을 볼 때, 게임을 할 때 데이터센터가 필요한 정보를 보내줘요.

그 모습은 학교 **도서관**과 비슷해요. 도서관에는 소설, 과학, 수학, 만화 등 다양한 책이 모여 있어요. 그 중 읽고 싶은 책을 꺼내서 읽으면서 필요한 정보를 얻을 수 있죠. 데이터센터도 도서관처럼 정보를 보관하다가 인터넷을 쓸 때 "이 정보를 사용하세요!" 하고 보내주는 거예요.

데이터센터에는 도서관에 책이 빽빽하게 꽂혀 있는 것처럼 아주 많은 컴퓨터가 있습니다. 이렇게 많은 컴퓨터가 계속 일을 하면 우리가 휴대폰을 오래 사용했을 때와 같이 열이 나게 됩니다. 그래서 데이터센터 안에는 마치 커다란 에어컨처럼 열을 식혀 주는 **냉각 장치**가 있어요. 데이터센터의 전기가 갑자기 끊기면 인터넷 검색도, 게임도 할 수 없어요. 이런 상황을 대비해 전기가 끊겨도 계속 일할 수 있도록 비상 발전기가 준비되어 있어요.

전 세계 사람들이 동시에 인터넷을 사용하더라도 끊기지 않고 접속할 수 있는 것은 데이터센터 덕분이에요. 앞으로 저장해야 할 정보가 더욱 많아질수록 데이터센터의 역할은 지금보다 훨씬 더 중요해질 거예요.

문제 속 경제 용어 / 경제 개념 톡톡

데이터: 사진, 글, 소리, 영상처럼 컴퓨터에 저장된 모든 자료를 말해요.

냉각 장치: 뜨거워진 기계나 공간을 식혀 주는 장치를 의미해요.

발전기: 여러 에너지를 사용해서 전기를 만드는 기계를 의미해요.

오늘의 경제 퀴즈

다음은 데이터센터에 관한 설명입니다. 다음 문장의 빈칸에 들어갈 알맞은 단어를 골라 쓰세요.

> 데이터센터는 수많은 (①)가 모여 정보를 저장하고, 필요할 때 빠르게 (②)합니다.
> 이때 컴퓨터가 계속 작동하면서 생기는 (③)을 낮추기 위해 냉각 장치가 필요합니다.
> 또한, 전기가 끊겨도 작동을 계속하기 위해 (④)가 준비되어 있습니다.

열	전송	비상 발전기	컴퓨터

① (　　　　　　　)　　　② (　　　　　　　)

③ (　　　　　　　)　　　④ (　　　　　　　)

쏙쏙 문제 해설

데이터센터는 수많은 컴퓨터가 모여 정보를 저장하고 필요할 때 빠르게 전송하는 역할을 합니다. 도서관에서 수많은 책 속에서 필요한 책을 꺼내 읽는 것과 같은 형식이죠. 컴퓨터를 계속해서 작동해야 하는 상황이기에 쉽게 뜨거워질 수 있어요. 따라서, 이 열을 낮추는 장치가 데이터센터에선 꼭 필요해요. 또한, 전기가 끊겨도 데이터센터의 역할이 끊기지 않도록 비상으로 전기를 생성할 수 있는 비상 발전기도 꼭 필요해요.

경제 생각 키우기

Q. 데이터센터가 전기를 덜 쓰고 환경을 지키기 위해 어떤 방법을 쓰면 좋을까요?

Q. 전기가 끊겼을 때 비상 발전기가 없다면 우리 생활과 경제에 어떤 변화가 생길까요?

Q. 앞으로 저장해야 할 정보가 많아지면 데이터센터는 어떻게 변해야 할까요?

Day77

왜 '현금영수증'을 꼭 받아야 할까요?

여러분, 부모님과 함께 마트에 갔을 때 '현금영수증 필요하세요?'라는 질문을 받아본 적이 있나요? 현금으로 물건을 살 때는 그 질문을 받을 수 있고, 카드로 물건을 살 때는 받을 수 없어요. '현금영수증'이 대체 무엇이길래 현금 이용 시에만 받을 수 있는 걸까요?

현금영수증은 현금으로 거래했다는 것을 **국세청**에 알리고, 그 증거로 받는 영수증을 의미해요. 우리가 물건을 사면, 물건 가격의 일정 부분만큼 나라에 세금을 내야 해요. 카드로 물건을 살 때는 자동으로 기록이 남기 때문에, 주인은 물건을 팔았다는 사실을 숨길 수 없어요. 그런데 현금 거래는 기록이 남지 않아서, 물건을 팔았다는 사실을 숨기고 세금을 내지 않을 수도 있어요. 현금영수증 제도는 이러한 **탈세**를 막고자 도입됐어요.

나라에만 좋은 건 아니에요. 소비자 입장에서는 현금영수증을 통해 **소득공제**를 받을 수 있다는 장점이 있어요. 소득공제는 나라에서 사람들이 내야 하는 세금 중 일부를 제외해 주는 제도예요. 소득공제를 통해 사람들은 벌어들인 돈 중, 꼭 필요해서 쓴 돈에 대해서는 세금 적용을 면제받을 수 있어요.

가게 입장에서도 현금영수증이 가능하다고 하면 정직한 이미지를 얻을 수 있어서 좋아요. '세금을 정직하게 내는 가게구나'하는 생각에 손님들은 가게를 더 신뢰하게 돼요. 그로써 손님이 더 늘어날 수도 있겠죠?

현금영수증을 받는 방법은 간단해요. 현금으로 물건을 산 후 현금영수증을 달라고 말해요. 그 후에 현금영수증을 발급받을 사람의 전화번호를 이야기하면 돼요. 현금영수증은 문자로 받을 수도 있고, 국세청 홈페이지에서도 확인할 수 있어요.

문제 속 경제 용어 / 경제 개념 톡톡

국세청: 나라에서 국민들에게 세금을 걷고 관리하는 기관이에요.

탈세: 내야 할 세금을 일부러 내지 않는 거예요. 탈세는 법을 어기는 행위예요.

소득공제: 벌어들인 돈 중 일부에 대해 세금 적용을 면제해 주는 제도예요.

오늘의 경제 퀴즈

현금영수증에 대해 공부했던 내용을 생각해 보면서 빈칸을 채워보세요.

> 나라 입장에서는 현금영수증 발행을 통해 (㉠)을/를 막을 수 있고,
> 소비자 입장에서는 (㉡)을/를 받을 수 있어서 좋아요.

㉠ (　　　　　　) ㉡ (　　　　　　)

쏙쏙 문제 해설

물건을 살 때 현금을 내면 기록이 남지 않아 돈이 어디에, 얼마나, 어떻게 오고 갔는지 파악하기 힘들어요. 그런데 현금영수증을 발급하면 현금 거래도 카드 거래처럼 기록으로 남게 돼요. 세금을 내지 않으려 일부러 현금으로 거래하는 사례도 종종 있는데, 이렇게 되면 기록이 남아 숨길 수 없기 때문에, 탈세를 할 수 없어요. 탈세는 내야 하는 세금을 내지 않는 것을 말하죠. 소비자 입장에서는 현금영수증을 발급받으면 쓴 현금에 대한 기록도 남아서 그만큼 소득공제를 받을 수 있어요. 소득공제는 세금을 계산할 때, 벌어들인 돈 중 꼭 필요해서 쓴 돈 만큼은 제외해 주는 아주 고마운 제도예요. 따라서 소득공제는 현금 거래 시에 현금영수증 발행을 유도하는 경제적 유인이라고도 볼 수 있겠네요.

경제 생각 키우기

Q. 마트에서 물건을 사고 신용카드로 계산했다면, 현금영수증을 발급받을 수 있을까요?

Q. 현금영수증처럼 사람들이 스스로 정직하게 행동하도록 만드는 제도는 또 뭐가 있을까요?

Day78

왜 '우리만의 AI'를 직접 만들려고 할까요?

인공지능이란 시스템에 의해 만들어진 지능을 갖춘 존재를 말하며 간단히 AI라고 부르죠. 이미 AI를 직접 사용하는 친구도 있을 정도로 이제 인공지능은 우리 삶 깊이 들어왔어요.

그런데 혹시 '**소버린 AI**'라는 AI에 대해 들어본 적 있나요? 소버린이란 '자주적인'이라는 의미를 담은 영어 단어로, 소버린 AI란 한 나라가 스스로 힘으로 직접 AI를 만들 수 있는 능력을 말해요. 지금 우리가 자주 사용하는 AI는 외국에서 만든 것이 많아요. 그래서 최근엔 우리나라도 자체 AI를 개발해야겠다는 목표를 가지고 정부, 기업, 국민이 함께 노력하고 있답니다.

그런데 소버린 AI를 개발하는 건 어려운 일이에요. 복잡한 기술력은 물론이고 돈이랑 시간도 많이 들죠. 그런데 어떤 이유로 우리나라는 소버린 AI 개발에 힘을 쏟는 것일까요? 그 이유는 크게 세 가지입니다. 먼저 우리나라 사람들과 기업의 **정보**를 **보호**하기 위해서예요. 외국 AI를 사용하는 건 우리의 아이디어 노트나 일기장을 다른 사람에게 보여주는 것과 같죠.

두 번째 이유는 **정확성**을 위한 것이에요. 우리가 가끔 외국 영화를 보면 이해하지 못하는 것들이 있어요. 이처럼 외국의 AI는 한국인들의 문화와 언어를 잘 몰라 전혀 다른 답변을 하기도 하죠. 한국을 이해할 수 있는 AI가 있다면 답변은 더욱 정확해질 거예요.

마지막 이유는 **경제적 자립**을 위해서입니다. 만약 갑자기 AI 사용에 큰돈을 내라고 하면 어떻게 될까요? 우리가 만든 AI가 없다면 어쩔 수 없이 돈을 내고 사용할 수밖에 없겠죠. 이처럼 우리나라만의 AI를 개발하는 건 결국 정보를 보호하고 경제적으로 자립하기 위한 중요한 정책이랍니다.

문제 속 경제 용어 / 경제 개념 톡톡

소버린 AI: 한 나라가 자체적인 기술, 데이터, 네트워크, 인적 자원 등을 사용해서 인공지능을 스스로 만들 수 있는 능력을 의미해요.

경제적 자립: 다른 나라의 힘이나 상황에 경제적으로 휘둘리지 않고 스스로 관리할 수 있는 능력을 말해요.

오늘의 경제 퀴즈

지금까지 소버린 AI에 대해 배웠어요. 다음 설명 중 옳은 것은 'O', 틀린 것은 '×'에 동그라미 쳐볼까요?

① 소버린 AI는 한 나라가 스스로의 힘으로 직접 만든 인공지능을 의미한다. (O / ×)
② 외국 AI를 사용하는 것이 우리나라의 정보를 더 안전하게 보호할 수 있다. (O / ×)
③ 소버린 AI를 개발하기 위해서는 복잡한 기술력뿐만 아니라 많은 자본과 시간 투자가 필요하다. (O / ×)
④ 정부, 기업, 국민 모두가 소버린 AI 개발에 함께 노력해야 한다. (O / ×)

쏙쏙 문제 해설

소버린(Sovereign)은 '자주적인'이라는 뜻으로, 소버린 AI는 다른 나라의 도움 없이 우리 스스로 기술과 데이터를 활용해 만드는 인공지능을 말해요. ①번은 소버린 AI의 뜻을 정확히 설명하고 있네요. O입니다. 해외에서 만들어진 AI를 사용하면 우리의 중요한 정보가 해외 기업 서버에 저장될 수 있어 정보 유출의 위험성이 커져요. 소버린 AI가 개발된다면 중요한 정보를 더 안전하게 보호할 수 있으므로 ②번은 잘못된 설명이에요. 소버린 AI는 최첨단 기술이 집약된 프로젝트이므로, 기술 개발에 큰 비용과 긴 시간이 필요해요. 또한 소버린 AI는 정부의 정책적 지원, 기업의 기술력, 그리고 국민들의 관심과 참여가 함께해야 성공할 수 있어요. 이는 미래를 위한 중요한 투자로 ③번과 ④번은 옳은 설명이에요.

경제 생각 키우기

Q. 소버린 AI가 성공적으로 등장한다면 AI 시장에 어떤 변화가 생길까요?

Q. 소버린 AI를 만드는 것이 장기적으로 볼 때 우리 경제에 어떤 이점을 가져올까요?

Q. 만약 우리나라가 소버린 AI를 개발하지 못하고 다른 나라에 계속 의존하게 된다면, 미래에 어떤 사회·경제적 문제가 발생할 수 있을지 생각해 봅시다.

Day79

왜 보이스피싱은 우리 경제에 피해를 줄까요?

최근 우리나라, 아니 전 세계 경제를 혼란에 빠뜨리는 악당이 있는데요. 바로 목소리로 사람들을 낚아 돈과 정보를 빼앗는 '**보이스피싱**'입니다. 저도 얼마 전 보이스피싱 전화를 받았는데 막상 법원이나 검찰이라는 전화를 받으니, 마음이 쪼그라들 정도로 겁이 났습니다.

보이스피싱은 목소리, 개인 정보, 낚시 세 단어의 영어 표현을 섞어 만든 단어로 '목소리를 이용해 개인 정보를 낚아 올린다'라는 뜻을 담고 있어요. 보이스피싱 범죄자들은 은행이나 정부 직원처럼 속여 계좌 정보, 신용카드 정보 등 **개인 정보**를 불법적으로 알아내 우리들의 돈을 훔치죠.

보이스피싱은 다양한 사회·경제적 문제를 불러와요. 우리가 열심히 일해서 번 돈을 두 눈 크게 뜨고 뜯긴다면 얼마나 억울하겠어요. 보이스피싱은 경제의 생산성을 떨어뜨리고 경제성장도 방해해요. 이 전화가 과연 실제 은행에서 전화가 온 건지 아니면 보이스피싱인지 항상 긴장해야 하니 사람들의 스트레스도 올라갈 거고요. 이렇게 되면 금융회사나 정부에 대한 믿음이 점점 사라지고 공동체의 힘도 약해지겠죠.

보이스피싱은 빠른 사이버 기술의 발전과 **정보 비대칭**이 맞물려 발생한 범죄예요. 특히 이런 사이버 범죄는 피해자들이 돈을 돌려받을 확률이 매우 적어요. 그렇다면 이런 보이스피싱의 피해를 줄이려면 어떻게 해야 할까요? 최근 통신사들은 AI를 활용한 보이스피싱 감지 시스템을 만들어 피해 예방을 위해 노력하고 있어요. 하지만 우리가 보이스피싱에 속지 않는 것이 가장 최우선입니다. 또 우리의 소중한 개인 정보는 아무에게나 쉽게 알려주지 않도록 조심해야겠죠? 합리적인 판단력과 정확한 정보 습득은 현명한 경제생활을 위한 첫걸음이에요.

문제 속 경제 용어 / 경제 개념 톡톡

개인 정보: 이름, 전화번호, 주민등록번호, 계좌 비밀번호 등 우리들의 정보를 말해요.

공동체: 문화나 생각을 공유하며 함께 살아가는 사람들이 모인 것을 의미해요.

통신사: 전화, 데이터 전송 등 통신 서비스를 제공하는 회사를 말해요.

오늘의 경제 퀴즈

다음 설명 중 보이스피싱에 대한 설명으로 옳은 것은 'O', 틀린 것은 '×'에 동그라미 쳐볼까요?

① 보이스피싱은 목소리를 이용해 개인 정보를 낚아 올려 돈을 빼앗는 범죄이다. (O / ×)

② 보이스피싱 범죄로 인해 사회 전체의 생산성이 떨어지고 경제 성장이 저해될 수 있다. (O / ×)

③ 보이스피싱은 정보 비대칭과는 전혀 관계없이 단순히 개인의 부주의로 인해 발생한다. (O / ×)

④ 합리적인 판단력과 정확한 정보 습득은 보이스피싱을 막고 현명한 경제생활을 하는 데 중요한 요소이다. (O / ×)

쏙쏙 문제 해설

보이스피싱은 '목소리', '개인 정보', '낚시' 세 단어를 합친 말로 전화로 개인 정보를 알아내어 돈을 훔치는 범죄 행위예요. 보이스피싱으로 인해 사람들이 스트레스를 받고 금융회사나 정부에 대한 믿음이 사라지면서 사회 전체의 활력이 떨어지죠. 이는 경제의 생산성을 떨어뜨리고 한 나라의 경제 성장 또한 방해할 수 있어요. ①번과 ②번은 옳으므로 O에 동그라미 쳐야 해요. 보이스피싱 범죄에서 정보 비대칭은 범죄자들이 정보를 더 많이 가지고 있는 것처럼 속여 사람들을 속이는 중요한 요인이 됩니다. 물론 개인의 부주의도 영향을 미치지만, 정보 비대칭이 관계없다는 것은 틀린 설명이므로 ③번은 ×입니다. 합리적인 판단력과 정확한 정보 습득은 보이스피싱에 속지 않기 위한 가장 중요한 방법으로 현명한 경제생활의 기본적인 자세예요. ④번은 옳은 설명이에요.

경제 생각 키우기

Q. 보이스피싱이 사회 전체의 생산성에 어떻게 영향을 미치는지 생각해 볼까요?

Q. 보이스피싱은 '사기'의 한 종류입니다. 보이스피싱 외에 다른 경제 사기 사례에는 어떤 것들이 있을지 찾아봅시다.

PART 9

왜 어떤 지역은 살기 좋을까? 더 나은 사회를 위해 뭐가 필요할까?

(사회적 가치·빈부격차)

Day80

어려운 사람을 도와주면 경제에도 도움이 될까요?

행정복지센터, 복지회관 등 '복지'라는 단어가 들어간 다양한 말을 한 번은 들어봤을 거예요. 일단 우리 생활에 좋은 것 같긴 한데 잘 모르겠다고요? 복지가 대체 무엇일지, 경제적으로는 어떤 역할을 하는지 함께 알아보도록 해요.

복지는 항상 우리 곁에 있어요. 학교에서 점심을 무료로 먹는 것, 아플 때 병원비가 많이 나오지 않도록 도와주는 것, 무더운 여름날 버스를 기다리는 사람들을 위해 시원한 부스를 설치한 것 모두 복지라고 할 수 있어요. 이처럼 복지 정책은 우리 삶을 편하게 해주고 사회를 지켜주는 튼튼한 '안전망'이라고 할 수 있죠.

그런데 이런 복지 정책이 우리 '경제'랑도 아주 밀접한 관계가 있다는 사실, 알고 있었나요? 복지 정책은 소비를 활성화하고, 생산성을 향상시키며, 공정한 기회를 제공하는 역할을 해요.

전반적으로 크게 소비가 줄었던 코로나19 지원금을 받았었던 것 기억하시나요? 경제가 어려울 때는 사람들이 지갑을 동여매어 돈이 잘 돌지 못해요. 복지는 **소비**를 **활성화**하여 돈을 돌고 돌게 만들고 경제를 활발히 움직이도록 해준답니다. 의료보험 덕분에 병원비 걱정 없이 치료받는 것처럼 복지는 우리 사회 전체의 생산성을 높여줘요. 마치 기계가 고장 나지 않아야 물건을 더 많이 만들 수 있는 것처럼요. 또 복지 정책은 마치 모두에게 튼튼한 운동화를 신겨주는 것과 같아요. 가난하거나 몸이 불편하다고 해서 꿈을 포기하지 않도록 도와주어 **공정한 기회**를 제공해 주려 하죠. 이처럼 복지 정책은 우리 사회의 모든 구성원이 최소한의 **행복**을 누리고, 더 나아가 더 나은 삶을 살 수 있도록 돕는 것이 목표랍니다.

문제 속 경제 용어 / 경제 개념 톡톡

복지: 우리가 아프거나 힘들 때, 또는 필요한 것이 있을 때 나라나 사회가 도와주는 것을 의미해요.

지원금: 어려운 사람을 돕거나 특정 목적을 위해 나라나 단체에서 주는 돈을 말해요.

의료보험: 우리가 매달 조금씩 돈을 내면, 나중에 아플 때 병원비를 덜 내도록 도와주는 복지 제도예요.

오늘의 경제 퀴즈

다음 복지에 대한 설명으로 옳지 않은 것을 찾아보세요.

① 복지 정책은 우리 사회의 모든 구성원이 최소한의 행복을 누릴 수 있도록 돕는다.
② 아동 수당, 민생지원금 등 지원금 복지 정책은 소비를 활발하게 만든다.
③ 복지 정책은 가난하거나 몸이 불편한 사람들에게 꿈을 이룰 기회를 준다.
④ 복지 정책은 어려운 사람들에게만 좋은 것이다.

쏙쏙 문제 해설

복지 정책은 우리 사회의 모든 구성원이 최소한의 행복을 누리고, 더 나아가 더 나은 삶을 살 수 있도록 돕는 것을 목표로 하고 있어요. 단순히 아픈 사람만 돕는 것이 아니라, 모두가 기본적인 삶을 누리도록 돕는 것이죠. 아동 수당, 민생지원금 등의 복지 정책은 소비자의 구매력을 높여 소비를 활성화해요. 이는 돈을 돌고 돌게 만들고 경제를 활발히 움직이도록 해준다고 배웠죠? 또 복지는 어려운 환경에 있는 사람도 자기 능력을 발휘하고 꿈을 향해 나아갈 수 있도록 돕는 역할을 해요. 따라서 ①, ②, ③번 모두 옳은 설명이에요. 학교에서 점심을 무료로 먹는 것, 아플 때 병원비를 덜 내는 의료보험, 시원한 버스 부스 등은 특정 계층뿐 아니라 우리 모두에게 도움이 되는 복지 정책이에요. 복지는 어려운 사람들을 돕는 것을 넘어, 우리 사회 전체가 더 튼튼하고 건강하게 발전하도록 돕는 중요한 역할을 하므로 ④번은 틀렸어요.

경제 생각 키우기

Q. 만약 복지 정책이 없다면 우리 사회는 무엇이 달라지고 경제적으로 어떤 문제가 생길 수 있을까요?

Q. 여러분이 생각하는 꼭 필요한 복지 정책은 무엇인가요?

Q. 여러분이 어른이 되어 직접 복지 정책을 만들 수 있다면, 어떤 복지 정책을 만들고 싶나요? 그 정책이 우리 경제에 어떤 긍정적인 영향을 미칠까요?

Day81

우리 동네 공원이나 놀이터는 누가 만들었을까요?

공원이나 놀이터는 편의점처럼 우리 주변 곳곳에 있죠. 하지만 편의점은 주인이 돈을 받고 물건을 팔지만, 공원이나 놀이터는 누구나 무료로 자유롭게 이용할 수 있어요. 그렇다면 도대체 누가 이걸 만들어 놓고 공짜로 즐기게 두었을까요?

보통 도시는 다양한 용도로 나누어져 있어요. 집을 짓는 땅, 상가를 짓는 땅, 도로나 공원을 만들어야 하는 땅 등으로 말이죠. 보통 호수공원 같은 큰 공원이나 도로는 시민들을 위해 나라나 시에서 **복지** 차원으로 만들어요. 우리가 낸 세금을 사용해서 말이죠. 하지만 모든 공원과 도로, 놀이터를 나라에서 만들 순 없어요. 그렇다고 해서 어떤 지역은 만들어 주고, 또 어떤 지역은 안 만들어 주는 건 공평하지 않죠.

그래서 나라는 '기업'에 도움을 요청해요. 아파트나 상가를 짓는 기업에 주민 편의 시설을 만들어서 나라에 기부해 달라고 부탁하는 거예요. 우리는 이걸 **'기부채납'**이라고 합니다. 마치 우리가 어려운 사람들을 위해 기부하는 것처럼요.

그렇게 되면 '기업이 강제로 기부해서 손해를 보는 것 아닐까?'라고 생각할 수도 있지만, 사실은 손해를 보지 않는 경우가 대부분이에요. 나라는 기부채납하는 기업에 여러 가지 혜택(인센티브)을 주거든요. 예를 들어 원래는 아파트를 15층까지밖에 짓지 못하는데, 동네 공원을 만들어 기부채납하면 20층까지 지을 수 있도록 허가 해주는 거죠. 그러면 기업은 오히려 더 돈을 많이 벌게 될 수도 있어요.

나라는 세금을 사용하지 않아서 좋고, 기업은 돈을 더 많이 벌어 좋고, 주민들은 멋진 공원과 도로가 들어서서 좋아요. 이처럼 기부채납은 나라, 기업, 주민 모두에게 이득입니다.

문제 속 경제 용어 / 경제 개념 톡톡

상가: 여러 상점이 모여 있는 거리나 장사를 하기 위해 만들어진 건물을 뜻해요.

기부채납: 개인이나 기업이 건물이나 공공시설을 나라나 시에 공짜로 기증하는 것을 말해요. 그래서 나중에는 나라가 받아서 소유하고 관리하게 되죠.

인센티브: 경제적 유인을 위한 보상이나 혜택을 의미해요. 회사가 직원에게 성과급을 주는 것, 나라가 기업에게 세금 혜택을 주는 것도 모두 인센티브라고 할 수 있어요.

오늘의 경제 퀴즈

다음 기부채납과 관련된 설명으로 옳은 말을 한 동물들을 모두 찾아보세요.

① 하마: 기부채납은 나라가 돈을 주고 기업에 공원을 만들어 달라고 부탁하는 거야.
② 사슴: 기부채납은 나라, 기업, 주민 모두에게 이득이 될 수 있어.
③ 치타: 기부채납으로 인해 기업은 원래보다 더 많은 돈을 벌게 될 수도 있지.
④ 염소: 나라는 기업에 기부채납을 할 것을 강제로 명령하고 기업은 무조건 따라야 해.

쏙쏙 문제 해설

기부채납은 개인이나 기업이 공원, 도로 놀이터 등 주민 편의 시설이나 상가를 만들어 나라나 시에 기부하는 것을 말한다고 배웠죠? 나라나 시는 돈이 아닌 혜택(인센티브)을 주죠. 하마는 틀린 말을 하고 있네요. 나라는 세금과 인력을 낭비하지 않고 좋은 공공시설을 지을 수 있어 좋고, 기업은 인센티브로 원래보다 더 많은 돈을 벌 수 있어 좋아요. 또 결과적으로 모든 수혜는 주민들이 누리게 되죠. 따라서 기부채납은 나라, 기업, 주민 모두가 이득을 볼 수 있는 좋은 정책입니다. 사슴과 치타는 모두 올바른 말을 하고 있어요. 나라는 기업에 기부채납을 '부탁'하는 것이고, 기업은 나라가 제시한 혜택을 보고 기부채납을 할지 말지 결정해요. 절대로 나라나 시가 한 기업에 기부채납을 강제로 명령 내릴 수 없으며, 기업은 이를 거절할 수 있어요. 염소는 틀린 말을 하고 있네요. 물론 기부채납이 특정 사업을 진행하기 위한 '허가 조건'인 경우에는 기부채납을 거절할 시 사업 진행을 못할 수 있다는 점은 기억해 두자고요.

경제 생각 키우기

Q. 기부채납이 없었다면 우리 동네의 공원이나 도로, 놀이터는 지금과 어떻게 달랐을지 상상해 봅시다.

Q. 정부나 지자체가 기부채납을 하는 기업에 주는 인센티브가 너무 크거나 작으면 어떤 문제가 발생할 수 있을까요?

Q. 기부채납을 통해 만들어진 공공시설이 지역 주민의 복지 수준을 높이는 데 어떻게 기여할까요?

Day82

빈익빈 부익부가 되는 이유는 무엇일까요?

'빈익빈 부익부'라는 흥미로운 말이 있어요. 어려운 단어라 이 말을 알고 있는 학생이라면 정말 똑똑한 친구일 텐데요. '빈'이라는 단어는 가난하다는 뜻이고, '부'라는 단어는 부유하다는 뜻이에요. 따라서 빈익빈 부익부라는 말은 '가난한 사람은 더 가난해지고, 부유한 사람은 더 부유해진다'라는 말이죠.

이렇게 가난한 사람과 부유한 사람의 경제적인 차이를 '**빈부격차**'라고 해요. 그렇다면 왜 가난한 사람은 더 가난해지고 부자는 왜 더 부자가 되는 걸까요? 빈부격차가 커지는 건 '**교육**'에서 차이가 나면서부터 발생해요. <스카이 캐슬>이라는 드라마처럼 한국의 사교육 시장은 매우 치열하죠. 누구나 무료로 높은 수준의 교육을 받을 수 있다면 좋겠지만, 더 좋은 교육을 받기 위해선 더 많은 돈을 내야 하는 게 현실입니다.

또 빈부격차는 **자산 소유의 차이** 때문에 발생해요. 원래부터 돈이 많은 집에서 태어난 경우, 부모님의 지원을 받아 더 좋은 자산에 투자하여, 다른 사람보다 돈을 쉽게 벌 수 있는 거예요. 또 자연스럽게 부모님의 돈을 상속받기도 하죠. 이 외에도 좋지 않은 경제 상황과 고용 불안정, 사회적 지원의 부족 등으로 빈부격차가 커진답니다.

빈부격차가 사회·경제적 문제가 되는 이유는 바로 **사회 통합**을 무너뜨리기 때문이에요. 우리들은 혼자 살아가는 게 아니라 모두가 함께 힘을 모아 살아가잖아요. 빈부격차가 커지면 사회 갈등이 심해지고, 모두가 함께 잘 살아가야 하는 경제의 뿌리가 흔들릴 수 있답니다.

문제 속 경제 용어 / 경제 개념 톡톡

빈부격차: 가난한 사람과 부자 사이에서 경제적으로 격차가 벌어지는 것을 말해요.

사교육: 학교같이 나라나 시에서 제공되는 교육 이외의 교육을 뜻해요. 학원이나 과외 등 개인적으로 받는 교육이 사교육에 해당하죠.

갈등: 의견이나 생각의 차이로 인해 발생하는 사람들 사이의 대립을 말해요. 갈등에서 '갈'은 칡을 뜻하고, '등'은 등나무를 뜻해요. 칡과 등나무는 모두 덩굴식물인데, 칡은 왼쪽으로만, 등나무는 오른쪽으로만 휘감고 올라가는 특성이 있죠. 만약 칡과 등나무가 한 나무를 감고 올라가게 되면 복잡하게 얽히게 되어 결국 서로에게 안 좋은 영향을 미친답니다. 갈등은 이런 상황을 빗대어 표현한 말이에요.

오늘의 경제 퀴즈

다음 설명 중 빈부격차에 대한 설명으로 옳은 것은 'O', 틀린 것은 '×'에 동그라미 쳐볼까요?

① 빈부격차는 소득, 자산, 교육 기회 등 다양한 분야에서 나타날 수 있다. (O / ×)
② 치열한 사교육 시장은 돈이 많은 사람이 더 좋은 교육을 받을 기회를 얻을 가능성을 높여 빈부격차를 심화시킬 수 있다. (O / ×)
③ 개인의 노력 부족이 빈부격차의 가장 큰 원인이다. (O / ×)
④ '갈등'은 사회 통합을 강화하는 데 도움이 된다. (O / ×)

쏙쏙 문제 해설

빈부격차는 가난한 사람과 부자 사이에서 경제적으로 격차가 벌어지는 것을 의미하며 가난한 사람은 더 가난해지고, 부유한 사람은 더 부유해지는 등 빈부격차가 커지는 것을 '빈익빈 부익부'라고 해요. 빈부격차는 단순히 돈의 차이뿐만 아니라, 돈으로 얻을 수 있는 교육, 의료, 문화적 기회 등의 차이로도 나타나요. 따라서 ①번은 O예요. 사교육은 개인의 능력을 올려줄 수는 있지만 돈이 없는 학생들은 이러한 기회에서 소외되어 빈부격차를 더 크게 만들 수 있어요. ②번도 옳은 설명이에요. 그러나 빈부격차는 개인의 잘못이라기보다 경제 상황, 사회 구조 등 사회적인 문제로 발생하죠. 빈부격차가 심해지면 사회 구성원 간 갈등이 커지고 사회 통합이 무너질 수 있기에 격차를 줄이기 위한 다양한 노력이 꼭 필요하답니다. ③번과 ④번은 모두 틀린 설명으로 ×가 맞겠네요.

경제 생각 키우기

Q. 우리 주변에서 볼 수 있는 빈부격차의 사례는 어떤 것들이 있나요?

Q. 빈부격차로 인해 생길 수 있는 사회 갈등의 구체적인 예시를 들어볼까요?

Q. 정부가 빈부격차를 줄이기 위해 어떤 정책을 펼칠 수 있을지 생각해 봅시다.

너무 억울해서 회사 기계를 부숴도 괜찮을까요?

여러분, 부모님께 혼이 난 이후 '방에서 나오지 않겠다'든지, '밥을 먹지 않겠다'라는 등 치사한 **시위**를 해 본 적 있나요? 만약 여러분이 방문을 걸어 잠그거나 밥을 먹지 않는다면 가족들이 마음의 상처를 입을 거고, 또 걱정도 될 거예요. 하지만 여러분이 이런 시위를 하는 데는 이유가 있겠죠. 내 슬픈 마음과 억울함을 다른 사람에게 알리려는 거예요.

그런데 회사에서도 이렇게 자신의 억울함을 이야기하려는 경우가 있어요. 바로 '**사보타주**'라고 하는 건데, 지금부터 자세히 알아보도록 해요.

사보타주는 프랑스어로 '나막신'이라는 뜻을 가진 '사보'라는 단어에서 시작됐어요. 19세기 **산업혁명** 당시 착취당하던 노동자들이 나막신으로 공장의 기계를 망가뜨리거나 나막신을 끌고 다니며 대충 일하는 등 불만을 표출하는 것에서 유래했죠. 사보타주는 회사에 불만과 억울함을 느끼는 노동자들이 회사가 정상적으로 운영되지 못하도록 방해하는 것을 말해요. 문제점은 사보타주가 **폭력**과 **파괴**를 기반으로 하는 시위라는 점이랍니다. 일반적으로 업무 시설이나 기계 등을 파괴하죠. 또 회사 일이 진행되지 못하도록 일정을 방해하기도 해요.

사보타주는 노동자들의 억울함을 들어주고 더 나은 근로 환경을 만들기 위한 수단으로 인정될 때도 있지만, 폭력이 동반되는 만큼 '범죄'로 이어질 가능성이 있어요. 즉, 합법적인 행위와 불법적인 행위 사이의 경계에 놓여있단 말이죠. 최근에는 회사의 중요한 데이터를 삭제하거나 외부로 유출하는 등의 행위도 큰 문제가 되고 있어요. 이런 경우에는 **중대 범죄**로 분류되어 무거운 처벌을 받을 수도 있답니다.

문제 속 경제 용어 / 경제 개념 톡톡

시위: 여러 사람이 한자리에 모여 '우리의 목소리를 들어주세요'라고 외치는 것을 말해요.

착취: 정당한 대가를 주지 않고 일하게 하는 것처럼 다른 사람의 힘이나 노동을 부당하게 이용하고 이익을 빼앗는 것을 의미해요.

중대 범죄: 사회에 큰 피해를 주는 심각한 범죄를 뜻해요. 중대 범죄를 저질렀을 시에는 법적으로 매우 무거운 처벌을 받을 수 있어요.

오늘의 경제 퀴즈

다음은 영화와 드라마의 한 장면들인데요. '사보타주'에 해당하는 장면들을 모두 골라볼까요?

㉠ 영화 〈더 킹〉에서 노동자들이 의도적으로 일을 늦게 하거나 불량품을 만들어 공장의 생산 라인을 멈추는 장면.

㉡ 드라마 〈슬기로운 의사생활〉에서 의사들이 환자의 생명을 살리기 위해 밤낮없이 수술을 하고 응급 환자를 돌보는 장면.

㉢ 영화 〈설국열차〉에서 꼬리 칸 사람들이 지도층인 앞칸 사람들에게 맞서 차의 동력원인 엔진을 파괴하려 시도하는 장면.

㉣ 드라마 〈미스터 션샤인〉에서 의병들이 일본군이 사용하는 전신 기지국을 파괴하거나, 철로를 폭파하는 장면.

쏙쏙 문제 해설

영화 <더 킹>에서 노동자들이 일부러 불량품을 만들거나 일을 늦춰 공장의 생산 라인을 멈추는 것은 회사 운영을 방해하는 사보타주의 전형적인 예시예요. 이는 19세기 산업혁명 시대 노동자들이 나막신을 끌고 다니며 대충 일했던 것과 비슷한 맥락이죠. 드라마 <슬기로운 의사생활>에서 의사들이 환자를 위해 최선을 다하는 모습은 회사(병원)의 운영을 방해하는 행위가 아닌, 오히려 정상적인 운영을 위한 노력에 해당해요. 따라서 사보타주와는 전혀 관련이 없습니다. 영화 <설국열차>의 장면은 불합리한 사회 제도와 차별에 맞서 엔진을 파괴하여 열차를 멈추려 한다는 점에서 사보타주에 해당해요. 드라마 <미스터 션샤인>에서 일제에 맞서 의병들이 일본군에게 저항하기 위해 전신 기지국이나 철로를 파괴하여 정부의 시스템 운영을 방해하는 행위이므로 사보타주로 볼 수 있죠.

경제 생각 키우기

Q. 만약 여러분이 회사 사장이라면, 직원들의 사보타주를 막기 위해 어떤 노력을 할까요?

Q. 사보타주는 노동자들의 '정당한 권리'일까요, 아니면 '불법적인 범죄'일까요? 자신의 생각을 이야기하고 그 이유를 말해봅시다.

Day84

왜 정부가 돈을 들여서 다리를 만들까요?

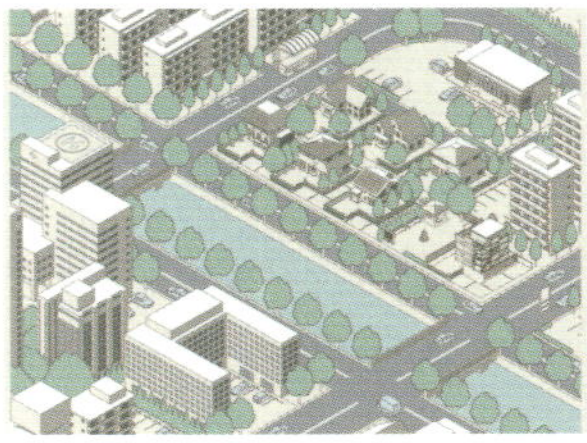

우리의 삶을 편리하게 해주는 것들에는 여러 가지가 있죠. 다른 지역으로 빠르게 갈 수 있도록 도와주는 버스나 지하철, 강을 쉽게 건널 수 있도록 해주는 다리나 아플 때 가는 병원, 어두운 밤 길거리를 비춰주는 가로등까지. 정말 이야기를 하려면 끝이 없겠네요. 이렇게 우리가 살아가는 데 도움을 주는 시설들을 **사회기반시설**이라고 하는데, 영어로 줄여서 '인프라'라고 많이 부른답니다.

이런 인프라는 '**물리적 인프라**'와 '**사회적 인프라**' 두 가지 종류로 나뉘어요. 물리적 인프라란 도로, 철도, 항만, 공항, 전기, 통신망, 상하수도 시설처럼 우리 눈에 보이는 구조물을 말해요. 또 사회적 인프라란 교육, 의료, 복지, 문화 시설 등 눈에 보이지 않지만, 사람들의 삶의 질과 생산성을 높이는 데 필수적인 사회 시스템을 의미하죠. 만약 우리 집 주변에 병원, 지하철, 깨끗하고 넓은 도로와 공원, 문화 시설 등이 가득 있다고 생각해 보세요. 너무 편리해서 모두가 살고 싶어 할 거예요.

그럼, 더 나아가 우리 경제에는 어떤 점이 좋을까요? 대부분의 인프라는 커다란 프로젝트가 많아요. 한강을 가로지르는 큰 다리나 고속도로, 지하철 등은 건설하는 데 많은 사람이 필요해요. 이는 새로운 일자리를 만들죠. 인프라의 건설을 위한 정부의 지원과 투자는 지역 경제를 활성화하고, 낙후된 지역을 개선하여 지역 불균형 문제를 해소하는 데도 도움이 될 수 있어요. 또 인프라가 잘 갖춰져 있을수록 기업이 비용과 시간을 아낄 수 있어 생산성이 커지고 이는 시장 경제 활성화로 이어지죠. 이처럼 인프라는 우리나라 경제 성장을 위해 정말 중요한 역할을 하는 시설이에요.

문제 속 경제 용어 / 경제 개념 톡톡

사회기반시설: 버스, 지하철, 학교, 병원, 다리, 공원처럼 우리가 살면서 편하게 지낼 수 있도록 도와주는 모든 시설을 말해요.

상하수도: 깨끗한 물을 집으로 보내주고, 사용한 더러운 물을 잘 처리해서 내보내는 시설이에요. '상수도'는 깨끗한 물이 나오는 길, '하수도'는 더러운 물이 나가는 길이죠.

낙후: 발전이 늦어 다른 지역보다 시설이나 환경이 좋지 않은 상태를 뜻해요.

오늘의 경제 퀴즈

다음 내용을 읽고, 지금까지 배운 내용을 참고하여 빈칸에 들어갈 알맞은 말을 채워 보세요.

우리가 살아가는 데 도움을 주는 다양한 시설들을 (①)라고 하며, 눈에 보이는 물리적 인프라(도로, 다리 등)와 눈에 보이지 않는 사회적 인프라(의료, 교육 등)로 나뉘어요. 이러한 인프라는 사람들의 삶을 편리하게 하고, 기업의 생산성을 높여 (②)에 중요한 역할을 해요. 또한, 인프라를 건설하는 과정에서 새로운 (③)가 생기고 지역 경제가 활성화되는 효과도 있답니다.

① (   )   ② (   )   ③ (   )

쏙쏙 문제 해설

'인프라'라고 불리는 사회기반시설은 우리의 삶을 편리하게 해주는 시설로 경제에 꼭 필요한 구성 요소예요. ①번에는 '인프라' 혹은 '사회기반시설'을 써넣으면 정답이에요. 인프라가 우리 경제에 미치는 긍정적인 역할은 여러 가지인데요. 기업의 생산성과 효율성을 높여 경제가 성장하는 데 중요한 역할을 하며, 인프라를 만드는 과정에서 많은 일자리를 창출할 수 있어요. 또 낙후된 지역의 생활 환경을 개선하여 삶의 질을 높이고 지역 불균형을 해결하는 방법이 되기도 하죠. 물론 인프라의 투자가 특정 지역에서만 이루어질 경우 더 심각한 지역 불균형을 가져오기도 하니 인프라 투자가 항상 긍정적인 결과만을 가져오는 것은 아니랍니다.

경제 생각 키우기

Q. 우리 동네에는 어떤 물리적 인프라와 사회적 인프라가 있는지 찾아보도록 합시다.

Q. 낙후된 지역에 인프라를 만들려면 누구의 역할이 가장 중요할까요? 만약 아무도 낙후된 지역에 인프라를 건설하려고 하지 않는다면 어떻게 될지 상상해 봅시다.

Q. 인프라 건설은 새로운 일자리를 만들지만, 그 과정에서 환경을 해치기도 해요. 편리함과 환경 보호 중 어느 것이 더 중요하다고 생각하나요?

Day85

복권을 팔아서 모은 돈은 누가 가져갈까요?

여러분 <응답하라 1988>이라는 드라마를 본 적 있나요? 현실적인 시대 감성과 재미있는 이야기로 '명작'이라 불리는 드라마 중 하나인데요. 여기서는 쌍문동이라는 동네가 나오는데, 그 골목에 모여 사는 다양한 가족들의 이야기를 잘 풀어낸 작품이랍니다.

이 드라마를 본 친구라면 알겠지만, 쌍문동 골목에는 정환이네 가족이 살고 있어요. 이 가족은 쌍문동에 살고 있는 다른 가족들과는 조금 다르죠. 당시 학생들은 못 신는 비싼 운동화를 신고 다닌다든지 연탄을 한꺼번에 엄청 많이 사는 등 부유한 모습이 많이 나오는데요. 그들이 여유롭게 사는 이유는 정환이의 형이 **'올림픽 복권'**에 당첨되었기 때문입니다.

복권은 돈을 내고 추첨에 참여하여 당첨되면 큰돈을 받는 제도예요. 우리나라에는 정환이네 형이 당첨된 '올림픽 복권' 외에도 로또, 연금복권, 즉석 복권 등 다양한 복권이 있어요. **로또**는 가장 대중적인 복권으로, 여러 숫자 중 6개를 선택해 당첨을 노리는 방식이고, **연금복권**은 당첨금을 연금처럼 매월 정해진 금액씩 받는 복권이죠. **즉석 복권**은 복권 용지를 긁어 당첨 여부를 바로 확인할 수 있는 스크래치 카드 형식의 복권이랍니다.

'티끌 모아 태산'이라고, 전국에서 천 원이 수천만 개가 모이면 정말 큰돈이 되겠죠? 이 돈은 여기저기 나눠서 사용해요. 일부는 복권에 당첨된 사람에게 **당첨금**으로 주고, 일부는 **기금**이라는 이름으로 어려운 이웃을 돕거나, 문화예술 진흥 사업 등에도 쓰인답니다. 즉, 복권은 재미로 참여하는 게임이면서 동시에 좋은 일을 하는 방법인 셈이에요. 하지만 복권 당첨 확률은 매우 낮기에 너무 많이 구매하면 합리적인 소비가 아니겠죠?

문제 속 경제 용어 / 경제 개념 톡톡

추첨: 제비뽑기처럼 여러 사람 중에서 무작위로 한 명 혹은 여러 명을 뽑는 것을 말해요.

연금: 월급처럼 매달 또는 매년 정해진 금액을 받는 돈을 말해요.

티끌 모아 태산: 아주 작은 것이라도 꾸준히 모으다 보면 나중에는 산처럼 큰 덩어리가 된다는 의미의 속담이에요.

오늘의 경제 퀴즈

다음에서 복권에 대한 설명으로 옳지 않은 것을 찾아보세요.

① 복권은 돈을 내고 추첨에 참여해 당첨금을 받는 제도이다.
② 우리나라에서 복권은 오직 로또만 존재한다.
③ 복권 판매금의 일부는 어려운 이웃을 돕는 기금으로 사용된다.
④ 복권은 행운을 기대하는 게임이면서 동시에 나눔을 실천하는 방법이기도 하다.

쏙쏙 문제 해설

복권은 우리가 돈을 내고 복권 용지를 사거나 응모하여 추첨에 최종으로 뽑히거나 당첨된 사람이 '일확천금(힘들이지 않고 단번에 많은 재물을 얻는 것을 말하는 사자성어)'으로 당첨금을 받는 제도예요. 우리나라에서는 현재 로또, 연금복권, 즉석 복권 등의 복권이 발행 중이며, 과거에는 올림픽 복권, 주택복권 등이 있었어요. 그래서 ①번은 옳은 설명이고, ②번은 틀린 설명이에요. 복권을 판매해서 얻은 이익은 여러 군데에 나눠서 사용돼요. 일부는 당첨금으로, 일부는 기금으로, 일부는 세금과 소방관 복지로, 또 일부는 문화예술 지원 등에 사용됩니다. 따라서 복권은 행운을 기대하는 재미있는 게임이면서도 어려운 이웃과 우리 사회를 돕는 '일석이조(하나의 돌로 두 마리의 새를 잡는다는 말로, 한 가지 일을 하여 두 가지 이득을 얻는다는 뜻의 사자성어)'의 제도랍니다. ③번과 ④번 모두 정확한 설명이에요.

경제 생각 키우기

Q. 정부는 왜 복권 사업을 허가하고 운영할까요? 복권 사업이 경제와 사회에 미치는 긍정적, 부정적 영향은 무엇일지 생각해 봅시다.

Q. 복권 당첨 확률이 매우 낮음에도 불구하고 많은 사람이 복권을 사는 이유는 무엇일까요?

Q. 만약 여러분이 복권에 당첨된다면 그 돈을 어떻게 사용할지 구체적인 계획을 세워볼까요?

Day86

오래된 동네를 부수지 않고 살기 좋게 만드는 방법은?

여러분은 오랫동안 좋아했던 애착 물건이 있나요? 어릴 때부터 안고 있었던 토끼 인형이나 오랫동안 덮었던 이불 같은 거 말이에요. 보통은 아쉽긴 해도 오래되어 쓸 수 없는 물건은 버리고 새로 사기 마련인데요. 만약 너무 좋아하는 물건이라면 수선해서 사용할 수도 있어요. 전문가에게 부탁해서 마치 새것처럼 만드는 거죠.

이처럼 오래되어 쓸모를 잃은 것을 수선하여 새로운 쓸모를 부여하는 걸 '재생'이라고 한답니다. 그런데 우리가 사는 도시도 재생할 수 있다는 것, 알고 계셨나요? 도시는 상황에 따라 커지기도 하고 쇠퇴하기도 해요. 인구가 줄고 개발이 줄면 도시의 규모가 축소되는데요, 그러면 그럴수록 더 많은 인구가 다른 도시로 빠져나가게 되고, 건물이 노후되고 생활 편의시설이 감소하며 일명 '**슬럼화 현상**'이 발생하기도 해요.

정부나 시는 이런 문제를 해결하기 위해 도시를 수선하는 '**도시재생**'이라는 정책을 펼쳐요. 예를 들어 건물이 오래되었지만, 새로 지을 수 없는 경우에 외관을 깔끔하게 바꾸는 작업을 한다든지 열악한 환경을 개선하기 위해 곳곳에 작은 공원이나 쉼터를 만드는 거죠. 또 그 동네 사람들 간의 **공동체**를 강화하고 **지역 경제**를 살리려는 것도 도시재생이에요. 예를 들어 무너져 가는 골목 상권을 살리기 위한 지원을 늘리고 젊은 층의 유입을 위한 이벤트를 여는 것처럼 말이에요.

이처럼 도시재생은 낡은 도시를 모두 부수고 새로 짓는 게 아니라, 기존의 모습을 보존하며 생활 환경을 개선하는 걸 말해요. 도시재생은 주민들의 삶의 질을 높여 공동체를 회복하고 지역 경제를 활성화하는 경제에 아주 중요한 정책이랍니다.

문제 속 경제 용어 / 경제 개념 톡톡

쇠퇴: 한창 활발했던 무언가가 점점 약해지고 힘을 잃어가는 것을 뜻해요.

슬럼화 현상: 도시가 쇠퇴하고 인구가 감소하는 과정에서 빈집과 낡은 건물이 늘어나고, 생활 편의시설이 부족해지면서 주거 환경이 점차 열악해져요. 이런 현상으로 인해 도시의 활력이 떨어지고 주거 환경이 더욱 나빠지는 악순환을 의미해요.

오늘의 경제 퀴즈

다음 설명 중 도시재생의 사례로 옳은 것은 'O', 틀린 것은 '×'에 동그라미 쳐볼까요?

① 쇠퇴하던 서울 성수동의 수제화 거리에 청년 디자이너들과 장인들이 모여 개성 있는 카페와 문화 공간을 만들며, 젊은 층이 찾는 '힙플레이스'로 바뀌었어요. (O / ×)

② 서울 용산구 일대의 낡은 주택과 상업지역을 전면 철거하고 새로운 주거단지와 도로, 공원 등을 조성하는 대규모 재개발 사업으로 인해 한남뉴타운을 만들어 살기 좋은 도시가 되었어요. (O / ×)

③ 쇠퇴하던 산동네인 부산 감천문화마을에 예술가들이 벽화를 그리고 집들을 알록달록하게 칠하면서 관광객들이 몰리는 유명한 명소가 되었어요. (O / ×)

④ 미국 뉴욕 하이라인 파크는 쓰이지 않던 고가 철도 위를 멋진 공원으로 만들면서, 도시의 새로운 랜드마크가 되었고 주변 지역의 경제적 가치를 높였어요. (O / ×)

쏙쏙 문제 해설

도시재생은 쇠퇴하는 도시 지역에 새로운 기능을 부여해서 경제가 활성화하도록 돕는 정책으로, 낡은 것을 없애거나 파괴하지 않고 보존하면서 지역 경제를 살리는 것을 말해요. ①번의 성수동 사례는 낡은 건물을 허물지 않고, 기존의 수제화를 만들던 공간을 철거하지 않고 새로운 문화 공간으로 만들어 젊은 층이 유입되도록 한 도시재생의 대표적인 예시예요. ②번은 기존의 건축물을 전부 허물고 새로운 건물을 짓는 재개발 사업에 해당합니다. 도시의 모습을 보존하며 개선하는 도시재생과는 차이가 있으므로 ×예요. ③번의 사례는 마을의 기존 모습을 그대로 보존하면서, 벽화와 같은 예술 요소를 더해 새로운 매력을 창출한 도시재생의 성공 사례예요. ④번도 쓰이지 않던 오래된 고가 철도를 철거하지 않고, 새로운 용도인 공원으로 바꿔 도시의 가치를 높인 해외의 도시재생 사례예요.

경제 생각 키우기

Q. 여러분 집 주변에도 오래된 건물이나 낡은 동네가 있나요? 만약 우리 동네를 도시재생 한다면, 가장 먼저 어떤 점을 바꾸고 싶나요?

Q. 낡은 건물을 부수고 새로 짓는 것과 기존 건물을 고쳐 쓰는 것에는 각각 어떤 장단점이 있을까요?

Day87

왜 정부는 계속 새로 도시를 만들어야 할까요?

신도시는 말 그대로 새롭게 만들어진 도시예요. 오랫동안 사람들이 모여 자연스럽게 만들어진 일반적인 도시와는 달리, 정부가 미리 계획을 세워 만든 도시를 말하죠. 마치 게임 속에서 빈 땅에 길과 건물, 공원을 계획적으로 만드는 것처럼 말이에요.

그렇다면 왜 새로운 도시를 만들까요? 가장 큰 이유는 도시 과밀화를 막기 위해서예요. 대한민국의 수도인 서울은 많은 사람이 살고 싶어 하는 도시예요. 일자리가 많고 편리한 시설이 잘 갖춰져 있기 때문이죠. 하지만 너무 많은 사람이 모여 살면 집이 부족해지고 교통이 복잡해지는 문제가 생겨요. 여러분이 사는 집에 100명이 함께 산다고 생각하면 이해가 빠를 거예요. 그래서 정부는 서울 주변에 깨끗하고 살기 좋은 신도시를 만들어 서울에 몰린 인구를 나누고, 사람들이 편안하게 지낼 수 있는 집을 많이 만들려고 노력했어요.

두 번째 이유는 치솟는 집값을 안정시키기 위해서예요. 모두가 서울에 살고 싶어 하면 서울의 집값은 점점 올라가겠죠? 집값이 너무 비싸면 많은 사람이 집을 구하기 어려워져요. 신도시는 비교적 저렴한 가격으로 깨끗하고 좋은 환경을 제공해, 집값 때문에 힘들어하는 사람들에게 도움을 준답니다.

물론 신도시가 모든 문제를 해결해 주지는 않아요. 신도시에서 서울로 출퇴근하는 사람들이 많아지면서 교통이 복잡해지는 문제가 생기기도 하고, 오래된 시설들을 다시 정비해야 하는 과제도 남아있어요.

문제 속 경제 용어 / 경제 개념 톡톡

신도시: 인구 과밀·교통 체증·주택난 등을 해결하기 위해 대도시의 주변에 계획적으로 개발한 새로운 도시를 말해요.

과밀화: 어떤 지역에 인구나 시설, 자원 등이 지나치게 집중되어 붐비거나 빽빽한 상태를 의미해요.

노후화: 시대에 뒤떨어지거나 낡는 것을 말해요. 시설의 노후화란 시설이 너무 낡아 사용하는 데 어려움이 생겨 수선 및 교체해야 하는 상태에 놓인 것을 뜻하죠.

오늘의 경제 퀴즈

다음 설명 중 신도시에 대한 설명으로 옳은 것은 'O', 틀린 것은 '×'에 동그라미 쳐볼까요?

① 신도시는 오랜 시간 자연스럽게 형성된 도시가 아니라, 정부의 계획에 따라 만들어진 도시이다. (O / ×)

② 신도시는 도시의 인구와 시설이 지나치게 많아지는 '과밀화' 문제를 해결하는 데 도움을 줄 수 있다. (O / ×)

③ 신도시는 계획적으로 만들어지므로 아무런 문제가 없어 최대한 많이 만들어야 한다.
(O / ×)

④ 정부는 신도시를 만들 때 오직 주택만 짓고 나머지는 사람들이 알아서 해결하도록 한다.
(O / ×)

쏙쏙 문제 해설

신도시는 서울과 같이 대도시의 문제를 해결하기 위해 정부가 도로, 주택, 상업 시설 등 도시의 모든 것을 미리 계획하고 설계해서 만든 새로운 도시예요. 오랜 시간 사람들에 의해 자연스럽게 만들어진 전통적인 도시가 아니라는 ①번 설명은 옳아요. 사람들이 너무 많이 모여 생기는 교통 혼잡이나 주택 부족 같은 문제들은 '과밀화'라고 한다고 배웠어요. 이는 신도시를 만들어 인구를 분산시킴으로써 해결할 수 있죠. ②번도 옳습니다. 신도시도 시간이 지나면 시설이 낡는 '노후화' 문제가 생길 수 있고, 많은 사람이 서울로 출퇴근하며 교통 체증이 심해지는 등 다양한 문제점들이 나타날 수 있어요. 무조건 신도시를 많이 만든다고 좋은 게 아니에요. ③번은 틀린 설명이에요. 신도시는 단순히 집만 있는 곳이 아니라, 학교, 병원, 상점, 공원 등 사람들이 편리하게 생활할 수 있도록 다양한 시설을 함께 계획하여 짓는답니다. ④번 설명도 틀렸네요.

경제 생각 키우기

Q. 신도시가 생기면 신도시 주변의 다른 지역에는 어떤 영향을 줄까요? 그건 좋은 영향일까요, 아니면 나쁜 영향일지 생각해 봅시다.

Q. 신도시가 '잠만 자는 도시'가 되는 것을 막으려면 어떤 노력이 필요할까요? 교통 문제 해결 외에 다른 방안은 무엇이 있을까요?

Day88

돈이 많은 친구만 좋은 자리에 앉으면 어때요?

오늘은 재미있으면서도 여러분에게 도움이 되는 이야기를 해 볼 거예요. 여러분의 반을 한 번 떠올려 볼까요? 교실에 책상과 의자가 줄을 맞추어 늘어서 있을 거예요. 맨 앞자리, 창가 자리 등 같은 책상이지만 그 위치는 모두 다르죠. 그런데 만약, 원하는 자리에 앉기 위해선 책상을 구매해야 한다면요? 친구들이 앉기 싫어하는 자리는 싸질 거고 좋은 자리는 더 비싸질 거예요.

어느 날 선생님이 좋은 자리에 새 책상들을 추가로 놓았어요. 그러면 서로 그 좋은 자리에 앉기 위해 더 많은 돈을 내려고 하겠죠? 결국 돈이 많은 친구가 그 자리를 차지할 테고요.

선생님은 이게 공정하지 못하다고 생각했어요. 그래서 새 책상들이 오기 전까지 학생들에게 '칭찬 스티커 판'을 만들고 칭찬 스티커를 모으도록 했어요. 그리고 새 책상을 판매할 때, 칭찬 스티커를 많이 모은 학생에게 먼저 자리를 살 기회를 주기로 했죠. 나머지는 스티커 개수와 상관없이 추첨을 통해 원하는 학생들을 뽑기로 했어요. 새 책상이 너무 비싸질 문제를 고려하여 한도를 정해 놓기도 했어요. 그러면 더 공정하게 자리를 얻을 기회를 받게 되겠죠?

이 이야기는 바로 '**주택청약**'에 대한 내용입니다. 새 책상은 '새로 만들어진 아파트'를 말하고, 칭찬 스티커 판은 '**청약 통장**'을, 한도를 정해 판매하는 것은 '**분양가상한제**'를 의미해요.

누구나 신축 아파트에 살고 싶어 하죠. 그래서 청약 통장을 만들어 돈을 넣는 사람 중 무주택자들이 신축 아파트를 우선 분양받을 수 있도록 추첨해 공평함을 높였어요. 주택 공급이 부족한 현재 '주택청약' 제도는 공평하게 신축 아파트를 구매할 기회를 준답니다.

문제 속 경제 용어 / 경제 개념 톡톡

주택청약: '주택청약종합저축'이라는 청약 통장에 가입한 사람 중 추첨을 통해 당첨된 사람에게 아파트를 살 수 있는 자격을 주는 걸 말해요.

신축: 사람이 아직 한 번도 살지 않은, 지은 지 얼마 안 된 새 건물을 부를 때 써요.

분양: 건물을 지은 회사가 건물을 통째로 팔지 않고, 각 호실(집)을 하나씩 나눠서 파는 것을 의미해요.

분양가상한제: 분양가가 너무 비싸지지 않도록 아파트 가격에 최고 한도를 정해두는 제도예요.

오늘의 경제 퀴즈

다음 내용을 읽고, 지금까지 배운 내용을 참고하여 빈칸에 들어갈 알맞은 말을 채워 보세요.

> 주택청약은 무주택자 등에게 새로 지어지는 (신축)아파트를 공정하게 구매할 기회를 주는 제도입니다. (①)에 일정 기간 꾸준히 돈을 납입한 사람들이 신청할 수 있으며, (②) 또는 가점제 방식으로 당첨자를 선정합니다. 분양은 건설 회사가 완성된 집들을 나눠서 파는 것을 말하며, (③)는 아파트 가격이 과도하게 오르는 것을 막기 위해 정부가 분양 가격의 최고 한도를 정해두었습니다.

① (　　　　　　)　　② (　　　　　　)　　③ (　　　　　　)

쏙쏙 문제 해설

주택청약은 아무나 신청할 수 있는 것이 아니에요. 마치 특정 시험에 응시하기 위해 자격증이 필요하듯, 주택청약을 신청하려면 '주택청약종합저축'이라는 전용 통장이 있어야 하죠. 이 통장에 돈을 꾸준히 넣으면 나중에 청약을 신청할 수 있는 자격이 주어지죠. 우리가 흔히 '청약 통장'이라고 부르는 게 바로 이것이에요. 따라서 ①번에는 '청약 통장'이 들어가야 해요. 주택청약은 당첨자를 정하는 방법이 크게 두 가지로 나뉘어요. 하나는 무주택 기간, 부양가족 수 등에 따라 점수를 매기는 가점제이고, 다른 하나는 점수와 상관없이 운에 맡겨 당첨자를 뽑는 추첨제로 ②번의 정답은 '추첨'입니다. ③번의 정답인 '분양가상한제'는 말 그대로 '분양 가격'의 '상한선(가장 높은 한도)'을 정해두는 제도예요. 만약 정부가 가격에 제한을 두지 않는다면, 건설 회사가 아파트를 매우 비싸게 팔아서 서민들이 집을 사기 어려워질 수 있겠죠? 이를 막기 위해 정부가 아파트 분양 가격이 일정 수준을 넘지 못하도록 규제하는 거예요.

경제 생각 키우기

Q. 주택청약 제도가 생긴 이유는 무엇일까요? 또 이 제도가 필요한 사람들은 누구일까요?

Q. 분양가상한제는 가격의 '한도'를 정해줍니다. 만약 분양가상한제가 없어진다면, 어떤 일이 벌어질까요?

Q. 주택 공급이 부족할 때, 정부는 왜 무주택자에게 우선적으로 집을 살 기회를 주는 걸까요?

PART 10

경제가 어디에나 숨어 있다면, 어떻게 찾을 수 있을까?

(생활 속 경제 사례)

왜 옛날에는 감자튀김을 귀족들만 먹었을까요?

여러분, 프렌치프라이 좋아하지요? 요즘은 어디서나 저렴하고 간단하게 먹을 수 있는 즉석식품인데요. 감자는 옥수수, 고구마와 함께 대표적인 구황작물 중 하나로 척박한 환경에서도 비교적 잘 자라고 짧은 기간 동안 많은 양을 수확할 수 있어 과거 평민들의 귀중한 식량이었답니다.

18세기 후반까지 감자는 너무나 흔해서 가축의 사료로도 사용될 정도의 작물이었어요. 하지만 놀랍게도 19세기 초 프랑스에서는 프렌치프라이가 고급 요리였다고 합니다, 당시에는 값비싼 식용유에 튀겨 만들었기 때문에, 주로 귀족들만 **소비**하는 음식이었죠.

하지만 산업혁명이 일어나면서 상황이 바뀌었습니다. 공장에서 음식을 대량으로 생산하고, 식용유 가격도 하락하였습니다. 감자의 영양이 우수하다는 연구 결과 이후 생산이 급격히 증가했고, 사람들의 소득 수준이 향상되면서 감자튀김은 대중적인 음식이 되었습니다.

이처럼 사람들이 '원하는 것'이 '**수요**'이고 사람들이 '만들어 내는 것'이 '**공급**'입니다. 프렌치프라이의 사례는 수요와 공급이 모두 증가한 대표적인 사례라고 볼 수 있죠. 지금까지 프렌치프라이의 대중화 과정에 대해 함께 살펴보았는데요. 위 사례와는 반대로 수요와 공급 모두 감소하거나 둘이 서로 다른 방향으로 움직이는 사례도 쉽게 찾아볼 수 있어요.

수요와 공급 모두 감소한 사례로는 코로나19 팬데믹 이후 마스크 시장이 있는데요. 팬데믹이 종료된 이후로 마스크 착용 관련 규제가 완화되고 실제로 마스크 착용이 줄면서 수요가 감소했죠. 제조업체들도 더 이상 마스크를 많이 만들 필요가 없어지니까 공급도 감소했어요. 이때는 **균형 거래량**이 감소합니다.

문제 속 경제 용어 / 경제 개념 톡톡

수요: 어떤 재화나 서비스를 구매하고자 하는 소비자의 의사와 능력을 의미해요.
공급: 생산자가 일정한 가격에 시장에 팔고자 하는 재화 및 서비스의 수량을 의미해요.
균형 거래량: 수요의 양과 공급의 양이 딱 맞아서 실제로 거래가 이루어진 수량을 뜻해요.
사회적 잉여: 소비자와 생산자가 경제 활동으로 인해 얻는 이득을 합친 것을 뜻해요.

오늘의 경제 퀴즈

프렌치프라이의 대중화 과정에 대해서 올바른 설명을 모두 골라보세요.

㉠ 수요는 감소했어요.
㉡ 공급은 증가했어요.
㉢ 균형 거래량은 감소했어요.
㉣ 사회적 잉여는 증가했어요.

쏙쏙 문제 해설

감자튀김의 사례는 수요와 공급이 모두 증가한 예시예요. 따라서 ㉠은 틀리고 ㉡은 맞죠. 수요와 공급이 모두 증가했기 때문에 '거래량'도 함께 늘어나요. 여기서 '균형 거래량'이란, 감자튀김을 사 먹고 싶어 하는 손님과 감자튀김을 만들어 파는 양이 딱 맞아서 실제로 거래가 이루어진 수량을 뜻해요.

예를 들어 어떤 가게 주인이 감자튀김 100세트를 준비해 놓았는데, 감자튀김을 먹고 싶어하는 손님이 딱 100명 와서 전부 팔렸다면 그 100개가 바로 균형 거래량이에요. 문제의 예시에서는 감자 생산량이 늘어나 공급이 증가하고, 소득 수준이 향상되면서 수요도 같이 증가한 사례죠. 그래서 균형 거래량이 늘었기 때문에 ㉢은 틀립니다.

또 여기서 '사회적 잉여'라는 말은 소비자와 생산자가 감자튀김을 사고팔면서 얻는 이득을 합친 것이에요. 감자튀김을 사는 사람도 많아지고, 파는 사람도 많아진 상황이니 당연히 사회적 잉여도 증가했기 때문에 ㉣은 맞는 보기입니다.

경제 생각 키우기

Q. 프렌치프라이 가격이 비싸져도 사람들이 계속 많이 사 먹을까요?

Q. 스마트폰 가격이 더 비싸진다면 사람들은 계속 새 스마트폰을 살까요?

Q. 일상생활에서 균형 거래량이 깨진 사례를 한 가지 찾아볼까요?

Day90

외국 물건은 왜 우리 돈으로 못 살까요?

만약 우리가 일본에서만 판매하는 게임기를 사고 싶다면 어떻게 해야 할까요? 일본은 우리나라 돈인 '원'을 사용하지 않고 '엔'을 사용하기 때문에 한국 돈으로는 바로 살 수 없어요. 이런 어려움을 해결하기 위해 우리는 '**환율**'이라는 개념을 사용합니다.

환율은 서로 다른 나라 사이의 돈 교환 비율을 말해요. 예를 들어 미국 돈 1달러를 얻기 위해 한국 돈 1,000원이 필요하다면, 1달러당 1,000원의 환율이 되죠.

환율은 계속 변동합니다. 환율이 오르면 외화를 사기 위해 더 많은 원화를 내야 하고, 수입품 가격도 비싸집니다. 반대로 환율이 내리면 수입품 가격이 싸집니다. 환율은 외환의 수요와 공급에 따라 결정돼요.

수입품 인기가 높아지면 외환 수요가 늘어 환율이 오르고, 한국 화폐 가치는 떨어집니다. 반대로 수입품 수요가 줄면 환율이 내려가고, 한국 화폐 가치가 오릅니다. 이렇게 화폐 가치가 오르는 것을 '**평가절상**', 떨어지는 것을 '**평가절하**'라고 합니다.

우리가 다른 나라로 여행을 가기 위해 환전하러 은행에 가면 달러의 환율이 하나가 아닌 것을 확인할 수 있는데요. 왜 이렇게 헷갈리도록 다양하게 표시해 놓았을까요? 그건 바로 환전수수료 때문이에요. **환전수수료**는 원화를 외화로 교환할 때 부과되는 비용입니다. 예를 들어 우리가 은행에서 1달러를 환전하려고 할 때 1,200원을 내야 하지만, 실제로는 환전수수료가 붙어 1,050원밖에 받지 못하는 상황이 발생한다는 거예요.

문제 속 경제 용어 / 경제 개념 톡톡

원화: 우리나라는 돈을 셀 때 '1,000원', '5,000원' 등 뒤에 '원'을 붙여 사용하는데요. 원화는 대한민국의 공식 통화이며, 한화라고도 불러요.

외화: 외화는 말 그대로 외국의 화폐를 의미하는데, 미국은 달러, 일본은 엔, 유럽연합은 유로 등으로 불러요.

환전수수료: 다른 나라 돈으로 바꿀 때 은행이나 환전소가 받는 서비스 요금을 말해요.

오늘의 경제 퀴즈

㉠, ㉡, ㉢ 중 '환율'에 대한 설명으로 옳은 것은 'O', 틀린 것은 '×'를 따라가 출구를 찾아보세요.

㉠ 환율은 화폐 간 교환 비율을 의미한다. (O / ×)

㉡ 환율이 상승하면 수입 원자재 가격이 올라간다. (O / ×)

㉢ 화폐 가치가 하락하는 것을 평가절상이라고 한다. (O / ×)

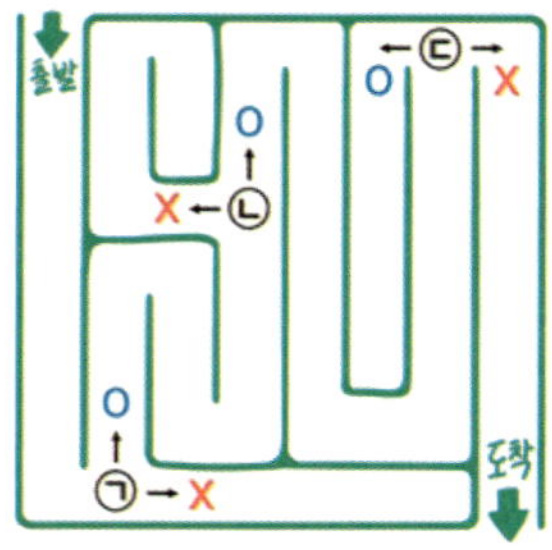

쏙쏙 문제 해설

환율은 서로 다른 나라 사이의 돈 교환 비율로, 두 화폐의 상대적 가치를 나타냅니다. 따라서 ㉠의 정답은 'O'가 맞겠네요. 환율이 상승하는 것은 외화를 구하기 위해 더 많은 원화를 내야 함을 의미하죠? 환율이 올라가면 외국에서 수입하는 물건의 가격이 비싸지고, 환율이 내려가면 수입하는 물건의 가격이 싸집니다. 따라서 ㉡의 정답은 'O'. 화폐의 가치가 오르는 것을 '평가절상'이라고 하고, 화폐의 가치가 떨어지는 것을 '평가절하'라고 해요. 따라서 ㉢의 정답은 '×'입니다. 다들 출구를 잘 찾으셨나요?

경제 생각 키우기

Q. 외국 돈을 바꿀 때 은행이 받는 요금은 무엇인가요?

Q. 미국 돈 1달러를 사기 위해 1,000원이 필요하면 환율은 얼마인가요?

Q. 환율이 오르면 외국 물건 가격은 비싸질까요, 싸질까요?

Day91

재미없는 영화, 끝까지 보는 게 이득일까요?

여러분은 극장에서 영화를 보다가 너무 재미없다고 느낀 적 있나요? 그럴 땐 중간에 나오는 게 나을까요, 아니면 이미 돈을 냈으니, 끝까지 보는 게 맞을까요? 이 상황에서 어떻게 선택하느냐에 따라 '경제적으로 합리적인 선택'인지 아닌지가 달라질 수 있어요.

합리적 선택이란 '가장 좋은 결과를 얻기 위해 똑똑하게 고민하고 결정하는 것'을 말해요. 돈이나 시간 같은 자원은 우리에게 한정 되어있는 매우 귀중한 자원이죠. 경제학에서는 이 자원을 가장 효율적으로 써서 가장 큰 만족감을 얻는 걸 **합리적 선택**이라고 말해요. 예를 들어 "이번 시험을 잘 보면 최신 스마트폰을 사주겠다"는 부모님의 말씀에 따라 유혹을 뿌리치고 열심히 공부하는 건 합리적인 선택일까요? 네, '드라마 시청', '게임', '친구들과 수다' 등 다른 활동들을 포기하고 '공부'라는 선택에 집중하여 미래의 더 큰 이득을 위해 현재의 작은 즐거움을 포기한 합리적인 선택의 사례이죠.

반대로 **비합리적 선택**이란 '충분히 생각하지 않아 나중에 더 만족할 수 있었던 기회를 놓치는 선택'이에요. 예를 들어, 백화점 세일 기간에 옷을 충동적으로 구매해 버린 경우는 합리적인 선택을 한 것일까요? 만약 이 옷을 정말 계속 유용하게 입을 수 있다면 합리적인 소비를 한 것이겠지만, 비슷한 옷이 이미 많고 잘 입지도 않는다면 비합리적인 선택이죠.

재미없는 영화를 계속해서 볼지 말지를 선택하는 것은 영화를 보는 시간 말고는 크게 잃는 것이 없기에 결정이 어렵진 않아요. 하지만 경제적으로 계속 손실을 볼 때는 합리적 선택인지 아닌지 잘 생각해 보고 대응해야 해요.

문제 속 경제 용어 / 경제 개념 톡톡

서비스: 사람들이 돈을 내고 이용하는 활동이나 경험을 뜻해요.

경제적 가치: 제품이나 서비스의 생산을 통해 새롭게 생긴 가치를 말해요.

경제적 비용: 어떤 행동을 할 때 실제로 든 돈과 그 행동 때문에 놓쳐버린 다른 기회에서 얻을 수 있는 만족을 합한 거예요.

오늘의 경제 퀴즈

지원이는 영화 입장권을 2만 원에 구입해 극장에 입장했어요. 그런데 영화는 기대와 달리 매우 재미가 없었죠. 지원이는 영화를 끝까지 보는 것보다 그 시간 동안 집에서 시험공부를 하는 것이 더 낫다고 생각했어요. 하지만 지불한 돈이 아까워서 그냥 계속 영화를 봤어요. 다음 중 지원이의 선택에 대한 설명으로 옳지 않은 것은 무엇일까요?

① '영화 입장권을 2만 원에 구입한 것'은 서비스를 소비하기 위한 활동이다.

② '영화'는 새로운 경제적 가치를 만들어 낸 활동이다.

③ '영화를 끝까지 보는 것'의 경제적 비용에는 '시험공부를 하는 것'에서 얻는 만족감이 포함된다.

④ '그냥 영화를 본 것'은 합리적 선택이다.

쏙쏙 문제 해설

영화는 무형의 서비스이며, 입장권을 구입한 행동은 서비스를 소비한 것이죠. 따라서 ①번은 경제학적으로 맞는 설명이에요. 영화사는 영화를 만들어서 영화 티켓 판매를 통해 돈을 벌어요. 따라서 이 예시에서 지원이가 영화에 만족하지는 못한 것과 상관없이, 이 영화는 경제적으로 가치를 만들어 냈다고 봅니다. 사람들이 돈을 주고 이용했기 때문이죠. 그래서 ②번은 맞는 설명입니다. ③번, 지원이는 영화를 끝까지 보기 위해 시험공부를 하는 것에서 얻는 만족감을 포기했어요. 경제적 비용에는 '그 행동 때문에 포기하거나 놓쳐버린 기회'가 포함되기 때문에 맞는 설명입니다. '그냥 영화를 본 것'은 합리적 선택이 아니라 비합리적 선택입니다. 합리적 선택이 되려면 재미없는 영화를 계속 보는 것이 포기한 것(시험공부를 하는 것)보다 큰 만족을 줘야 해요. 하지만 지원이는 시험공부를 하는 것이 더 낫겠다고 생각했어요. 이처럼 놓친 기회가 선택한 것보다 더 큰 만족을 준다면 그 선택은 '비합리적 선택'이에요.

경제 생각 키우기

Q. 어떤 고민을 해야 합리적인 선택을 할 수 있을까요?

Q. 계속해서 비합리적인 선택을 한다면 어떻게 될까요?

용돈을 받고 쓰는 것도 경제 활동일까요?

'경제 활동'이란 무엇일까요? 경제 활동이란 인간에게 필요한 재화와 서비스를 생산·분배·소비하는 것과 관련된 모든 활동을 말합니다. 우리는 알게 모르게 매일 경제 활동을 하고 있는데요. 마트에 가서 학용품을 사는 것, 학교에 가기 위해 버스를 타는 것, 부모님께 용돈을 받는 것도 모두 **경제 활동**에 해당한답니다.

자원은 한정되어 있기에 사람들은 어떻게 하면 **자원**을 효율적으로 사용하여 욕구를 충족시킬지 고민하고, 그 과정에서 다양한 경제 활동이 발생하게 되죠. **'생산 활동'**은 경제적으로 가치가 있는 물건이나 서비스를 만들어 내는 것이고 **'분배 활동'**은 생산 활동으로 생산된 것을 나누는 과정이며 **'소비 활동'**은 분배 활동을 통해 분배된 소득으로 필요한 재화나 서비스를 사용하는 것을 뜻해요. 이렇듯 경제 활동은 크게 '생산' '분배' '소비'로 나눌 수 있습니다.

그렇다면 경제 활동에 참여하는 사람들은 각각 어떤 역할을 할까요? 경제 활동의 주체로는 크게 **가계, 기업, 정부** 3개로 구분할 수 있는데요. 가계는 기업에 생산 요소를 제공하고 소득을 얻으며 재화를 소비하는 역할, 기업은 노동과 자본을 활용해 재화를 생산하고 가계에 재화 및 서비스를 공급하는 역할, 정부는 조세를 통해 자원을 확보하고 공공서비스를 제공하는 역할을 해요.

가계의 소비는 결국 기업의 투자로 연결되고 기업이 생산을 지속하게 하는 동력이 됩니다. 정부는 사회 간접 자본과 공공재 생산을 통해 경제를 안정시키죠. 이렇듯 이 3대 경제 주체는 상호작용을 통해 각자의 역할과 기능에 따라 경제를 움직인답니다.

문제 속 경제 용어 / 경제 개념 톡톡

자원: 자원은 우리가 무언가를 만들거나 사용하는 데 필요한 것을 말해요. 땅, 물, 공기, 나무 같은 자연적인 것도 자원이고, 사람의 노동력이나 돈 같은 것도 자원이 될 수 있어요.

재화: 사람이 만족을 얻기 위해, 필요로 하는 모든 걸 말해요. 이것을 획득하는 데에 대가가 필요한 것을 경제재라고 하며, 공기나 햇빛같이 대가가 필요하지 않은 것을 자유재라고 해요.

가계: 돈을 벌어서 쓰고, 저축하고, 생활하는 개인이나 가족 전체를 일컫는 말이에요.

오늘의 경제 퀴즈

다음의 학생 중 소비 활동을 한 사람은 누구누구인지 모두 찾아보세요.

㉠ 현구: 저는 부모님 가게 일을 도와드리고 용돈을 받았어요.

㉡ 석이: 저는 제가 가장 좋아하는 아이돌 그룹의 콘서트 티켓을 구매했어요.

㉢ 소윤: 저는 친한 친구의 생일 선물로 직접 목도리를 떠서 선물했어요.

㉣ 지훈: 저는 오늘 가족과 함께 야구장에 가서 좋아하는 야구팀을 응원했어요.

쏙쏙 문제 해설

부모님의 일을 도와드리고 용돈을 받은 현구 학생과 부모님은 세 가지 경제 활동 중 어떤 활동을 했을까요? 현구가 부모님의 가게 일을 돕는 것은 노동을 제공한 것이고, 그 대가로 용돈을 받는 것은 노동이라는 생산요소에 대한 대가(용돈)를 분배받은 것이죠.

다음으로 가장 좋아하는 아이돌의 콘서트 티켓을 구매한 석이 학생은 과연 어떤 경제 활동을 했을까요? 콘서트 티켓을 구매한 것은 아이돌의 공연이라는 서비스를 돈을 지불하고 직접 사용하는 행위입니다. 따라서 석이는 생산된 재화나 서비스를 최종적으로 사용하여 만족을 얻는 '소비 활동'을 한 거죠.

친구의 생일을 챙기기 위해 정성스럽게 목도리를 떠서 선물한 소윤 학생은 어떤 경제 활동을 했을지 맞혀보세요. 네, 소윤이가 친구에게 줄 목도리를 직접 떴다는 것은 실이라는 원료(자원)를 사용하여 목도리라는 새로운 재화(가치)를 만들어 낸 행위이므로 '생산 활동'에 해당해요.

친구들과 함께 야구장에 가서 좋아하는 야구팀을 응원한 지훈 학생의 행동은 과연 어떤 경제 활동에 해당할까요? 야구 경기는 스포츠 산업에서 제공하는 서비스이며, 지훈이는 이 서비스를 돈을 지불하고(입장권 구매 등) 경험함으로써 자신의 만족감을 충족시켰기에 '소비 활동'에 해당해요.

경제 생각 키우기

Q. 오늘 내가 한 경제 활동에는 어떤 것들이 있는지 생각해 볼까요?

Q. 한정된 자원을 효율적으로 사용할 수 있는 또 다른 방법이 있을까요?

Day93

119가 돈 낸 사람만 도와준다면?

우리 주변에서 '돈을 내지 않고 누구나 함께 자유롭게 쓸 수 있는 것'에는 뭐가 있는지 한번 생각해 볼까요? 가로등, 공원이나 놀이터, 깨끗한 공기 등이 있어요. 이렇게 우리 모두에게 필요하며 누구나 자유롭게 사용할 수 있는 것들을 **공공재**라고 해요.

공공재는 두 가지 특성을 갖고 있는데요. 바로 비경합성과 비배제성이에요. 조금 어렵지만, 쉽게 설명해 드릴게요. 만약에 내가 밤길을 걸을 때 가로등 불빛을 이용한다고 해서 다른 사람이 그 불빛을 이용하지 못하나요? 그렇지 않죠? 가로등 불빛은 한 명이 보든 여러 명이 보든 밝기가 줄어들지 않아요. 이렇게 공공재는 누군가가 사용하더라도 다른 사람이 사용하는 데 아무런 영향을 주지 않는 특성을 가져요. 이게 바로 **비경합성**이에요.

또 만약에 어떤 건물에 불이 난다면 어떻게 될까요? 사람들이 119에 신고해서 소방차가 출동하고, 고마운 소방대원들이 열심히 불을 끄기 위해 노력할 거예요. 그 건물이 돈을 내지 않는다고 해서 소방대원이 출동하지 않을까요? 그렇지 않겠죠? 소방대원들은 어떤 곳이더라도 출동하여 사람들을 도와주고 불을 꺼줄 거예요. 이렇게 돈을 내지 않는다고 해서 사용하지 못하도록 배제할 수 없다는 특성이 바로 **비배제성**이에요.

하지만 이렇게 모두가 자유롭게 사용하는 공공재는 누가, 얼마나 사용했는지 알 수 없기에 문제가 생길 수 있어요. '나 하나쯤이야' 하는 마음으로 비용을 내지 않고 무료로만 이용하려는 '**무임승차**' 심리가 생겨나면, 결국 시장이 제대로 작동하지 못하는 **시장 실패**로 이어질 수 있어요. 그래서 정부는 모두가 조금씩 내는 세금으로 공공재를 만들고 관리한답니다.

문제 속 경제 용어 / 경제 개념 톡톡

경합: 사람들이 서로 경쟁하듯이 '나 먼저', '내 차례야' 하며 사용하려고 하는 것을 뜻해요.

배제: 어떤 것을 사용하지 못하도록 막는 것을 의미해요.

무임승차: 돈을 내지 않고 버스나 지하철을 타는 것을 의미해요. 다른 사람에게 은근슬쩍 얹혀 가는 행동을 통틀어 의미하기도 해요.

오늘의 경제 퀴즈

다음 내용을 읽고, 지금까지 배운 내용을 참고하여 빈칸에 들어갈 알맞은 말을 채워 보세요.

우리 모두 쓰는 가로등, 공원처럼 (①)는 돈 없이도 함께 쓸 수 있어요. 내가 써도 남에게 피해 안 주고, 돈 안 냈다고 못 쓰게 막을 수도 없죠. 하지만 '나 하나쯤이야' 하고 공짜로만 쓰려고 하는 (②)심리로 인해 공공재가 망가져요. 그래서 (③)으로 모두 함께 만들고 아껴 써야 한답니다.

① (   )   ② (   )   ③ (   )

쏙쏙 문제 해설

가로등이나 공원처럼 우리 모두가 돈을 내지 않고도 함께 자유롭게 쓸 수 있는 것들을 공공재라고 배웠어요. "나 혼자 정도는 안 내도 다른 사람들이 내겠지?" 하는 생각으로 공짜로만 이용하려는 마음을 무임승차 심리라고 해요. 이런 마음이 커지면 결국 모두를 위한 공공재가 망가지거나 더 이상 제공되지 않을 수도 있어요. 그래서 정부는 우리 모두가 조금씩 내는 세금으로 공공재를 만들고 관리해요. 우리가 낸 세금은 우리 동네의 소방서, 깨끗한 도로, 학교 등 우리 모두가 함께 쓰는 소중한 것들을 만드는 데 사용된답니다. 따라서 ①번 빈칸에는 '공공재', ②번 빈칸에는 '무임승차', 마지막 ③번 빈칸에는 '세금'이 들어가는 것이 적절하겠네요.

경제 생각 키우기

Q. 우리 동네에 새로 생겼으면 하는 공공재가 있다면 무엇인가요?

Q. 현재 우리 주변에서 '무임승차'가 가장 심각하다고 생각하는 공공재는 무엇인가요?

Q. 만약 무임승차하는 사람들이 많아진다면 우리 사회나 경제는 어떻게 될지 생각해 봅시다.

Q. 공공재와 무임승차 문제를 해결할 수 있는 좋은 방법이 있을까요?

물건을 살 때 별점이 도움이 되나요?

'정보 비대칭'이라는 말을 들어본 적 있나요? 말 그대로 정보가 균형 잡히지 못하고 기울어졌다는 의미인데요. 중고 거래를 한번 예로 들어볼게요. 친구에게 내가 사용했던 장난감을 팔려고 해요. 나는 이 장난감을 얼마에 구매했으며, 얼마나 오래 썼고, 또 사용하면서 어떤 문제가 있었는지 너무 잘 알겠죠. 하지만 중고 장난감을 사는 친구는 내가 이야기해 주기 전까지 겉으로 보이는 것만 알 뿐, 물건의 속사정까지는 모를 거예요. 이처럼 정보를 가진 사람과 가지지 못한 사람 사이에 불균형이 생기는 것이 바로 **정보 비대칭**이에요.

정보 비대칭이 문제가 되는 이유는 정보가 많은 쪽은 최대한 자신의 이익을 높이기 위해 정보를 숨기고, 정보가 부족한 쪽은 손해를 볼까 불안해하기 때문이에요. 이러한 불균형은 시장 전체가 제대로 작동하지 않게 만들고 결국 **시장 실패**로 이어질 수 있어요.

정말 재미있게도 정보의 비대칭이 해결되지 않은 시장을 경제학에선 **'레몬 시장'**이라고 불러요. 레몬은 오렌지처럼 겉은 먹음직스러워 보여도 속은 시고 맛없는 경우가 많아서, 겉만 보고는 알 수 없는 물건처럼 정보 비대칭을 상징하는 과일이 되었답니다. 이런 레몬 시장에서는 결국 정보가 부족한 **소비자**가 피해를 보는 경우가 많아 정부는 다양한 방법을 사용합니다.

제품 성분과 유통기한 표시, 부동산 실거래가 공시 등 정보를 의무적으로 표기하게 하는 제도, 제품과 서비스의 신뢰성을 높이기 위한 면허와 자격 제도, 별점과 평판 시스템의 관리 등 다양한 노력을 한답니다.

문제 속 경제 용어 / 경제 개념 톡톡

비대칭: 똑같지 않고 한쪽으로 기울어져 있거나 균형이 맞지 않는 것을 말해요.

불균형: 균형의 반대말로 어느 한쪽으로 더 많거나 부족한 상태를 뜻해요.

유통기한: 물건(주로 식품과 화장품)이 만들어져서 우리에게 팔리고 사용될 수 있는 기간과 그 마지막 날짜로 소비자를 위해 꼭 표시되어야 하죠.

실거래가: 아파트처럼 비싼 물건을 사고팔 때, 실제로 주고받은 진짜 가격을 의미해요.

오늘의 경제 퀴즈

지금까지 정보 비대칭에 대해 배웠어요. 다음 설명 중 옳은 것은 'O', 틀린 것은 '×'에 동그라미 쳐 볼까요?

① 정보 비대칭은 정보를 가진 사람과 가지지 못한 사람 사이에 정보의 양이 다른 상태를 말한다. (O / ×)

② 경제학에서는 정보 비대칭이 해결되지 않은 시장을 '레몬 시장'이라고 한다. (O / ×)

③ 면허나 자격 제도는 전문가의 실력을 미리 확인하고 믿을 수 있도록 도와주어 정보 비대칭을 줄이는 역할을 한다. (O / ×)

④ 소비자가 물건을 살 때 정보를 많이 알수록 정보 비대칭이 발생하며 손해를 볼 가능성이 커진다. (O / ×)

쏙쏙 문제 해설

물건을 파는 사람은 물건에 대해 아주 잘 알지만, 사는 사람은 겉모습만 보고 판단해야 할 때가 많아요. 이처럼 정보가 한쪽으로 기울어진 상태를 정보 비대칭이라고 배웠어요. 겉모습만으로는 좋은지 나쁜지 알 수 없는 물건들로 가득한 시장을 레몬에 비유한 것을 '레몬 시장'이라고 해요. 이런 시장에서는 믿을 수 없는 물건 때문에 사람들의 불안감이 커져 거래가 줄어들 수 있죠. 의사나 변호사처럼 특별한 기술이 필요한 직업에 면허나 자격이 필요한 이유는 정보 비대칭을 줄이기 위해서인데요. 자격증을 통해 이들이 실력을 갖춘 전문가임을 알려주어 우리가 안심하고 서비스를 이용할 수 있도록 도와주죠. 소비자가 물건에 대한 정보를 많이 알수록 나쁜 물건을 사거나 비싸게 사는 경우를 줄여서 손해 볼 가능성이 훨씬 작아져요.

경제 생각 키우기

Q. 우리 주변에서 정보 비대칭이 일어나는 또 다른 예시에는 무엇이 있을까요?

Q. 온라인 쇼핑몰에서 상품을 구매할 때 별점과 후기는 왜 중요할까요? 이것들이 정보 비대칭 문제를 해결하는 데 어떤 도움을 줄까요?

Day95

나라가 돈이 없을 때는 누구에게 도움을 받을까요?

지난 시간에 OECD와 WTO에 대해 알아보았죠? 이번 시간에는 금융과 관련된 경제 기구에 대해 알아볼 거예요. 먼저 살펴볼 경제 기구는 바로 **국제통화기금(IMF)** 입니다. IMF는 여러분들도 몇 번 들어봤을 거예요. 과거 우리나라의 경제가 무너지고 기업들이 줄줄이 문을 닫았던 암울한 시기가 있었어요. 그때 우리나라가 다시 일어설 수 있도록 도와줬던 친구가 바로 IMF랍니다. IMF는 **환율 안정**과 무역 확대, **외환위기**가 온 나라들을 지원 해주는 역할을 하죠. IMF는 1945년 12월에 만들어졌고, 2025년 현재 회원국은 무려 190개국이나 된답니다. 한국은 1955년에 회원국으로 가입해 1997년 외환위기 당시 구제 금융을 지원받을 수 있었어요. 이후 금모으기운동 등 한국인들의 성실함과 뚝심으로 고작 3년 만인 2000년에 IMF에서 빌린 돈을 예상 일정보다 빠르게 갚으며 IMF 관리 체제를 종료했습니다. 정말 대단하고 자랑스럽지 않나요?

우리나라에 다양한 은행이 있듯이 국제사회에도 커다란 은행이 있어요. 바로 **세계은행(WB)** 인데요. 세계은행은 1946년 8월 전 세계의 가난 문제를 해결하고 개발도상국들의 경제 발전을 돕기 위해 만들어졌어요. 특히 설립 초기에는 제2차 세계대전의 피해를 복구하는 데 중요한 역할을 했죠. 현재는 기술 교육 등을 통해 가난한 사람들의 삶을 개선해 주고 환경 보호 활동도 하고 있어요. 세계은행의 회원국이 되려면 조건이 있는데요. 바로 IMF에 먼저 가입해야 한다는 겁니다. 2025년 세계은행의 회원국은 총 189개국이며 IMF 회원국이면서 WB에 가입되지 않은 나라는 '쿠바'가 유일하죠.

문제 속 경제 용어 / 경제 개념 톡톡

구제 금융: 나라가 갑자기 돈이 너무 없어져서 어려움을 겪을 때, IMF 같은 곳에서 도와주기 위해 빌려주는 돈을 말해요.

개발도상국: 아직 경제가 많이 발전하지 못해서 성장하고 있는 나라를 뜻해요.

금모으기운동: 우리나라가 IMF 외환 위기로 아주 어려웠을 때, 국민들이 자발적으로 집에 있던 금을 모아서 나라에 기부한 운동이에요.

오늘의 경제 퀴즈

다음 경제 기구와 관련된 설명 중 올바르지 않은 것을 찾아볼까요?

① 우리나라는 1997년 외환 위기 당시 국제통화기금(IMF)의 도움을 받지 못했다.
② 국제통화기금(IMF)은 환율 안정과 무역 확대를 지원하는 역할을 한다.
③ 세계은행(WB)은 개발도상국의 경제 발전과 가난 문제 해결을 돕기 위해 만들어졌다.
④ 세계은행(WB)의 회원국이 되려면 국제통화기금(IMF)에 먼저 가입해야 한다.

쏙쏙 문제 해설

한국은 1955년 IMF에 가입한 후, 1997년 경제적 난관에 부딪혔을 때 실제로 IMF로부터 긴급 구제 금융을 지원받았어요. IMF의 구제 금융을 통해 국가 부도 위기를 모면할 수 있었고, 이후 전 국민적인 금모으기 운동을 통해 외채를 조기 상환하며 IMF를 성공적으로 종료한 자랑스러운 역사를 가지고 있습니다. ①번은 옳지 않은 설명이죠. IMF는 환율 안정과 무역 확대를 지원하고, 세계은행은 개발도상국의 경제 발전을 위해 만들어진 경제 기구예요. 세계은행에 가입하려면 조건이 있는데, 바로 IMF의 회원국이어야 한다는 점입니다. 참고로 IMF는 외환위기가 닥쳤을 때 파산을 막아 주는 '탱커'의 역할이고, 세계은행은 개발도상국의 경제 성장을 돕는 '힐러'의 역할이라는 점에서 차이가 있어요. 따라서 ②, ③, ④번 모두 옳은 설명이에요.

경제 생각 키우기

Q. 개발도상국들이 경제 발전을 이루는데 또 어떤 도움이 필요할까요?

Q. 세계은행의 회원국이 되려면 IMF에 먼저 가입해야 하는 이유는 무엇일까요? 두 기구의 관계는 어떻게 설명할 수 있을까요?

Q. 만약 우리나라에 다시 외환위기가 온다면, 어떤 방법으로 위기를 극복할 수 있을까요?

Day96

날씨가 이상해지면 초콜릿 값이 왜 올라갈까요?

부모님과 함께 마트에 장 보러 갔을 때, "이건 왜 이렇게 비싸졌지?"라는 말을 들어본 적 있나요? 올해 여름, 수박 가격이 작년보다 23% 더 올랐다고 해요. 일부 지역에서는 한 통에 3만 원이 넘는 가격에 팔리기도 했죠. 다른 채소들도 전반적으로 작년보다 비싸졌는데, 그 이유가 바로 '기후' 때문이래요. 요즘 뉴스에서 **'기후플레이션'**이라는 단어가 유독 자주 나오고 있어요. 이 단어는 날씨를 의미하는 '기후'와 물가 상승을 의미하는 **'인플레이션'**의 합성어예요. 즉, 날씨 변화 때문에 상품 가격이 올라가는 현상을 말하죠.

기후변화는 우리의 소비에도 많은 영향을 주고 있어요. 예를 들어, '밸런타인데이'가 되면 좋아하는 친구에게 마음을 전하는 초콜릿을 선물하곤 하죠. 그런데 올해는 편의점에서 초콜릿 가격이 작년보다 훨씬 오른 걸 보고 깜짝 놀라지 않았나요? 그 이유가 뭘까요? 이것 역시 '기후' 때문이에요.

초콜릿의 원료는 '코코아'라는 카카오나무의 열매를 빻아 만든 재료인데요. 코코아는 서아프리카에서 전체의 3분의 2가 생산돼요. 그런데 홍수와 가뭄과 같은 기상 이변이 생기면서 코코아의 **생산량**이 확 줄게 된 거죠. 실제로 뉴욕ICE선물거래소에 따르면 국제 코코아 가격이 2023년 2천 원대에서 2025년 1만 원대까지, 2년 사이 무려 5배나 뛰었다고 해요.

이렇게 날씨가 이상해지면, 우리가 좋아하는 간식부터 장바구니 속 식재료들까지 가격이 오르게 돼요. 그래서 이제는 **기후 위기**를 극복하기 위한 모두의 노력이 필요해요. 쓰레기 줄이기, 대중교통 이용하기처럼 우리가 지금 당장 실천할 수 있는 작은 실천부터, 하나씩 시작해 보는 건 어떨까요?

문제 속 경제 용어 / 경제 개념 톡톡

기후: 한 지역에서 여러 해에 걸쳐 나타나는 기온, 눈, 비, 바람과 같은 날씨의 평균적인 상태를 말해요.

기후플레이션: 기후변화로 농작물 생산량이 줄어들어서 물가가 오르는 현상을 뜻해요.

생산량: 어떤 물건을 정해진 시간 동안 얼마나 많이 만들었는지를 말해요.

오늘의 경제 퀴즈

다음 중 '기후플레이션'에 대한 설명으로 올바르지 않은 것은 무엇일까요?

① '기후'와 '인플레이션'이 합쳐진 단어다.
② 특정 제품의 브랜드 인기가 높아져서 가격이 오르는 현상을 말한다.
③ 기후변화로 농작물 생산량이 줄어들어서 물가가 오르는 현상을 말한다.
④ 서아프리카의 이상기후로 인해 코코아 가격이 오르는 것이 하나의 예이다.

쏙쏙 문제 해설

기후플레이션은 날씨 변화 때문에 물건의 가격이 오르는 현상을 말해요. 예를 들어, 가뭄이나 홍수 같은 이상한 날씨 때문에 농작물의 생산량이 줄어들면, 그만큼 가격이 비싸질 수 있어요. 초콜릿, 수박처럼 우리가 자주 먹는 음식들도 기후플레이션의 영향을 받을 수 있죠. 단순히 일시적인 가격 변화가 아니라, 날씨가 경제의 흐름을 바꿔놓는 구조적인 문제라는 점에서 최근 중요하게 다뤄지고 있어요. 따라서 ①, ③, ④번은 옳은 설명이에요. 하지만 ②번은 제품의 인기가 많아지면서 가격이 오르는 것을 말하고 있어요. 이건 기후변화가 원인이 아니기 때문에, '기후플레이션'과는 관련이 없는 설명이에요.

경제 생각 키우기

Q. 우리 주변에서는 어떤 기후플레이션의 사례를 볼 수 있을까요?

Q. 기후플레이션이 '기후 위기'이면서도 '경제 문제'인 이유는 무엇일까요?

Q. 기후플레이션 문제를 줄이기 위해, 우리는 어떤 일을 해야 할까요?

Day97

도시에서는 왜 전염병이 더 빨리 퍼질까요?

2020년 봄, 갑자기 학교가 쉬는 날이 많아졌어요. 급식도 안 먹고, 집에서 태블릿이나 노트북으로 '온라인 수업'이라는 걸 처음 해봤죠. 밖에서 친구들과 놀 수 없고, 마스크를 쓰고 학원에 가던 날들… 다들 기억나지 않나요?

이 모든 일의 시작은 바로 '**코로나19**'라는 전염병이었어요. 특히 서울처럼 사람이 많은 도시에서는 감염자가 빠르게 늘어났어요. 학교, 지하철, 엘리베이터처럼 많은 사람이 모이고 움직이는 곳이 많기 때문이에요. 실제로 코로나19는 시골보다 **도시**에서 훨씬 빨리 퍼졌어요.

그런데 전염병은 단순히 몸이 아픈 사람만 생기는 문제가 아니었어요. 밖에 나가는 사람이 줄어드니 가게에는 손님이 끊기고, 음식점이나 학원, 영화관 같은 곳은 문을 닫기도 했죠. 대신 배달 음식이나 온라인 쇼핑, 화상 수업 같은 것들이 빠르게 늘어났어요. 전염병이 도시의 생활 방식과 **경제 흐름**까지 바꿔놓은 거예요. 게다가 사람들은 아프지 않더라도, 병에 걸릴까 봐 걱정하고 조심했어요. 그러다 보니 친구들을 만나지 못해 외롭고 답답하다는 말도 많았죠. 이처럼 전염병은 사람들의 감정과 사회 분위기를 바꿀 수도 있어요.

코로나19의 유행은 줄어들었지만, 앞으로 또 다른 전염병이 생길 수도 있어요. 그래서 도시는 전염병에 강한 구조를 미리 준비해야 해요. 병원과 보건소를 늘리고, 공공시설을 정비하고, 마스크나 의약품을 비축해 두는 것도 중요하죠. 그리고 우리 역시 그때의 경험을 기억하면서, 감기나 독감이 유행할 땐 마스크를 쓰거나 손을 자주 씻는 작은 습관을 지켜나가야 해요. 모두가 함께 준비할 때, 다음 위기를 더 잘 이겨낼 수 있으니까요.

문제 속 경제 용어 / 경제 개념 톡톡

도시: 사람이 밀집해 살며, 교통·상업·문화 시설이 모여 있는 지역이에요.

전염병: 사람 사이에서 쉽게 옮는 병으로, 감기나 코로나19도 전염병이에요.

경제적 영향: 한 사건이 상품 판매량과 일자리, 소비 등 돈의 흐름에 변화를 주는 것을 뜻해요.

오늘의 경제 퀴즈

다음 중 전염병과 도시에 대한 설명으로 틀린 것을 하나 골라볼까요?

① 도시처럼 사람이 많은 곳에서는 전염병이 더 빨리 퍼질 수 있어요.
② 전염병이 생기면 사람들의 생활 방식이나 소비 습관도 달라질 수 있어요.
③ 전염병은 일시적인 문제라서, 도시와 경제에는 별다른 영향을 주지 않아요.
④ 전염병이 유행하면 온라인 수업 같은 새로운 방식이 생기기도 해요.

쏙쏙 문제 해설

③번이 틀린 설명이에요. 전염병은 단지 감기처럼 열이 나고 몸이 아픈 문제에 그치지 않아요. 특히 도시처럼 많은 사람이 모여 사는 공간에서는 전염병이 훨씬 더 빠르게 퍼질 수 있고, 그만큼 생활의 여러 부분에도 영향을 주게 돼요. 예를 들어 코로나19가 유행했을 때는 학교가 문을 닫으면서 수업 방식이 바뀌었고, 가게에는 손님이 줄어들었으며, 많은 사람들이 일터에 나가지 못해 경제 활동 전체가 크게 흔들렸어요. 반대로 배달 음식이나 마스크와 손 세정제 같은 물건들은 갑자기 수요가 많아졌죠. 이처럼 전염병은 사람들의 생활 습관, 소비 방식, 일하는 방법, 심지어 감정과 사회 분위기까지 바꿔놓는 힘을 가지고 있어요. 따라서 전염병은 단순한 건강 문제가 아니라, 도시 전체에 영향을 주는 중요한 사회적 사건으로 이해해야 해요.

경제 생각 키우기

Q. 코로나19 당시, 우리 주변에서 바뀌었던 생활 모습을 떠올려 볼까요?

Q. 전염병이 도시 경제에 어떤 영향을 줄 수 있을까요?

Q. 앞으로 또 전염병이 생긴다면, 도시는 어떻게 준비해야 할까요?

Day98

작은 낙서가 왜 경제에 손해를 끼칠까요?

지난 2025년 8월 12일, 서울 경복궁 광화문 돌벽에 한 사람이 검은색 매직으로 글씨를 썼다가 경찰에 붙잡혔어요. 몇 년 전에도 청소년이 스프레이로 낙서했다가 벌을 받은 일이 있었어요. 낙서를 지우는 데는 특별한 장비와 전문가가 필요했고, 오랜 시간이 걸렸어요. 복원 비용도 모두 나라의 돈이 쓰였죠.

그렇다면 **국가 유산**이 자꾸 훼손되는 이유는 뭘까요? 최근 경복궁 야간 개장, 청와대 개방 등으로 사람들이 쉽게 찾을 수 있게 되었지만, 관람할 때 지켜야 할 주의 사항은 충분히 알려지지 않고 있어요. 국가 유산을 망가뜨리면 법에 따라 처벌받을 수 있지만, 실제로는 가벼운 벌금으로 끝나는 경우가 많아 심각하게 생각하지 않는 사람도 있죠. 이렇게 훼손된 국가 유산을 원래대로 되돌리는 데는 많은 시간과 비용이 들어요.

국가 유산은 경제적 가치도 커요. 경복궁 같은 장소를 보기 위해 국내외 관광객이 방문하면, 입장료 수익은 물론 주변 상점, 숙박업소, 전통문화 체험 등 **지역 경제**가 함께 살아나요. 이런 국가 유산 관광은 생산 증가, 고용 확대 등 다양한 경제 효과를 불러오는데, 국가 유산이 훼손되면 경제적 손실로 이어질 수 있어요. 이처럼 문화를 경제적으로 활용해 부가가치를 만드는 흐름을 **'컬처노믹스'**라고 해요. 전문가들은 이런 훼손을 줄이기 위해 입장 전 짧은 영상을 보여주거나, 외국어 안내 문구를 늘리는 등 여러 방법을 제안하고 있어요.

국가 유산은 수백 년 동안 지켜온 소중한 유산이고, 우리가 다음 세대에 물려줘야 할 자산이죠. 그 가치는 단지 과거에만 있는 게 아니라, 오늘날 우리의 경제와 지역 사회를 살아 있게 하는 힘이기도 합니다.

문제 속 경제 용어 / 경제 개념 톡톡

국가 유산: 우리나라의 역사, 문화, 자연 등을 담고 있어서 오랫동안 지켜야 할 소중한 자산이에요. 옛 건물이나 유물 같은 문화유산, 전통춤이나 노래처럼 눈에 보이지 않는 무형유산, 아름다운 경치나 특별한 자연환경 같은 자연유산이 모두 포함돼요.

컬처노믹스: '문화'와 '경제'의 합성어로, 문화를 경제적으로 활용해 부가가치를 창출하는 현상이나 전략을 의미해요. 국가 유산, 문화예술, 축제 등이 국가의 경쟁력 강화와 경제 활성화에 기여할 수 있다는 것이에요.

오늘의 경제 퀴즈

다음의 설명 중 국가 유산에 대한 설명으로 옳은 것은 'O', 틀린 것은 '×'에 동그라미 쳐볼까요?

① 국가 유산을 훼손하면 법에 따라 처벌을 받을 수 있다. (O / ×)

② 국가 유산에는 문화재뿐 아니라 무형유산과 자연유산도 포함된다. (O / ×)

③ 문화재에 낙서해도 시간이 지나면 자연스럽게 없어지기 때문에, 큰 문제가 되지 않는다. (O / ×)

쏙쏙 문제 해설

①번은 맞는 설명이에요. 국가 유산을 망가뜨리는 행동은 단순한 실수가 아니라 법으로도 금지된 일이에요. 실제로 경복궁이나 청와대에서 낙서를 하거나 구조물을 손상시킨 사람들이, '국가유산보호법'에 따라 경찰에 붙잡히고 벌을 받은 사례도 있었죠.

②번도 맞는 설명이에요. 국가 유산은 눈에 보이는 문화재뿐 아니라, 전통 춤이나 노래 같은 무형유산, 산이나 강처럼 자연이 만든 아름다운 장소도 포함돼요. 모두가 함께 지켜야 할 소중한 자산이라는 점에서 하나로 묶어 '국가 유산'이라고 부르는 거예요.

반면 ③번은 틀린 설명이에요. 문화재에 낙서하면 시간이 지나도 저절로 없어지지 않아요. 돌이나 나무에 스며든 자국은 지우는 데 오랜 시간이 걸리고, 전문 장비와 전문가의 작업이 필요해요. 국가 유산은 한 번 망가지면 되돌리기 어렵기 때문에, 낙서 같은 행동은 절대 해서는 안 돼요.

경제 생각 키우기

Q. 국가 유산 앞에 섰을 때, 여러분은 어떤 태도를 갖고 있었나요?

Q. 누군가 국가 유산을 훼손하는 걸 봤다면, 어떻게 행동했을 것 같나요?

Q. 앞으로 국가 유산을 더 잘 보호하기 위해 우리 학교나 지역 사회에서는 어떤 활동을 할 수 있을까요?

Day99

왜 한국 컵라면이 인기 있을까요?

“실제로 존재하지 않는 가상의 아이돌이 BTS보다 더 높은 기록을 세웠다?”

넷플릭스 애니메이션 ‘케이팝 데몬 헌터스(K-pop Demon Hunters)’에 등장하는 가상 걸그룹 ‘헌트릭스’와 보이그룹 ‘사자보이즈’가 글로벌 음원 차트 1위를 차지했어요. 그런데 이 애니메이션의 인기가 단순히 **콘텐츠** 성공에 그치지 않고, **부가가치**를 만들어 내고 있어요.

‘부가가치’란 하나의 산업이 생산과정에서 새롭게 창출한 가치를 말하는데요. 이 애니메이션이 흥행하면서 국립중앙박물관 뮤지엄 굿즈 브랜드 ‘**뮷즈**’의 ‘까치 호랑이’ 배지가 품절 사태를 일으켰고, 극 중 등장한 컵라면과 비슷한 제품이 주목받으며 식품 브랜드에도 새로운 매출이 생겼죠. 애니메이션 제작 자체뿐 아니라, 주변 산업이 추가로 얻은 이익까지 포함한 것이 바로 부가가치입니다.

흥미로운 점은 이 작품이 한국이 아닌 해외에서 제작되었다는 사실이에요. 물론 한국계 감독이 참여했지만, 외국 제작사가 ‘한국적인 요소’를 세밀하게 담아낸 덕분에 전 세계 시청자들에게 더 신선하게 다가왔죠. 남산, 김밥과 떡볶이, 민화 속 까치와 호랑이 같은 요소들이 자연스럽게 등장하면서, 이 애니메이션은 ‘**한류 프리미엄**’을 잘 보여주는 사례가 되었어요. 콘텐츠에 담긴 한국적 요소가 브랜드, 관광, 소비재 등 여러 분야에 영향을 미치고, 새로운 경제적 부가가치를 만들어내고 있는 것입니다.

문제 속 경제 용어 / 경제 개념 톡톡

K-콘텐츠: 한국에서 만든 영화, 드라마, 음악, 애니메이션 등 다양한 문화 콘텐츠를 말해요. 최근에는 전 세계적으로 인기를 얻으며 ‘한류’의 중심이 되고 있어요.

부가가치: 하나의 산업이 만들어 내는 경제적 가치 중에서 단순한 생산 활동을 넘어 다양한 산업과 연결되어 추가적인 가치를 만들어 내는 현상을 말해요. 예를 들어 콘텐츠의 부가가치는 콘텐츠 속에 포함된 여러 상품이 자연스럽게 노출되면서 홍보 효과를 얻고, 그 결과 판매 증가와 수출로 이어지는 것을 말해요.

한류 프리미엄: 한국 콘텐츠나 문화가 전 세계적으로 인기를 끌면서, 그와 관련된 제품이나 서비스의 가치가 높아지는 현상이에요. 브랜드 이미지 상승이나 제품 가격 상승으로 이어질 수도 있어요.

오늘의 경제 퀴즈

다음 설명 중 옳은 것은 'O', 틀린 것은 '×'에 동그라미 쳐볼까요?

① 애니메이션 속 캐릭터와 비슷한 모양의 굿즈가 더 많이 팔리며 큰 인기를 끌었어요. 이런 현상을 부가가치가 만들어졌다고 말해요. (O / ×)

② "케이팝 데몬 헌터스"는 한국 기업이 만든 콘텐츠이기 때문에 세계적으로 인기를 얻은 거예요. (O / ×)

③ 한류 프리미엄은 한국 문화의 인기로 인해 제품의 이미지나 가격이 높아지는 현상을 말해요. (O / ×)

쏙쏙 문제 해설

①번은 맞는 설명이에요. 하나의 콘텐츠가 다양한 산업과 연결되어 추가적인 부가가치를 만들어 내는 현상을 말해요. '경제적 부가가치'라고 해요. 케이팝 데몬 헌터스가 인기를 끌자, 관련 굿즈나 식품 브랜드도 함께 주목받았죠. ②번은 틀린 설명이에요. 이 작품은 한국계 감독과 한국적인 요소가 많이 들어갔지만, 한국에서 직접 제작한 건 아니에요. 해외에서 만들어졌음에도, 한국적인 배경과 문화가 잘 녹아 있어 오히려 더 신선하게 다가왔다는 평가를 받고 있어요. ③번은 맞는 설명이에요. 한국 콘텐츠가 유명해질수록 관련 상품이나 브랜드의 가치도 올라가요. 이를 '한류 프리미엄'이라고 불러요.

경제 생각 키우기

Q. 최근에 본 콘텐츠 중 현실 소비로 이어진 경험이 있나요?

Q. 한류 콘텐츠가 인기 있는 이유는 무엇일까요?

Q. K-콘텐츠가 계속 인기를 얻기 위해 필요한 요소는 무엇일까요?

Day100

집을 빌려줄 때 어떻게 돈을 받아야 할까요?

우리가 살아가는 데 꼭 필요한 것을 한자로 의식주(옷, 음식, 집)라고 하죠. 옷이랑 음식은 용돈을 모아 살 수 있는 가격이지만, 집은 꼭 필요한 건데도 너무 비싸죠? 집을 살 만큼 돈이 없거나 부족할 때도 과연 집을 구할 수 있을까요?

집을 구하는 방식은 총 세 가지예요. 매매, 전세, 그리고 월세가 있죠. **매매**는 집을 아예 사서 내 것으로 만드는 것을 말해요. 전세와 월세는 그 집을 가진 사람(집주인)에게 집을 구하는 사람(세입자)이 돈을 내고 빌리는 거고요.

먼저, **월세**는 세입자가 집주인에게 집을 빌리는 대가로 매달 돈을 내는 거예요. 마치 호텔에 머무는 것처럼요. 이때, 월세를 내지 못할 때를 대비해 미리 '보증금'을 맡깁니다. 예를 들어 '월세 500에 50'이라는 말은, 보증금 500만 원을 맡기고 매달 50만 원씩 월세를 내는 것이랍니다. 계약이 끝날 때까지 월세를 잘 냈다면 보증금은 돌려받을 수 있어요.

전세는 우리나라에서만 발달한 독특한 제도예요. 집주인에게 전세금을 맡기고 집을 빌려 쓰는 거죠. 전세금을 내면 월세를 내지 않아도 돼요. 집주인은 목돈인 전세금을 받아 은행 이자 등으로 돈을 불릴 수 있고, 세입자는 매달 나가는 월세 걱정 없이 지낼 수 있어 좋죠. 하지만 집주인이 전세금을 돌려주지 않는 **전세 사기**와 같은 문제가 생기기도 해서 조심해야 해요.

이처럼 집을 구하는 방법에는 여러 가지가 있는데, 목돈이 없는 사람은 월세가, 목돈은 있지만 매달 나가는 돈이 부담스러운 사람은 전세가 더 유리하답니다. 집을 구할 때는 보증금이나 전세금을 안전하게 지키는 것이 가장 중요하다는 것도 꼭 기억하자고요.

문제 속 경제 용어 / 경제 개념 톡톡

보증금: 계약을 맺을 때 담보로 내는 돈을 말하는데, 월세 보증금은 월세 계약을 맺을 때 집주인에게 맡아두는 돈을 뜻해요.

목돈: 한몫이 될 만한 비교적 많은 양의 돈을 의미해요.

전세 사기: 의도적으로 전세보증금을 돌려주지 않는 사기 행위를 말해요. 예를 들어 친구가 장난감을 빌려주는 대신 여러분의 용돈을 맡아두겠다고 했어요. 얼마 뒤에 장난감을 돌려주고 돈을 돌려받으려 했는데 친구가 여러분을 피해 다녀, 결국 돈을 돌려받지 못하는 상황과 같아요.

오늘의 경제 퀴즈

다음 매매, 전세, 월세에 관한 설명 중 옳은 설명을 모두 골라보세요.

㉠ 매매, 전세, 월세는 모두 집을 구하는 방법이다.
㉡ 보증금은 임대 계약이 끝나도 돌려받지 못하는 목돈을 말한다.
㉢ 전세는 우리나라에서만 보편적으로 발달한 독특한 주택 임대 제도다.
㉣ 목돈은 있지만 매달 나가는 돈이 부담스러운 사람은 월세가 유리할 수 있다.

쏙쏙 문제 해설

집을 구하는 방법에는 크게 매매, 전세, 그리고 월세 세 가지가 있다고 했어요. 매매는 집을 사서 내 것으로 만드는 것이고, 전세는 목돈을 전세금으로 내고 집을 빌려 쓰는 것, 월세는 월마다 돈을 내고 집을 빌려 쓰는 걸 말해요. 참고로 '반전세'라는 제도도 있는데, 전세와 월세를 섞은 느낌인데요. 보증금이 일반 시세보다 높지만(전세금보단 싸고 월세 보증금보단 비쌈), 월세를 적게 내는 독특한 녀석이랍니다. 목돈이 애매하게 있거나 월세를 내는 것이 부담되는 경우 반전세를 활용해요. 따라서 ㉠은 옳은 설명이에요. 보증금은 임대 계약이 끝나면 집주인이 세입자에게 꼭 돌려줘야 하는 돈으로, 월세가 밀리는 등의 특별한 경우가 아니라면 온전히 돌려주어야 하죠. ㉡은 틀린 설명이네요. 전세가 우리나라에만 있는 제도는 아니지만, 한국에서만 보편화된 독특한 제도예요. 다른 나라의 경우는 매매나 월세가 대부분이랍니다. ㉢은 옳은 설명이에요. 목돈은 있지만 매달 나가는 돈이 부담스러운 사람은 전세가, 목돈이 없는 사람은 월세가 유리하므로 ㉣은 반대로 말하고 있어요. 틀린 설명이네요.

경제 생각 키우기

Q. 집을 빌려 쓰는 것(전월세)과 집을 소유하는 것(매매)에는 각각 어떤 책임이 따를까요?

Q. 월세 보증금이나 전세금 등 '보증금'이 왜 필요하고 중요할까요? 내 보증금을 지키기 위해 어떤 노력이 필요할지 생각해 봅시다.

해답 · 찾아보기

해답

Day1 정답: ④

Day2 정답: ㉡

Day3 정답: ①-㉢, ②-㉠, ③-㉡

Day4 정답: ①-ㅇ, ②-ㅇ, ③-×, ④-ㅇ

Day5 정답: ㉠ 시장 가격, ㉡ 종교적 규율, ㉢ 정부,
㉣ 높음, ㉤ 낮음

Day6 정답: ㉢, ㉣

Day7 정답: ㉠, ㉡, ㉣

Day8 정답: ① 생산 요소, ② 이윤, ③ 낮은 가격

Day9 정답: ③햄스터, ④앵무새

Day10 정답: ①-×, ②-ㅇ, ③-ㅇ, ④-×

Day11 정답: ①, ②

Day12 정답: ㉠, ㉡, ㉢, ㉣

Day13 정답: ③

Day14 정답: ③

Day15 정답: ①-ㅇ, ②-ㅇ, ③-ㅇ, ④-×

Day16 정답: ㄹ – ㄴ – ㄷ – ㄱ - ㅁ

Day17 정답: ①-ㅇ, ②-×, ③-ㅇ, ④-×

Day18 정답: ①, ②

Day19 정답: ㉡ 카피바라, ㉣ 코알라

Day20 정답: ①-×, ②-×, ③-×, ④-×

Day21 정답: ㉢

Day22 정답: ①-×, ②-ㅇ, ③-×, ④-ㅇ

Day23 정답: ㉡, ㉢

Day24 정답: ㉡ 실질 가치

Day25 정답: ①, ④

Day26 정답: ④

Day27 정답: ㉠ 있는, ㉡ 없는, ㉢ 경제생활,
㉣ 안정적인, ㉤ 임대

Day28 정답: ②

Day29 정답: ③

Day30 정답: ①-×, ②-ㅇ, ③-ㅇ, ④-×

Day31 정답: ① 비경제, ② 의사, ③ 실업률

Day32 정답: ①, ③

Day33 정답: ㉠ 개인적, ㉡ 사회적, ㉢ 경제적

Day34 정답: ①

Day35 정답: ①

Day36 정답: ②

Day37 정답: ① 알 권리, ② 피해보상, ③ 연대 의식

Day38 정답: ①-×, ②-ㅇ, ③-ㅇ, ④-ㅇ

Day39 정답: ③

Day40 정답: ㉠

Day41 정답: ㉢

Day42 정답: ①, ③, ④

Day43 정답: ④

Day44 정답: ㉠, ㉡, ㉣

Day45 정답: ④

Day46 정답: ① 토끼, ④ 사자

Day47 정답: ①-×, ②-×, ③-ㅇ, ④-ㅇ

Day48 정답: ①

Day49 정답: ①, ②, ④

Day50 정답: ①, ④

Day51 정답: ㉠, ㉢

Day52 정답: ①, ③

Day53 정답: ①-○, ②-○, ③-×, ④-○

Day54 정답: ㉠, ㉡

Day55 정답: ②

Day56 정답: ㉡ (위부터 순서대로 ○, ×, ×)

Day57 정답: ①-×, ②-×, ③-○, ④-○

Day58 정답: ㉢ (위부터 순서대로 ×, ○, ○)

Day59 정답: ④

Day60 정답: ②

Day61 정답: ㉠, ㉣

Day62 정답: ①-×, ②-×, ③-×, ④-○

Day63 정답: ①-○, ②-×, ③-○, ④-×

Day64 정답: ① 경제 기구, ② 경제협력개발기구(OECD), ③ 협상

Day65 정답: ㉠, ㉡, ㉣

Day66 정답: ㉠ 자유 무역 협정(FTA), ㉡ 협력, ㉢ 보호 무역

Day67 정답: ①-㉡, ②-㉠, ③-㉢

Day68 정답: ③

Day69 정답: ①-○, ②-×, ③-○, ④-×

Day70 정답: ㉠, ㉣

Day71 정답: ①-○, ②-×, ③-×, ④-○

Day72 정답: ①-○, ②-×, ③-○, ④-×

Day73 정답: ③

Day74 정답: ②

Day75 정답: ①-○, ②-×, ③-×, ④-×

Day76 정답: ① 컴퓨터, ② 전송, ③ 열, ④ 비상 발전기

Day77 정답: ㉠ 탈세, ㉡ 소득공제

Day78 정답: ①-○, ②-×, ③-○, ④-○

Day79 정답: ①-○, ②-○, ③-×, ④-○

Day80 정답: ④

Day81 정답: ② 사슴, ③ 치타

Day82 정답: ①-○, ②-○, ③-×, ④-×

Day83 정답: ㉠, ㉢, ㉣

Day84 정답: ① 인프라(사회기반시설), ② 경제 성장, ③ 일자리

Day85 정답: ②

Day86 정답: ①-○, ②-×, ③-○, ④-○

Day87 정답: ①-○, ②-○, ③-×, ④-×

Day88 정답: ① 청약 통장(주택청약종합저축), ② 추첨, ③ 분양가상한제

Day89 정답: ㉡, ㉣

Day90 정답: ○, ○, ×

Day91 정답: ④

Day92 정답: ㉡, ㉣

Day93 정답: ① 공공재, ② 무임승차, ③ 세금

Day94 정답: ①-○, ②-○, ③-○, ④-×

Day95 정답: ①

Day96 정답: ②

Day97 정답: ③

Day98 정답: ①-○, ②-○, ③-×

Day99 정답: ①-○, ②-×, ③-○

Day100 정답: ㉠, ㉢

찾아보기

왜? 초등 경제질문 100

초판 1쇄 2026년 1월 12일

지은이 매일경제아카데미
펴낸이 허연
편집장 유승현

책임편집 김민보
편집부 정혜재 고병찬 이예슬 장현송 민경연
마케팅 한동우 박소라 김영관
경영지원 김정희 오나리
디자인 김보현 한사랑

펴낸곳 매경출판㈜
등록 2003년 4월 24일(No. 2-3759)
주소 (04557) 서울시 중구 충무로 2 (필동1가) 매일경제 별관 2층 매경출판㈜
홈페이지 mkbook.mk.co.kr **스마트스토어** smartstore.naver.com/mkpublish
페이스북 @maekyungpublishing **인스타그램** @mkpublishing
전화 02)2000-2632(기획편집) 02)2000-2646(마케팅) 02)2000-2606(구입 문의)
팩스 02)2000-2609 **이메일** publish@mkpublish.co.kr
인쇄·제본 ㈜M-print 031)8071-0961
ISBN 979-11-6484-845-4(73320)

책값은 뒤표지에 있습니다.
파본은 구입하신 서점에서 교환해 드립니다.